物联网工程专业系列教材

物联网系统设计开发方法与应用

郭忠文　著

科学出版社
北　京

内 容 简 介

本书系统阐述了利用现有的传感设备高效构建物联网系统的思路和方法。以本书提出的 IoT 七层参考模型为基础，对其中的传感设备层、数据传输层、数据采集层、单机应用层、数据存储层、互联服务层和集成应用层有重点和针对性地进行介绍，以 IoT 仪器模型为核心，阐述了系统的互联原理和方法。最后通过实际应用案例帮助读者深入理解和掌握书中的主要内容。

本书适合高等学校物联网工程、计算机和自动化专业作为教材使用，也适合其他相关专业作为选修课教材使用，还可供对物联网感兴趣的读者参考阅读。

图书在版编目（CIP）数据

物联网系统设计开发方法与应用 / 郭忠文著. —北京：科学出版社，2017.3

ISBN 978-7-03-052151-4

Ⅰ. ①物… Ⅱ. ①郭… Ⅲ. ①互联网络－应用－高等学校－教材②智能技术－应用－高等学校－教材 Ⅳ.①TP393.4②TP18

中国版本图书馆 CIP 数据核字（2017）第 053708 号

责任编辑：赵丽欣　张瑞涛 / 责任校对：王万红
责任印制：吕春珉 / 封面设计：蒋宏工作室

科学出版社 出版
北京东黄城根北街 16 号
邮政编码：100717
http://www.sciencep.com
北京中科印刷有限公司印刷
科学出版社发行　各地新华书店经销
*
2017 年 3 月第 一 版　开本：787×1092 1/16
2024 年 1 月第七次印刷　印张：17
字数：335 000

定价：58.00 元

（如有印装质量问题，我社负责调换〈中科〉）
销售部电话 010-62136230　编辑部电话 010-62134021

序

本书的面世意义深远，对于推动我国物联网技术的快速发展具有非常重要的作用。郭忠文教授作为物联网领域的科研工作者，以饱满的科研热情、执着的科研精神和踏实的科研作风，取得了可喜可贺的科研成果。他于2012年主持完成IEEE 1851国际标准，2016年主持完成GB/T 33137—2016国家标准，正在推动海洋物联网相关的ISO标准制定工作，为物联网技术的快速发展和应用贡献出一己之力。

物联网技术的发展和应用，得到世界各国的空前重视。物联网系统的建立，不仅涉及种类繁多的传感设备互连，还涉及传感信息处理系统之间的互连。大多数情况下，这些信息处理系统由不同开发者研发，彼此独立、结构各异，互连困难，严重制约物联网技术的快速发展及应用。因此，大规模物联网的建立和高效率的研发，必须具备统一的框架结构、软件模型和接口协议。

针对上述问题，本书给出了物联网系统的七层结构模型、IOT仪器模型、系统互联模型和云架构模型，以及在此基础上利用模型进行物联网系统高效开发的方法。同时，本书将制定系统互联国际和国家标准的思路和方法与其他内容融会贯通。上述模型和方法的提出，为物联网系统的顶层设计、快速开发及软件高效率复用，提供了切实有效的设计思路和实现方法。

本书以成熟的传感设备硬件环境为背景，从软件开发的实用角度进行阐述，既总结出传感设备硬件互联所遵循的规律，物联网应用软件结构组成和设计开发方法，又提供可参考的传感信息处理系统之间互联接口协议，并通过多个领域的应用案例对提出的模型和方法进行了详实的分析。全书深入浅出，内容系统全面，是作者多年从事物联网研究工作的总结。“为学日益，为道日损”，特将此书推荐给对物联网研究和应用系统开发有兴趣的读者，相信大家读完定会受益匪浅。

倪明选

2017年2月12日

前　言

物联网是网络技术发展和人类社会需求相结合的产物，目前得到了国家、社会和企业等层面的重视。众所周知，自20世纪末以来，信息技术对社会发展和人类进步产生了深远影响，显著提高了生产率和工作效率，便利了人们的生活。人们追求美好生活的愿望永无止境，物联网作为一门新兴技术将在这方面发挥重要作用。

物联网系统重要核心问题之一是实现传感信息、监测对象与用户之间的互联互通。实际上，有关传感信息的管理系统在工业、农业、军事领域及政府部门已经大量存在，因此物联网系统发展需要解决的关键问题之一，可以归结为解决系统之间的互联互通问题。不同领域，以及同一领域不同系统之间，由于用户需求和软件开发方法的差异，系统互联会面临非常严峻的挑战。作者通过在该领域10余年的科研和实践，发现了物联网系统互联开发的部分规律和有趣的方法，在此与读者分享。

这些规律和方法主要是物联网系统的整体架构、开发模型和互联方法。关于整体架构和模型，是在近百个实际应用案例的实施过程中，多次迭代改进形成的。互联方法主要是在整体结构框架下，通过制定互联接口协议完成的。作者曾主持制定相关国际和国家标准，把其中的思路、方法融入书中。整体架构建立的原则，除考虑系统间如何方便互联外，主要考虑软件开发模块的复用。物联网软件处理的核心信息为传感数据及与其相关的监测对象，传感数据是时间序列传感参数数值的集合，因此不同领域物联网系统中的软件模块具有很多共同特点，共用模块的设计和开发将显著提高软件效率。

本书主要分为两部分，前6章介绍物联网系统设计开发方法，第7～9章介绍应用案例。为便于读者深入理解和掌握本书内容，后续将推出与本书配套的实验系统。物联网开发实验，首先遇到的问题是需要利用传感设备进行调试，然而传感设备多种多样且价格昂贵，作者设想通过计算机仿真的方式解决该问题，这些仿真设备与对应实际设备的通信协议完全兼容，希望在仿真设备基础上开发的物联网软件可实现与真实设备的完全对接。

本书从开始写作到完成经历了 9 个月的时间。在本书编写过程中，科研团队的博士及硕士研究生：刘超、王玺、仇志金、咸琳涛、王续澎、徐霄阳、荆伟、刘石勇、郭帅、仇利克、孙中卫、商亚桥、黄珊珊和孙垚等同学，在资料整理、画图、校对等方面做了大量工作。此外，洪锋、冯源、蒋永国、姜明星、马鸿洋等青年教师，以及已毕业的研究生陈朋朋、罗汉江、郭瑛、洪璐、胡克勇等多位同学，为本书成果的积累提供了很大帮助，在此一并表示感谢。

尽管作者和科研团队的其他成员为本书的写作付出了辛苦努力，然而由于时间和能力有限，不足之处在所难免。此外，由于物联网技术复杂，应用领域广泛，本书总结的模型只经过了有限数量实际案例验证，涉及应用领域不够多，难免存在很多不足，需要在物联网技术发展过程中不断修正和完善，恳请广大读者指正。

郭忠文

目　录

第1章 概　　述

物联网（Internet of Things，IoT）是新一代信息技术的重要组成部分，也是信息化时代的重要发展阶段。到目前为止，并没有见到关于物联网的公认的精准定义。广义上讲，物联网指的是物和物相联，物和人相联，它是互联网系统的延伸。具体讲，物联网是利用局部网络或互联网等通信技术，把安装在各种物品中的传感器，通过新的方式联在一起，形成人与物、物与物的信息互联，从而构成远程管理控制的新型智能化网络。

物联网的定义拥有两层含义：其一，物联网的核心和基础仍然是互联网，是在互联网基础上延伸和扩展的网络；其二，其用户端延伸和扩展到了任何物品，实际上是延伸到了感知物品的传感器，通过传感器的互联，实现人与物相联，物与物相联。

物联网最初的概念是指通过传感器实现物物相联，实现智慧感知。实际上，物联网的发展已经打破了原有概念的内涵，把现在所有系统之间信息的互联互通，都归结为物联网的概念范畴。无论是德国的“工业4.0”、美国的“工业互联网”和“中国制造 2025”，还是人们在信息领域经常谈到的“大数据”和“云计算”，物联网都是其中的重要基础。

与传统信息领域技术相比，物联网所包含的并不是全新的内容。目前存在的各种监控系统、工业自动化系统，都属于物联网系统的一部分，这些系统往往作为一个独立系统，实现了较小规模的传感器及自动化设备的纵向互联。物联网更加强调的是多个系统之间、更大范围的横向互联。因此，物联网的实现，除了涉及前端的智能传感器、数据传输的基础网络，目前需要着重解决的是物联网应用软件之间的互联。

1.1　背景及趋势

1. 背景

对于传感器的使用，最初人们是通过手工记录连接传感器仪表的读数和传感器的数据。这种方式效率低、工作量大，持续了十年以上的时间。随着电子信息及计算机技术的发展，仪表具有了通信接口，使得计算机可以通过这些接口与仪表进行连接，通过软件自动采集和存储仪表中的传感器数据，供用户随时进行检索和查询。在 20 世纪末，当计算机自动化数据采集系统出现时，与传统的手工抄表相比，自动化数据采集系统已经取得了很大进步，节省了时间，提高了生产率和工作效率。

随着时间的流逝，这样的系统越来越多，有一天人们发现，目前的基础网络已经非常发达，但是在异地工厂的自动化测试信息无法实时查看，有时为了提高工作效率，技术人员不得不赶往异地工厂，根据现场的实时信息解决产品技术中存在的问题。在其他领域同样由于多年的信息化建设，产生了不胜枚举的信息孤岛，使得信息技术的发展和工作效率的提高遇到了巨大瓶颈。这些问题逐渐引起了学术界和政府部门的重视，推出了物联网的概念及相关的发展战略，人们似乎找到了解决以上问题的方案。大数据及云计算技术的发展和需求，以及国家关于工业化和信息化深度融合的政策，进一步推动了物联网技术迅速向前发展。因此，解决这些问题的物联网应用软件开发技术发展前景广阔。

2．应用领域

物联网系统在工业、农业、日常生活、海洋监测及国家安全等领域具有广泛的应用前景。为说明物联网系统的主要用途，下面对物联网系统典型应用领域进行简要介绍。

1）工业领域

工业领域在产品设计和生产过程中，存在大量的自动化测试和控制系统，如产品在设计阶段需要进行性能测试，批量生产前需要进行可靠性测试或用户模拟测试，在批量生产时需要进行抽样测试。因此，一种产品需要多种测试系统，通常一般企业生产多种产品，大型企业存在跨省及跨越国界的异地工厂，企业内部通常存在成百，甚至上千套结构各异的孤立系统。

从获得市场订单、零部件采购、生产过程管理，到物流配送等各环节，大部分企业都建立了相对完善的信息化系统，而各个环节之间的信息却缺乏及时交流的技术手段，无法进行产品全生命周期的有效管理和数据分析。这些问题的存在，给物联网应用软件技术的发展，留下了巨大的发展空间。

2）农业领域

一段时期以来，中国农业主要采用家庭承包责任制，是一种主要依靠个人体力劳动的生产经营模式，这种模式对于近年来的农业发展起到了积极促进作用。随着农业现代化的发展，国内也出现了大型机械的农场，但是国外发达国家已经由自动化、机械化生产经营模式，向融合物联网的高度智能化生产经营模式发展。中国农业目前的生产、加工、运输、销售等产业环节处于一种独立、分散状态，降低了农产品流通效率，在一定程度上限制了农业发展。

美国大部分农场已经普及了农业物联网技术，农场主通过高度自动化的大型农业机械设施，几个人可以完成上万亩土地的生产和管理，效率远超我国主要依靠人力的半自动化生产。追溯历史可以发现，早在20世纪80年代美国已提出精准农业的发展思路，随着信息技术的高度普及，美国农业物联网有了长足的进步，在利用物联网技术促进智能农业发展方面处于领先地位。中国从2011年开始，在政府政策引导下，开始尝试农业物联网试点工程，但相对于美国的大规模现代化生产经营模式还有很大差距。

3）智能家居

随着信息技术的发展，普通家居中的各种设备，如照明、插座、开关、窗帘、厨房用具、安防、数字影音、供水、燃气、家电等，出现了智能化和网络化的趋势。通过物联网技术可以实现防盗报警、照明控制、家电控制、环境监测、红外转发、暖通控制、可编程定时控制及远程家庭护理等多种功能。与传统家居相比，智能家居不仅具有传统的居住功能，而且兼备建筑监控、网络通信、信息家电、设备自动化，提供全方位的信息交互功能和手段，可让人们全方位地了解家居状态，提升家居安全性、舒适性、便利性、艺术性并实现环保节能，为人们提供了一种全新舒适的生活方式。

智能家居作为一个新兴产业已经走进人们的视野，正处于成长期，家电、互联网领域的各大厂商，纷纷开始密集布局智能家居领域。尽管市场消费观念还未形成，但随着智能家居市场推广普及的进一步落实和消费者使用习惯的养成，智能家居市场空间巨大。

4）海洋领域

中国海洋水域广阔，约占国土面积的三分之一，海洋领域的探索对于我国的经济和能源发展越来越重要。在我国的海岸带部有大量的海洋观测站，数量众多的水产养殖场，在港口每天有各种船只往来运输穿梭。每年我国海洋局等部门需要派出大量船只进行海洋调查。除此之外，为进行海洋科学研究，需要在深远海部署包括海洋锚系浮标、锚系潜标、漂流浮标、水下滑翔机等各种海洋观测设备。目前与海洋相关的大多数海洋观测信息化系统还处于孤立分散状态。我国目前致力于陆、海、空一体化的信息化网络建设，这为物联网应用软件的开发，提供了良好的发展前景。

5）医疗领域

医疗系统中存在多种医疗检测设备及设备配备的检测软件，这些软件大多数相对独立，信息整合困难，导致不同医院重复检测的现象严重，降低了医疗工作效率，增加了患者负担。

随着网络技术的发展，以及对高质量医疗水平的需求，人们对远程诊断、远程医疗等手段充满了期盼，部分医院已经开始尝试相应的医疗方法，但距离大众对医疗水平的希望和要求还有很大的距离。这些医疗技术的发展和进步，迫切需要物联网技术的支撑。

实际上，物联网技术的应用领域，会涉及人类生活的方方面面，如智能交通、智能物流、产品溯源、文物保护、食品安全、军事侦察和情报搜集等。这些领域的物联网应用探索还刚刚开始，由于用户类别的多样性和需求的复杂性，物联网技术的发展包括物联网应用软件的设计和开发，还有很长的路要走。

3. 发展趋势

随着信息化技术的发展和人们对物联网系统认知程度的不断提高，物联网系统的建设和应用将不断朝着规范化、平台化和智能化方向发展。

1）规范化

与传感器相关的信息化系统发展初期，由于缺乏全局互联的理念及系统架构规划经验，产生了大量孤立和异构系统，使得物联网应用系统建设和发展步伐缓慢。随着物联网标准化技术的不断发展，未来的系统建设将逐渐遵循统一架构，建成后的系统将预留互联接口，不再各自独立，而且接口协议将实现规范化和标准化。

2）平台化

传统系统的升级改造和新型物联网系统的建设需要巨额投资，为节约投资成本和提高软件开发效率，软件开发商将在各种物联网系统开发经验的基础上，不断进行凝练，优化软件开发体系结构，提高软件复用性和可扩展性，开发出多个面向领域的软件开发平台，并尽快引入云计算技术，构建各种用于物联网软件开发和数据处理的软件平台。

3）智能化

物联网技术的不断普及和应用，将汇聚大量和传感器相关的大数据。同时，近几年来，大数据和人工智能技术发展迅速，将从物联网汇聚的大数据中发现更多规律，从而衍生出各种面向领域的智能模型，使得人们对于各种自然现象变化和社会发展规律的认知能力进一步提高，规律变化预测能力得到增强。

1.2 主要挑战

人们在利用物联网技术解决现有问题时发现，目前面临的困难很大。对于传统信息化系统的改造，由于当时缺乏规划，没有顶层设计和接口规范，改造工作量大，成本高。同时由于物联网大都停留在概念层面上，企业和相关技术人员不知从何着手，存在的主要问题和挑战如下：

（1）传感设备的多样性。各种系统所用的传感设备种类和数量不同，不同种类的传感设备所采用的通信协议不同，导致研制统一的数据采集或数据管理软件困难。

（2）开发商的多样性。各种传感设备的数据处理软件系统结构各异，即使同一类系统，不同的开发商开发的软件结构也不同，数据存储格式多样。对于同一开发商开发的同类系统，由于不同时期开发的版本不同，软件结构也不完全相同。

（3）软件接口设计。大多数软件没有预留访问接口。因自动化的数据采集软件系统与传统的手工记录仪表相比，已经取得了很大进步，当时并没有意识到有多种系统间互联的需要。当意识到需要软件预留接口时，问题又出现了，如接口应该如何预留，缺少接口规范的指导。若随意预留接口必将会进一步导致互联困难。

（4）巨大的软件投资。近几年信息技术的飞速发展，产生了数量庞大的各种软件系统，在物联网技术发展大潮的驱动下，这些软件系统在架构设计、软件功能、接口设计等诸多方面，不能够适应新形势下的各种用户需求，软件改造的工作量巨大，用户需要投入非常大的成本。如何研制新的软件开发工具，为用户提供高效率、低成本的开发手段，成为人们的期盼。

（5）数据处理。信息互联只是手段，通过互联促进了信息的访问效率，尽管这项工作足以花费人们较长的一段时间和努力，但这仅仅是开始，人类进步的脚步永远也不会停止，下一步面临的将是传感信息和业务信息的更紧密结合。汇聚的大数据如何处理，如何在处理海量数据的同时，对用户的请求快速进行响应，如何通过大数据揭示人类和自然社会发展的内在规律，是目前摆在人们面前的重要课题。

（6）隐私保护。智慧感知的不断发展，对人类的隐私行为产生了很大影响，人们担心隐私不能得到保护。新技术的发展本来是让人们的生活变得越来越美好，如果物联网给人类生活带来巨大负面影响，人们会对这项技术的发展产生质疑。

隐私保护首先需要及时完善法律，对人们的隐私保护给予合理的法律约束力；其次，将信息安全技术作为实现法律约束力的手段，一项新的技术需要在发展和应用过程中不断进行自我完善。

1.3　关键问题

物联网涉及的技术面非常广，从传感器、电子电路、信号处理、通信协议，到软件开发及人工智能，物联网的发展需要多领域技术发展的协同配合。此外，物联网涉及应用领域众多，用户需求各异，面临的问题复杂多样，如何从中梳理关键问题并进行解决，对现有物联网技术的快速普及和应用具有重要作用。下面通过图 1-1 对物联网目前发展现状进行描述，从中寻找物联网快速发展急需解决的关键问题。图 1-1 中具有多种几何形状，包括圆、三角形、正方形和五边形，这些形状表示连接传感器的不同种类的计算机软硬件系统（以下简称传感数据处理系统），主要包括计算机硬件和传感数据处理软件。每个几何形状前面表示该系统连接的多个传感器；中间是目前存在的互联网络；下面矩形框表示的是目前物联网系统发展的目标，即需要研发物联网集成客户端软件，实现图中所有传感信息的访问。从图 1-1 中可以看出，目前已经存在大量不同的连接传感器的软硬件系统，只是各系统都没有和网络进行连接。为实现图 1-1 中描绘的建设物联网集成客户端的目标，传感器和计算机之间的硬件连接不是主要问题，大多数传感器连接的传感设备都配备 RS-232/485、GPIB、以太网等硬件接口，计算机通过这些硬件接口实现和各种传感器的硬件连接。传感器和计算机之间的数据传输也不是主要问题，每个配备硬件接口的传感设备都提供特有的通信协议，传感数据处理系统利用这些通信协议获取传感数据。从以上分析可以看出，似乎每个传感数据处理计算机，只需增加一根网线便很容易实现和互联网的连接，我们的目标即可很快实现，因所有互联网的硬件基础设施及网络通信协议都已成熟完善。可问题是，即使实现了传感数据处理系统和互联网的硬件连接，各种传感数据处理软件系统之间仍然无法互联。

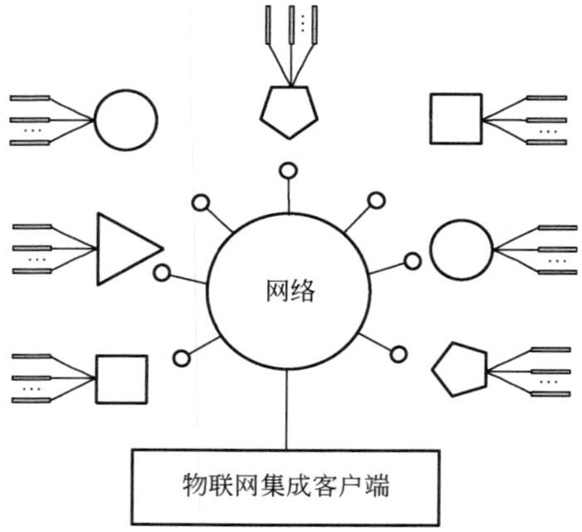

图 1-1
物联网现状示意图

原理很简单，全世界的网络大都已实现互联互通，但网络上的信息不是可以全部访问。有些是软件预留了访问接口，人为控制不允许外部访问；有些是软件没有访问接口，不能实现外部访问。物联网发展遇到的问题属于后者。因此，物联网快速发展需要解决的关键问题如下：

（1）物联网系统如何进行互联接口设计。

（2）物联网软件如何高效率开发，以满足物联网快速发展的需求。

本书将围绕以上两个关键问题进行阐述，重点讲述传感器数据处理软件的架构设计和互联接口的设计方法。

1.4　策略及方法

物联网软件系统研发，从表面上看纷繁复杂，规模大、投入高，开发工作量令人难以承受。通过仔细研究会发现，物联网系统开发具有很多共同的特点，如所有物联网系统会涉及监测对象管理、传感设备数据采集、数据存储处理、数据及曲线显示等软件功能，只要深入认识这些特点和规律，在此基础上进行共用模块设计和标准规范设计，开发物联网系统就会事半功倍，就可实现系统间无缝互联。

1. 共用模块提炼

人们都知道，软件开发需要投入大量的人力，但是软件复制几乎是零成本，这是软件开发不同于其他产品生产的主要特点。本书介绍的软件开发思路，是通过尽力发现不同物联网应用软件的共同点，开发出尽量多的共用模块，以共用软件模块为基础构建软件平台，软件开发者利用软件开发平台，编写少量特有的代码，构成不同类别的物联网应用软件系统，通过这种方法尽力提高物联网应用软件开发效率，降低开发成本。

为了说明物联网软件的开发策略，我们从产品的加工发展过程开始介绍。如图 1-2 所示，在人类社会产品加工初期都是采用手工方式，后来为了提高生产率、减轻工人劳动强度，逐渐用机器代替人们的大部分劳动，产品加工过渡到机器加少量人工的加工模式。当然这种过程目前仍然没有停止，正在向大规模制造和大规模定制的无人化自动生产模式发展。物联网软件开发过程的发展与产品加工的发展过程极为相似。如图 1-3 所示，开始是利用最基础的编程语言，开发各种物联网软件，开发过程复杂、艰苦，目前会快速向开发平台加少量代码操作的模式过渡。随着人工智能和机器学习等相关学科的不断发展，这种开发模式会朝着零人工的方向不断迈进。

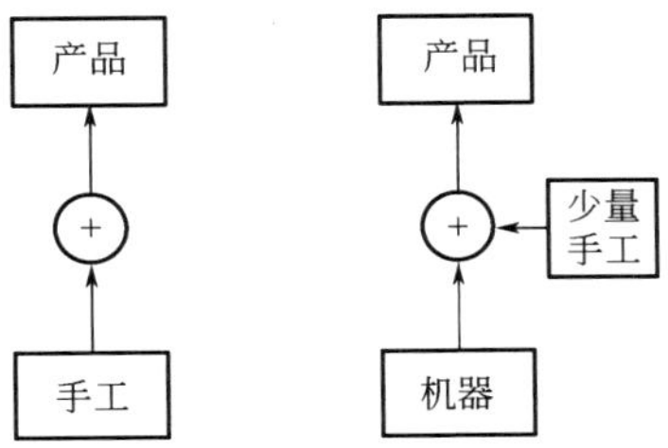

图 1-2
产品加工模型

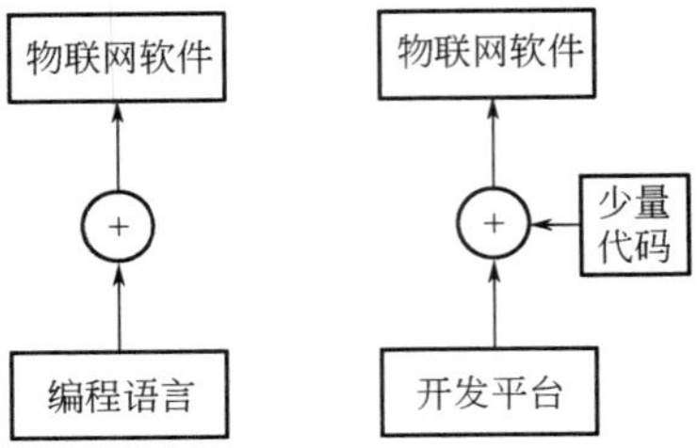

图 1-3
软件编程模型

2．分类模型设计

因物联网应用领域的广泛性，构造共用模块集合及对应的软件开发平台，表面上看非常复杂。为了说明其中的规律，仍以产品加工为例进行说明，如图 1-4 和图 1-5 所示。对于产品加工，不可能设计一台万能的机器用来加工任何产品，实际上只能针对一种类别产品进行机器设计。同样道理，由于物联网涉及领域多，设计通用的物联网软件开发平台难以实现，需要根据应用领域进行划分，全面掌握该应用领域的需求，提炼设计共用软件模块，后继开发者在该平台共用模块集合基础上进行开发，效率会提高几十倍甚至上百倍。

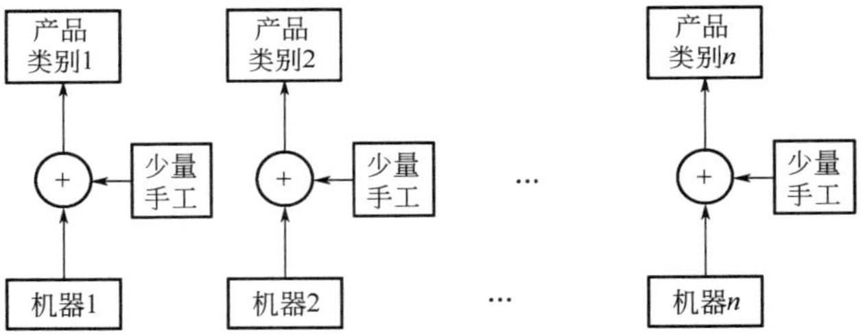

图 1-4
产品分类加工模型

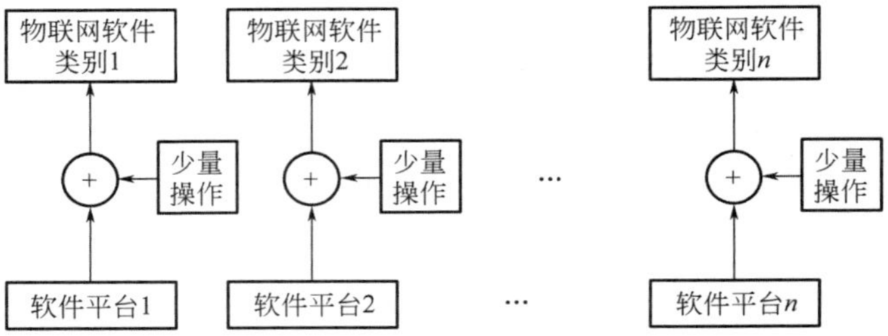

图 1-5
软件分类开发模型

因此，本书对物联网软件开发原理和规律的阐述，可使读者尽快掌握和理解物联网软件开发规律，为相关领域的物联网软件开发平台设计奠定基础。

3．标准规范制定

目前物联网系统发展的瓶颈，在于系统间互联标准接口的设计。发展初期，人们只考虑解决局部应用需求，没有考虑全局互联的必要性，因此目前和传感设备相关的应用系统，大多数没有互联接口。即使少量系统预留了接口，这些接口也存在不统一和通用性差等问题。

同时，要进行标准接口制定，需对物联网应用系统的需求进行全面的了解，首先要提出系统的总体框架结构，进行各子系统的划分，在此基础上制定相应接口规范。所制定的接口规范在其应用领域要有通用性和可扩展性。除具有制定标准的技术基础外，标准制定要通过规定的程序，需经历相应标准组织的标准申请立项、草案起草、标准审批和标准发布等多个环节。目前我国标准化的最高管理机构为国家标准化管理委员会，下设多个技术委员会，每个技术委员会包含多个分技术委员会，标准申请需从所属领域的分技术委员会进行申报，批准后进入后续的相关程序。国际上目前存在多个标准化组织，如 ISO（International Organization for Standardization）、IEC（International Electrotechnical Commission）和 IEEE（Institute of Electrical and Electronics Engineers）等。在制定标准过程中，ISO 和 IEC 是以国家为单位进行投票表决的，即每个国家只能投一票。而 IEEE 有两种投票表决方式，一种是参加标准制定的单位进行投票，另一种是参加标准制定的成员个人进行投票，具体采用何种方式需在标准申请立项时根据发起标准申请者意愿确定。作者曾主持制定了该领域相关的国际和国家标准，这些标准将在本书中作为互联标准案例进行介绍。

1.5 组成结构

物联网应用系统从总体上可划分为传感设备、数据采集子系统、本地客户端子系统、互联服务子系统和集成客户端子系统。由于传统的很多监测系统没有互联接口，因此需要进行改造。物联网系统组成结构如图 1-6 所示，按从左至右的顺序对该图进行解释。

1. 传感设备

传感设备连接传感器，负责把传感器感知的参量，如温度转化成相应的数据，传感设备带有硬件通信接口，接口硬件可以看作传感设备和计算机连接的部件。这种部件在实际应用中分为多个种类。例如，无线通信网络接口，是一个按某种规则制造的无线收发电路。有线网络接口，从外观看是一个网线插座，术语为 RJ-45 插座，和电话线插座类似。只有相同类别的接口之间才能进行互联通信。

2. 单机应用计算机

从图 1-6 中可以看出，该计算机中运行的有数据采集子系统和单机应用客户端，实际上这两个软件子系统可以运行在不同的计算机中，只要这两台计算机通过网络互联即可。运行数据采集子系统的计算机，必须具有和传感设备类别相同的硬件接口，数据采集子系统利用该接口采集传感设备的数据，并把这些数据通过网络（或本机）传送给单机应用客户端。单机应用客户端把接收的传感设备数据及其他相关数据，如监测对象信息存入数据库。

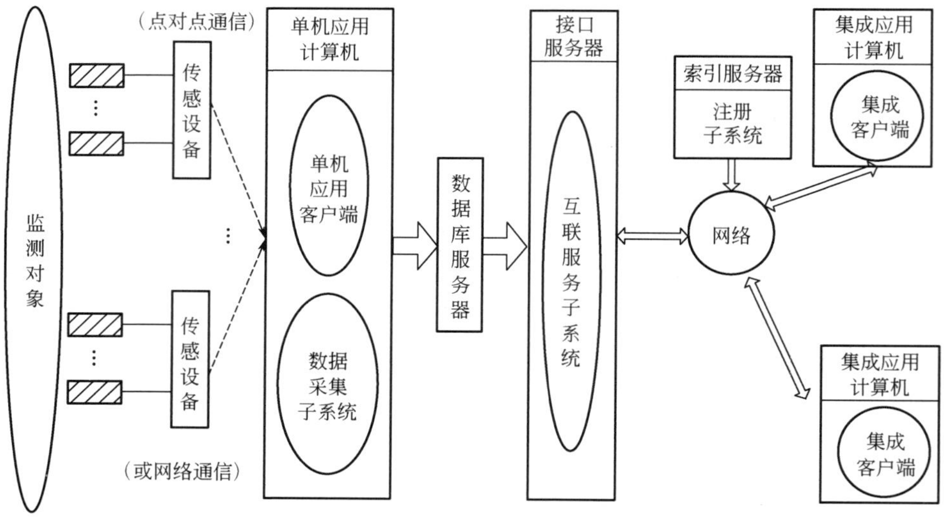

图 1-6
物联网系统组成结构

运行在该计算机上的传感数据处理软件称为单机应用客户端，该软件只运行在这一台计算机上。该计算机通常距传感设备较近，在工业应用中距离范围是几米至百米，距离较近是为了便于对传感设备进行现场操控，或对监测对象进行近距离观察。也许有一天完全由机器人代替人工时，本地客户端软件不再被使用。本地客户端的主要功能是显示和查询监测对象对应的传感数据、各种曲线图及传统设备状态等信息。

3．数据库服务器

数据库服务器用于存储来自多个单机客户端的数据，其中运行的主要是各种商业化的数据库软件，如 SQL Server、Oracle 等。这些数据库中的表结构可以根据实际需要进行设计。

4．接口服务器

接口服务器用于运行提供互联软件标准接口的互联服务子系统软件。该标准接口是各系统间互联的关键。之所以称为“标准接口”，是因为接口可以提供一系列可供调用的标准化软件，虽然参加互联的多个本地客户端软件子系统的结构和界面都可以不同，但是它们对应的互联软件接口相同。这样保证了集成客户端可以用相同的方式访问各种本地客户端软件子系统，即实现了系统间的互联。

5. 索引服务器

运行注册子系统，实现互联软件接口的注册，即建立多个互联软件接口的索引目录列表，提供给集成客户端子系统查询。

6. 集成应用计算机

运行集成客户端子系统，利用网络读取注册子系统信息，为用户提供各单机应用客户端子系统的索引列表，当用户选择访问某个单机应用客户端子系统时，集成客户端子系统找到对应的标准服务接口，访问相关信息并提供给用户。因此用户可利用该客户端访问任何一个单机应用客户端子系统的信息，该客户端软件称为集成客户端软件子系统。

1.6　内容及结构

本书第 1 章对物联网系统进行了概述，使读者概括了解物联网的发展，建立物联网系统的总体概念。第 2 章介绍物联网系统设计开发参考模型，以及物联网系统设计开发的总体思路和方法，特别是 IoT 七层模型和 IoT 仪器软件模型，奠定了本书物联网系统构建的基础。第 3～6 章，根据第 2 章提出的 IoT 七层结构模型的层次结构顺序进行阐述，依次是第 3 章传感设备层、第 4 章数据传输和采集层、第 5 章单机应用层、第 6 章互联与集成。第 7 章和第 8 章给出了 IoT 仪器设计应用案例。第 9 章给出了系统互联应用案例，以便读者能够更深入地理解前序内容。本书的目标是使读者能够理解，如何面对具体应用领域需求，在已有传感设备基础上，快速地进行物联网系统的硬件搭建和应用软件开发，侧重点是从如何快速构建物联网应用系统的实用角度进行阐述。

第 1 章　概述。阐述了物联网系统产生的背景、发展趋势、物联网系统发展面临的主要挑战、需解决的关键问题，以及应对挑战的开发策略和方法。从实际应用角度，给出了物联网系统的组成结构。

第 2 章　IoT 参考模型。阐述了物联网系统层次结构划分的原则和方法，给出了 IoT 七层模型，对 IoT 七层模型中每层的内容和实现的功能进行了约定和解释。本章提出了 IoT 仪器软件模型，作为物联网子系统的软件开发架构，以该模型为基础阐述了物联网子系统的互联方法。这些模型对物联网系统高效开发和建设具有重要作用。

第 3 章　传感设备层。物联网系统的前端是传感设备，因本书的重点是物联网应用软件系统开发，对于传感设备等硬件只需选型和使用，无需了解传感设备的内部技术细节。为了使读者能够快速地了解和使用传感设备，本章首先从使用角度给出了传感设备的各种应用模型及功能结构模型。物联网软件开发是在传感设备功能结构模型基础上的进一步演进和发展，了解和掌握这些模型，对于理解复杂的物联网软件开发模型具有重要作用。

第 4 章　数据传输和采集层。数据传输方面，从使用者角度阐述了传感设备的不同类型接口，计算机之间和传感设备之间如何进行硬件连接，以及建立硬件连接后，计算机与传感设备之间的通信方法。物联网软件开发的重要环节，是从各种传感设备获取传感数据，因此开发者要在了解传感设备基础上，熟悉传感设备的各种接口、通信协议及数据采集软件的设计方法。数据采集软件需要解决的关键问题之一，是实现上层软件和传感设备硬件的逻辑隔离，即当传感设备硬件发生变化时，在原有需求不变条件下，上层软件无需发生改变，这些问题的解决方法将在本章进行详细阐述。

第 5 章　单机应用层。单机应用层软件负责物联网局部范围传感器的数据处理分析，是物联网系统的重要组成部分。本章总结了单机应用层软件的共同特点，以及主要功能模块。这些模块包括硬件控制模块，录入模块，传感器管理模块，导航模块，数据列表模块，曲线显示、查询输出和数据分析模块。对于每个模块列出了模块的主要功能和界面，为单机应用软件的开发提供了重要参考。数据存储层方面主要介绍物联网系统的典型数据库结构，以及存储层中互联数据库的转换方法。

第 6 章　互联与集成。互联服务层是构建大规模物联网系统的关键环节，该部分阐述了系统互联参考模型“IoT 七层模型”各层之间的接口设计。同时，介绍了作者主持完成的国际和国家标准案例，帮助读者进一步理解互联接口的设计思路和设计方法。在集成应用层软件设计部分，阐述了一种访问物联网信息较通用的客户端软件的软件结构、功能和参考界面，为各种物联网软件集成客户端的设计提供参考。

第 7 章　自动监测应用。以农业大棚监控、机房安全监控和海洋环境观测为背景，描述了三种 IoT 仪器实际应用案例。农业大棚监控案例中，实现了空气温度、相对湿度、光线照度、CO_2 浓度、土壤相对湿度的自动监测，并可根据需要实现补光、补水、通风和增加 CO_2 的远程控制。在机房安全自动监控案例，实现了对机房的温湿度环境、供电、防水、防火、防盗等安全因素的监控。在海洋环境观测案例，通过海洋浮标、潜标、海床基等海洋观测平台，实现了对海面、海底的气象环境、波浪、海流、温度、盐度等海洋动力环境的自动化监测。

第 8 章　工业测试应用。以家电制造业为背景，给出了电冰箱、热水器和空调测试 IoT 仪器设计应用案例。其中阐述了电冰箱、热水器和空调产品测试系统的用户需求、应用环境、所使用的传感设备、传感设备硬件集成架构、产品测试IoT仪器软件结构和实现界面。把较为抽象的IoT仪器软件模型应用于具体的应用案例中，使读者对IoT仪器软件模型具有更加直观和具体的认识。

第7章和第8章中的应用案例涉及了IoT七层模型中从传感设备层至互联服务层的系统设计，帮助读者更深入具体地理解物联网子系统的设计方法。

第9章　系统互联应用。以IoT仪器软件模型和云服务互联模型为基础，阐述了同构互联、转接互联、异构互联和综合互联四种互联方法。针对三种互联方法，给出了电冰箱测试同构互联，热水器测试转接互联，以及空调测试、电冰箱测试和热水器测试综合互联三种应用案例。特别是综合互联案例中，还包括了相关业务系统及视频系统互联，帮助读者对完整物联网系统构建形成更加直观的认识，深入理解和掌握本书中提出的各物联网子系统间互联的理论和方法。

本书中的物联网系统，总体结构通过IoT七层结构进行描述，具体的物联网子系统通过IoT仪器模型进行描述。通过传感设备、数据采集、IoT仪器和集成客户端进行互联，构成完整的物联网系统设计思路和方法，通过多种IoT仪器设计和系统互联应用案例，表明了IoT参考模型的有效性。

1.7　阅读方法

为使读者能够准确理解本书的写作意图和高效率掌握书中的主要内容，现对学习和阅读方法进行简要说明。物联网系统涉及内容广泛，即使是最前端的传感器，从原理、成分组成、制作工艺到检验方法，若要学习透彻也需数月时间，更不用说整个物联网系统。对于物联网系统硬件，本书的宗旨是阐述如何快速学会使用市场上成熟的产品构建物联网硬件系统，不深入探讨这些硬件产品的原理细节。重点是讲述物联网系统的软件如何设计，因针对具体应用需求，很难在市场上找到合适的软件产品购买使用。学习本书后，如何设计和开发不同应用领域物联网系统的软件产品，应该是读者可以追寻的目标。

对于物联网软件系统的设计，本书中除了第4章的数据采集软件涉及少量伪代码之外，其余部分不存在程序代码，更多讲述的是软件设计思路和设计方法。其核心内容包括如下几部分：

（1）软件整体架构。

（2）如何最大程度做到软件复用。

（3）如何做到软件修改维护工作量最小。

（4）如何实现大规模互联。

软件整体架构是作者带领的科研团队在10余年的物联网系统设计研发过程

中，经过 100 余个实际应用案例的不断迭代形成的。如何最大程度做到软件复用和最小的维护修改工作量，二者紧密关联。因此，第 2 章给出了多个软件开发模型。特别是 IoT 仪器模型，是物联网子系统设计开发的重要参考模型，为物联网系统搭建建立了重要基础。物联网系统涉及领域众多，需要针对一个具体细分领域的通用用户需求，借助此模型开发具有一定通用范围的物联网软件。对于大规模互联，关键是在总体架构下，如何进行互联接口标准的制定和应用，本书在第 6 章讲述了互联接口标准制定的原理和方法，并给出了作者主持制定的国际、国家标准实际案例。

物联网系统设计开发作为实际应用类课程，深入掌握其中的原理方法且快速付诸实施并不容易。为做到这一点，作者将联合有关企业，尽快推出辅助读者学习的配套试验系统，主要包括如下几部分内容：

（1）传感设备仿真。

（2）数据采集试验。

（3）互联接口制定。

（4）IoT 仪器应用。

（5）系统互联试验。

该系统可以使读者通过不同层次的综合试验，快速理解和掌握书中内容。物联网涉及领域广阔，是一个具有很强生命力的庞大系统，读者起初使用试验系统中的 IoT 仪器学习，希望后续能够利用本书和试验系统中所学到的知识进行 IoT 仪器开发，用于进行物联网系统的快速建设，大家共同构建多个应用领域的物联网生态系统，并产生可观的经济效益和社会效益。实际上，作者能力有限，加之物联网涉及领域广泛且发展迅速，若本书能够对今后从事物联网系统开发的读者具有一定帮助和指导作用，作者已感到莫大满足和欣慰。

本章小结

本章对物联网的基本概念及发展背景进行了概述，指出物联网的发展，面临来自传感设备多样性，信息处理系统异构性，互联接口设计复杂，系统开发投资巨大等多方面的挑战。其中需要解决的关键问题，是系统互联的接口标准化设计，以及物联网应用软件系统的高效率开发。物联网应用软件系统开发的主要策略和方法，是通过对应用领域进行分类，针对每类应用领域开发通用软件模块，利用这些通用软件模块、提高软件研发效率，降低软件开发成本。同时，本章对物联网系统的组成结构、本书的内容组成和阅读方法进行了介绍，为读者的后续学习提供帮助。

第 2 章　IoT 参考模型

物联网系统的设计和开发涉及较多的环节，包括传感数据的获取、监测对象等信息的描述和录入、以监测对象为核心的数据存储和计算分析，以及各物联网子系统之间的互联访问，这些环节有很多规律可循。本章阐述的 IoT 参考模型，是对物联网系统设计开发中部分规律的归纳和总结，这些模型的利用，将有效提高物联网软件系统的开发和互联效率。

2.1　模型建立过程

软件开发模型建立过程，经历了七个主要步骤：市场需求、系统设计、系统开发、系统测试、应用案例集、抽象分析和软件模型建立。软件模型主要包括系统架构模型、模块结构模型和接口规范。模型建立过程如图 2-1 所示。其中系统设计、系统开发等步骤的具体内容在软件工程书籍中有详细解释，下面对各步骤进行简要介绍。

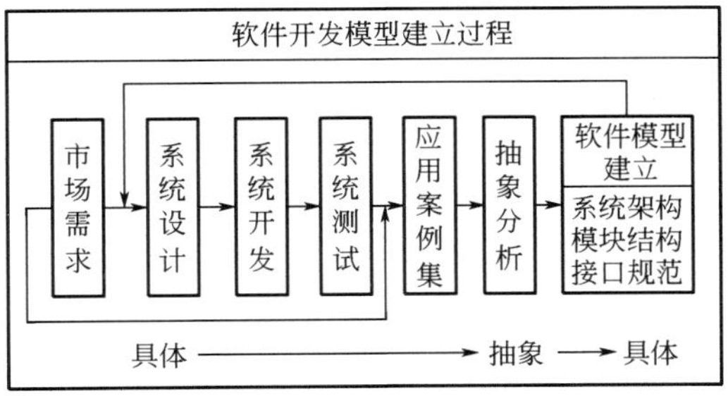

图 2-1
模型建立过程

1. 市场需求

市场需求是物联网系统模型建立的原始驱动力。根据用户在一定地区、一定时间和一定应用范围内提出的物联网建设要求，采用软件工程中需求分析的方法，理解用户对需要开发系统的功能及性能要求，指导下一步的系统设计。

2. 系统设计

系统设计是软件开发过程中的重要环节。系统设计的优劣从根本上决定了软件系统的质量。系统设计之源是软件需求，系统设计的目标是使所设计的系统能够充分满足用户需求，并能够顺利地开发实现，使开发方和用户方的综合利益最大化。开发人员不能偏离需求，为了追求技术的先进性而开展系统设计工作。系统设计过程划分为两个主要阶段：总体设计阶段和详细设计阶段。总体设计阶段的重点是体系结构设计；详细设计阶段的重点是用户界面设计、数据库设计、模块设计、数据结构与算法设计。

3. 系统开发

系统开发是根据系统设计进行软件编程的开发过程，这一部分的主要内容是编写高质量的软件代码。

4. 系统测试

所开发的系统经过测试之后才能交付给用户使用，系统测试主要包括模块测试、系统综合测试和用户试运行验证。

5. 应用案例集

开发出的系统，经过一段时间的应用检验和完善，形成一个完整的实际应用案例。随着时间的推移，开发的多个应用案例组成应用案例集。这些应用案例中包括了多种用户需求和多种软件设计与开发方法。

6. 抽象分析

对应用案例集的软件整体结构进行分析，总结出软件结构的共性特点。在建立总体架构基础上，根据应用领域对案例集进行划分，对每一应用领域，根据用户需求进一步细分，将具有共同需求的案例分为一组。对每一组案例分析软件的模块组成和模块结构，分析案例集的数据组成。

7. 软件模型建立

在抽象分析的基础上，根据软件的共性特点，建立软件的总体架构模型和层次结构模型。整体架构模型把系统划分为不同的子系统，对每个子系统的主要功能组成进行定义和说明。层次结构模型对软件进行分层，层次结构模型的确立，可增强软件的可维护性和可复用性。模块结构模型确立了某一细分应用领域的软件模块组成结构，在该模型基础上可进行共用模块集合的开发，提高软件开发效率。根据某一细分领域的数据组成模型，建立软件接口规范，从而实现软件间的完整数据交换。

从市场需求到软件模型建立是一个从具体到抽象，再到模型具体化的过程，也是一个从实践发展到理论，再从理论指导实践的过程。一个较为优化模型的建立，需要这个过程的多次循环迭代，在这个过程中不断地修改、丰富和完善，逐步提高软件模型的实用性和适应性。本书中的模型就是通过这样的过程建立起来的，因此这些模型不是精确模型，但可作为重要的参考模型，需要在广泛的应用过程中进一步得到发展和完善。为表明以下模型都用于物联网开发，将模型名称以 IoT 开头。

2.2　IoT 七层模型

为了使物联网系统总体结构更加合理，确保软件发生改动情况下对系统影响最小，根据软件系统主要数据流的方向，将软件系统从下到上分为传感设备层、数据传输层、数据采集层、单机应用层、数据存储层、互联服务层和集成应用层，共七层，如图 2-2 所示，简称 IoT 七层模型。

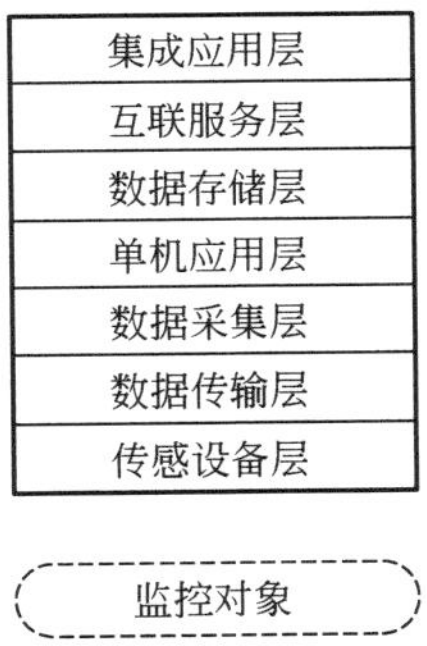

图 2-2
IoT 七层模型

1. 传感设备层

传感设备层是指物联网系统前端传感设备的总和，是物联网数据的重要来源。近年来随着嵌入式技术的快速发展，这些传感设备不仅实现了传感器信号由模拟量向数字量的转换，而且配备智能通信接口，具有通信功能。传感设备利用所配备的通信接口，可输出传感设备的传感数据、设备状态数据，实现与计算机之间的信息交互。计算机可通过传感设备配备的接口，获取该传感设备相关数据，或实现对传感设备硬件的控制。

2. 数据传输层

为实现传感设备与计算机之间的信息传输，两者之间需要有硬件连接。这些硬件连接可以是点对点的通信线路，如串行口通信线路、USB 通信连接线路等；也可以是网络连接线路，包括有线网络连接和无线网络连接，如有线以太网、无线 WiFi 等。数据传输层，是指传感设备与计算机之间连接硬件和通信协议软件的总和。在物联网构建过程中数据传输层主要采用目前成熟的产品和基础网络，对于物联网系统的研发通常是透明的，无需关心其内部的实现细节。

3. 数据采集层

数据采集层是指运行在计算机中获取与该计算机相连接传感设备数据的采集软件。此层需要开发人员通过阅读传感设备的通信说明书，理解传感设备预留的接口和通信协议。将计算机与传感设备通过约定通信线路连接后，该采集软件通过向接口发送传感设备约定的命令，获得传感设备返回数据。此层的设立，实现了单机应用层与传感设备层的逻辑隔离，当传感设备硬件发生改变时，只需更改数据采集层软件，对单机应用层没有影响。为了完成上述数据采集、设备控制和故障诊断任务，数据采集层除了包括用来与传感设备进行通信的类和函数的集合外，还应包含对单机应用层发送的命令进行解析，将其转换为相应传感设备能够识别的通信命令，再转发至对应传感设备的功能。

4. 单机应用层

单机应用层是物联网系统中单机应用子系统集合的总称。每个单机应用子系统由一台计算机和运行在该计算机上的**单机应用层客户端**组成，实现物联网系统中局部范围传感器的信息获取及处理，负责与相对应的数据采集层软件和用户之间进行信息交互，满足与该部分传感器相关用户的软件功能需求。单机应用层客户端软件根据用户操作要求，向数据采集层发送交互命令，从数据采集层获取根据传感设备数据格式解析后的传感数据，负责根据用户需求，实现计算机内存与数据存储层之间的数据调度、数据显示、分析计算或曲线显示等功能。单机应用层又分为数据管理子层和数据应用子层。数据管理子层负责接收来自采集层的实时数据，并通过数据存储层实现数据存储查询，同时还负责处理数据应用子层对数据的请求和访问。数据管理子层的建立，实现了数据应用子层与数据存储层的逻辑隔离。当数据存储结构变化时，只要数据管理子层与数据应用子层之间的接口不发生改变，就不会对数据应用子层产生影响。

5. 数据存储层

数据存储层是指独立于单机应用层之外，实现单机应用层数据存储的软硬件系统总和。数据存储层的软件主要包括各种类别的网络型数据库，如常用的 Oracle、SQL Server，以及支持 FTP 协议的文件系统等。数据存储层通常情况下对应单机应用层中的数据库，不仅包含传感设备数据，而且包含单机应用层软件本身特有的数据，不同的单机应用层软件，这些数据库的格式各不相同。为实现从数据存储层进行互联，需制定针对特定领域需求的数据库存储规范。

6. 互联服务层

互联服务层是指实现单机应用层客户端软件所管理数据的外部数据访问接口。由于传统软件大多数不提供这样的接口，从而形成信息孤岛。因此增加互联服务层，是传统软件消除信息孤岛的关键技术路径，该层也是物联网系统设计与开发的关键内容之一。互联服务层提供的接口功能主要包括服务接口的注册、数据索引访问，以及单机应用层数据访问接口。数据访问接口主要提供监控对象信息、传感设备信息、传感器管理信息、时间序列传感器数据，以及与客户端应用需求相关统计分析结果的请求接收和数据响应。对于大规模物联网系统的设计，该层不仅需要提供以上所述的各种接口，还应针对不同应用领域，实现这些接口的标准化。

7. 集成应用层

集成应用层与单机应用层的主要区别在于，单机应用层的每个客户端软件主要负责局部范围传感器的信息采集和相关数据处理，而集成应用层完成全局互联的信息访问，提供各种数据、曲线显示和全局的数据统计、分析及预测功能。

该层通过互联服务层，获取单机应用客户端的名称索引列表并显示给用户，用户选择相应的单机应用层客户端，集成应用软件通过互联服务层获得对应的接口信息，并从该接口获得用户所选择单机应用层软件的相关数据，供用户进行查看和分析，从而实现用户可根据自己的权限要求，访问全局各物联网节点的数据。

集成应用层还可利用互联服务层，实现物联网全局大数据的汇聚，在此基础上，利用各种机器学习算法，建立数据的分析预测模型，实现更高层次的数据应用，更好地为用户服务。

2.3 IoT 仪器模型

物联网系统中连接了数量繁多的传感器及控制设备，存在着各种处理传感器数据的客户端软件。对于不同的应用需求，客户端软件复杂多样，功能各异，组网困难。因此研究和揭示信息处理客户端软件的固有特性和设计模型，对于高效开发信息处理终端，组建功能庞大的物联网系统具有重要作用。

1．概念

带有以互联网为基础的规范化数据输入和输出软件接口；具有监测对象及传感数据的输入、处理和分析功能的应用软件，以及运行该软件的计算机组成的计算机软硬件系统，称为 **IoT 仪器**。

IoT 仪器与传统仪器的相似点：①处理的数据包含传感数据。输入的传感参数种类通常固定，某种类型传感参数的数量在一定范围内可变化。通常情况下传统仪器可接入的传感器种类是固定的，每种传感器的数量可在一定范围内进行配置。②具有数据显示和曲线显示等显示和分析功能。③具有规范化的数据输出接口。因为和传统仪器具有很多相似点，所以上面提出的计算机软硬件系统被称为“仪器”。又因为该系统带有物联网系统建设所需的接口，因此被称为“IoT 仪器”，其中“IoT”代表物联网。

IoT 仪器与传统仪器的不同点：①IoT 仪器不仅处理传感数据，还实现监测对象与传感数据的对应管理；传统物理仪器只处理传感数据，不实现监测对象与传感数据的关联管理。②IoT 仪器对外提供数据的接口，是在网络设施基础上采用软件实现；传统仪器采用 RS-232、RS-485、Ethernet 等多种硬件接口方式实现。

2．IoT 仪器软件模型

IoT 仪器的应用软件开发模型，称为 IoT 仪器软件模型，简称 IoT 仪器模型。

设计 IoT 仪器的主要思路，是把庞大的物联网系统的传感信息处理进行分类，主要是进行领域细分，在细分领域内进一步整理发现通用功能需求，根据预先设计好的 IoT 仪器模型进行应用软件开发，实现该通用功能需求。根据 IoT 仪器模型，可实现统一架构开发，一方面通用性强，另一方面通过统一的输入、输出接口，可高效率地实现大规模互联。其结构如图 2-3 所示，该模型占用了 IoT 七层模型的单机应用层、数据存储层和互联服务层。单机应用层客户端中包含的软件模块用虚线表示，是说明这些模块只作为参考，在不同的应用需求中，模块功能及组成会有所差别。数据采集层交互接口包括采集模块和控制模块，(p_i，t)（i=1，2，…，m）表示在 t 时刻，采集模块获得的传感参数 p_i 的传感数据；c_j（j=1，2，…，n）表示控制模块向传感设备输出的不同类型的控制命令。

IoT 仪器模型给出了物联网系统中，处理传感数据软件功能和结构的简要概括。该模型中的传感数据来源于数据采集层，不直接来源于传感设备，与数据采集层之间具有统一的接口，实现了与各种类型传感设备的隔离，从而实现该模型的通用性和可扩展性。该模型的单机应用层部分被称为 **IoT 仪器客户端**，实现的功能与单机应用层客户端相同。

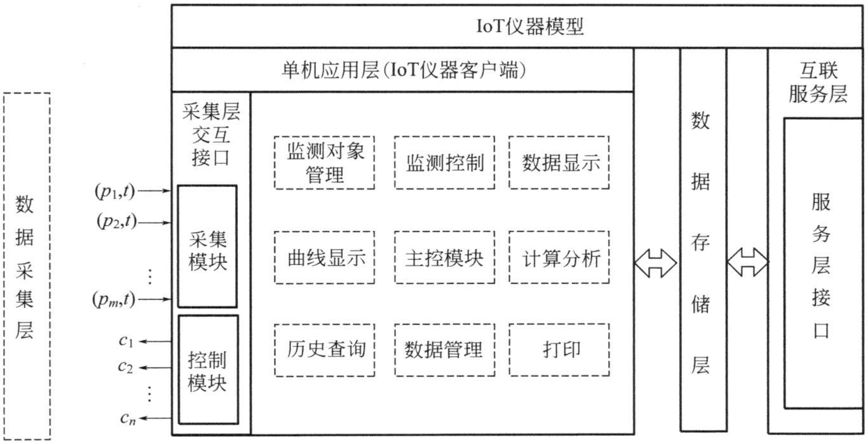

图 2-3
IoT 仪器模型

IoT 仪器客户端软件模块的简要说明见表 2-1。

表 2-1　IoT 仪器客户端软件模块说明

序号	条目	说明
1	监测对象管理	实现监测对象描述信息录入管理，以及监测对象与传感参数之间的对应关系管理
2	监测控制	提供监测控制用户界面，接收用户控制操作，通过控制模块实现硬件控制
3	数据显示	监测对象的传感数据显示
4	曲线显示	监测对象的传感数据随时间变化曲线的显示
5	主控模块	根据用户请求，实现单机应用层各模块的调度控制
6	计算分析	实现传感数据的计算和统计分析
7	历史查询	查询监测对象历史数据或曲线信息
8	数据管理	实现数据在内存和数据存储层之间的调度管理
9	打印	实现数据或曲线打印功能

数据存储层实现物联网相关数据的数据库存储，不同应用需求的数据存储结构不同。

IoT 仪器通过互联服务层提供对外输出数据的接口，常用的实现方式包括三种：①Web Service：同步调用接口，请求数据同步交付，数据量大时，需等待较长时间。②MQ（Message Queue）：异步交互接口，可以请求数据的异步交付，不需等待。③FTP（(File Transfer Protocol)：实现文件传输与文件共享，可传输较大文件，传输效率高。

3．IoT 仪器服务端

IoT 仪器客户端的代码经过简单改造，可在云服务中心通过软件服务的方式，供集成客户端使用，改造后的代码称为**IoT 仪器服务端**，其结构如图 2-4 所示。IoT 仪器服务端的代码，绝大部分可通过对应的 IoT 仪器客户端的代码复用获得，通过这种方式得到的 IoT 仪器服务端，也称为对应 IoT 仪器客户端的**近似结构**。其与 IoT 仪器客户端的主要区别为，软件需要处理的数据来源于互联服务层，因此把图 2-3 中的采集层交互接口换成了服务层交互接口，在该接口中包含定时采集模块和数据查询模块。定时采集模块负责定时从互联服务接口获取最新的实时数据；数据查询模块根据用户的数据查询请求，从互联服务层获取相应的历史数据。此外，IoT 仪器服务端不再需要数据存储层和互联服务层。

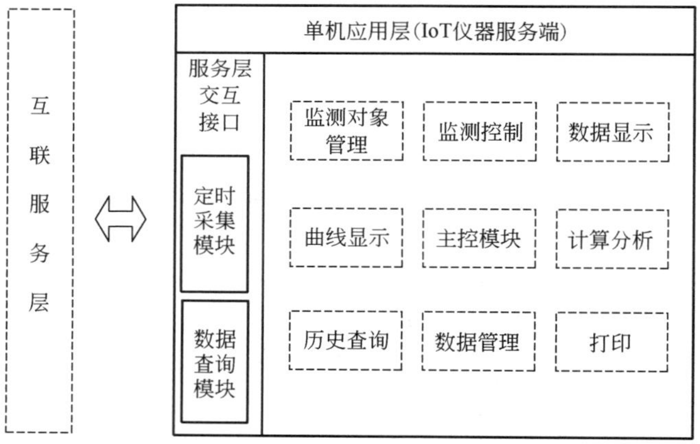

图 2-4
IoT 仪器服务端

2.4 互联模型

以 IoT 仪器客户端和 IoT 仪器服务端为基础，通过两种模型的关联关系，可高效实现 IoT 仪器之间的互联，为建立大规模的物联网系统奠定技术基础。

2.4.1 IoT 串联模型

IoT 串联模型如图 2-5 所示，其中 IoT 仪器客户端的输出接口作为 IoT 仪器服务端的数据输入。IoT 仪器客户端由于和传感设备关联紧密，通常被用于现场操作。IoT 仪器服务端可被用户用于对 IoT 仪器客户端的远程访问代码共享。通过该模型，不仅实现了 IoT 仪器客户端的远程访问和信息共享，而且由于两种软件代码只有采集层交互接口和服务层交互接口两个模块不同，其余模块基本相同，因此，通过近似结构的软件，从很大程度上实现了软件模块的复用，提高了软件开发效率。

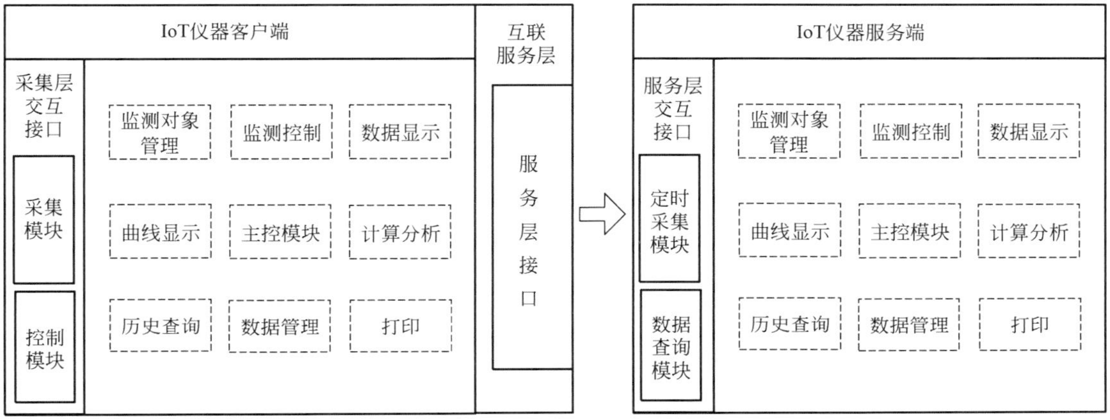

图 2-5　IoT 串联模型

2.4.2　同构互联

1．概念

物联网节点：IoT 仪器，以及对应的传感设备和数据采集子系统，构成一个物联网节点。即使同一种 IoT 仪器，由于在不同应用场合，所处理的监测对象以及传感参数数量不同，所构建的物联网节点也不完全相同。

同构系统：采用同一种 IoT 仪器模型建立的物联网节点称为同构系统。

异构系统：采用不同 IoT 仪器模型建立的物联网节点称为异构系统。

2．同构互联

同构系统之间的互联架构如图 2-6 所示。由于物联网节点 1 至物联网节点 n 采用相同的 IoT 仪器 M，因此具有相同的服务接口。在集成客户端，可采用与 IoT 仪器 M 客户端近似结构的 IoT 仪器 M 服务端，通过串联模型进行互联。根据用户选择需要访问的物联网节点，集成客户端利用 IoT 仪器 M 服务端，从 IoT 仪器 M 的服务接口获取信息并进行处理。同一时刻，集成客户端只能和其中的一个 IoT 仪器 M 客户端进行连接。

2.4.3 异构互联

异构系统之间的互联架构如图 2-7 所示。物联网节点 1 至物联网节点 *n* 采用不同的 IoT 仪器，因此这些 IoT 仪器具有不同的服务接口，分别称为服务接口 1 至服务接口 *n*。在集成客户端中，可采用与每个 IoT 仪器客户端具有近似结构的 IoT 仪器服务端，通过一对一之间的串联实现异构物联网节点之间的互联。

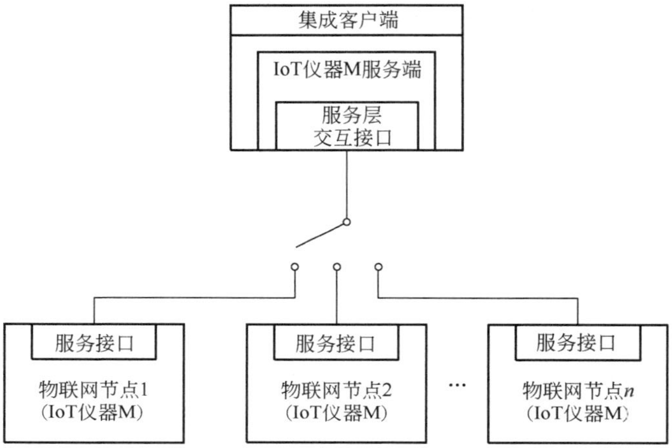

图 2-6
同构互联架构

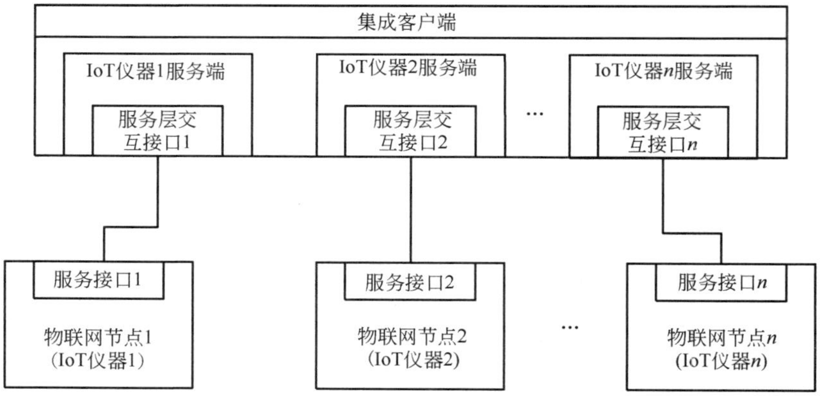

图 2-7
异构互联架构

2.5 云服务模型

物联网云服务（Cloud Service for IoT，IoTC）模型，是 IoT 仪器的一种大规模集成应用模型，也是物联网的一种集成应用模型。从功能上，云服务是把计算机领域抽象出的各种通用需求，以软件服务模块的形式，提供给上层软件调用，这些服务模块提供底层硬件虚拟化资源管理和数据管理等常用功能。云服务也可作为数据信息及软件共享的中间平台，满足不同系统间进行信息交互的需求，对于物联网系统的开发和集成具有重要作用。

IoTC 模型的主要思路，是在不同细分应用领域，利用 IoT 仪器模型，开发各种 IoT 仪器，同时，把这些 IoT 仪器服务端组成代码库，存放在云服务中心，通过云服务的形式进行共享。采用 IoTC 模型，一方面可通过 IoT 仪器服务端代码的共享减少代码开发量，提高开发效率。另一方面，由于 IoT 仪器模型开发的高度规范性并带有规范化外部接口，可无缝实现单机应用层客户端子系统之间的互联，加速物联网的快速发展。

采用 IoTC 模型构成的云服务模型架构如图 2-8 所示，其中包括数据服务、注册服务和软件服务三部分。从使用者角度，该模型架构总体上分为本地应用、云服务和集成应用三个层次，这三种应用分别通过 IoT 仪器客户端、云服务中心和集成客户端实现。下面对这三种应用进行简要介绍。

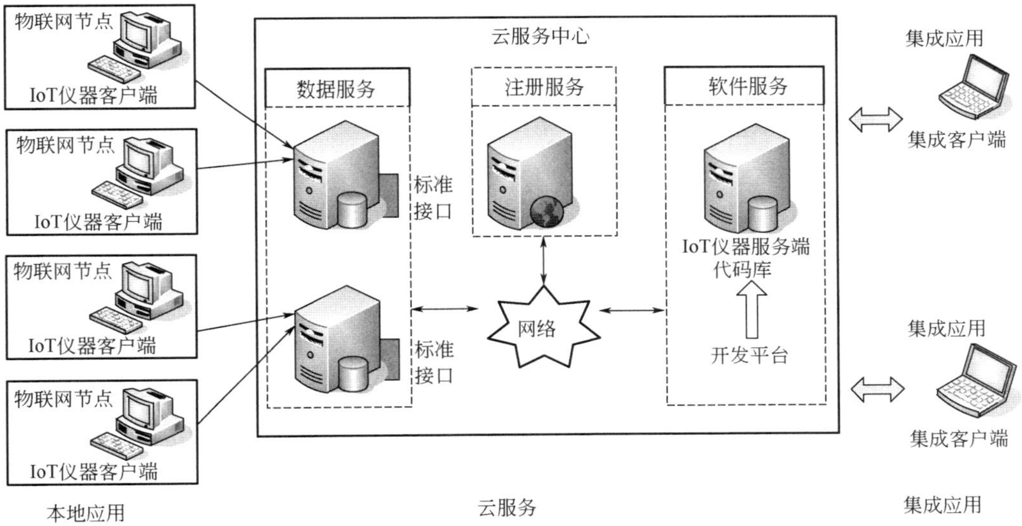

图 2-8　云服务模型架构

1．本地应用

每个 IoT 仪器客户端，完成针对具体领域、特定一组传感设备的数据采集，监测对象数据录入、数据存储显示和数据处理。

2．云服务

提供数据服务、注册服务和软件代码服务。

（1）数据中心：利用标准服务接口，提供统一的数据服务。

（2）注册中心：本地监测应用标准接口的索引列表，列表内容通过统一客户端中的注册功能完成，统一客户端加载集成应用功能时，通过注册中心获取标准接口信息，从而实现全局信息访问和处理。

（3）软件服务：提供 IoT 仪器服务端代码服务。IoT 仪器服务端代码可通过软件开发平台定制完成。

① IoT 仪器服务端代码库：存放各种 IoT 仪器服务端软件代码。IoT 仪器既是一个面向一类应用的软件功能体，同时又是实际应用系统的一个开发子平台。通过子平台的系统配置，可使 IoT 仪器与具体传感硬件系统和监测对象进行匹配。

② 开发平台：利用已有组件等资源快速形成 IoT 仪器服务端代码。

3．集成应用

通过集成客户端，实现业务信息和全局传感信息的访问、分析和处理。该客户端是一个软件加载器，根据用户访问需求，加载 IoT 仪器服务端代码，实现相关信息的访问。

2.6　数据流模型

物联网系统前端的传感设备持续不断地产生带有时间戳的传感数据流，这些数据流经过数据采集层和单机应用层，最后主要在数据存储层实现数据存储。数据流传输过程中一旦出现传输不畅，将严重影响物联网系统的稳定运行。因此，了解物联网系统的数据流模型，对于物联网系统的合理规划和长期稳定运行具有重要作用。下面从物联网系统的典型数据流结构、总体流量模型和局部流量模型三方面进行阐述。

1．数据流结构

物联网系统典型数据流结构如图 2-9 所示，其中包括 IoT 七层模型的传感设备层、数据传输层、数据采集层、单机应用层和数据存储层，共五层结构。传感设备层作为数据源，数据经由数据传输层最终到达数据存储层。数据流箭头旁边的符号表示：数据采集层中的 1 套采集软件对应 m 个传感设备，单机应用层中的 1 套单机客户端软件对应数据采集层中的 1 套数据采集软件，数据存储层中的 1 套存储系统对应 n 套单机应用层中的单机客户端软件。

由于受传感设备存储资源的限制，一般情况下传感设备不具备数据长期存储功能，可认为其存储容量 M_1=0。S_1 代表传感设备层向数据采集层发送数据的速率。

下代表传输层硬件能够支持的最大数据传输率。同理 S_2 代表数据采集层向单机应用层发送数据的速率，M_2 代表数据采集层缓存的最大容量，R_2 代表采集层能够接收传感设备层数据的最大接收速率，通常情况下 R_2 与接收软件的响应速度有关。T_2 代表数据采集层和单机应用层之间传输硬件所能承受的最大数据传输率。M_3 代表单机应用层为传感设备提供的最大缓存，这种缓存通常是计算机内存，主要目的是提高用户频繁访问数据的存取速度。与数据采集层类似，R_3 代表单机应用层能够接收数据采集层数据的最大接收速率，S_3 代表某个单机应用层客户端软件向数据存储层传输数据的速率。T_3 代表单机应用层和数据存储层之间传输硬件能够支持的最大数据传输率，R_4 代表数据存储层能够接收数据采集层数据的最大接收速率。M_4 代表数据存储层具有的最大存储容量，数据存储层主要采用硬盘、磁盘阵列等外存储器，并实现物联网系统的集中和长期数据存储。其中提到的所有发送和接收速率，是指有效数据的速率。

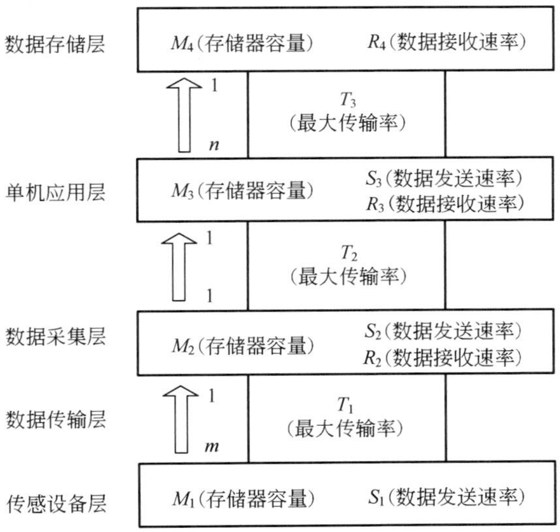

图 2-9
数据流结构

2．总体流量模型

$\overline{S_1}$、$\overline{S_2}$ 和 $\overline{S_3}$ 作为在物联网系统完整生存周期内 S_1、S_2 和 S_3 的平均值，S_{1i} $(i=1,2,\cdots,m)$表示传感设备层第 i 个传感设备发送数据的速率；$\overline{S_{1i}}$ $(i=1,2,\cdots,m)$表示传感设备层第 i 个传感设备发送数据的速率的平均值；S_{3j} $(j=1,2,\cdots,n)$表示单机应用层第 j 套单机应用客户端软件发送数据的速率。总体流量模型是指发送和数据接收速率，需要满足如下条件（1）和条件（2）：

$$\sum_{i=1}^{m} S_{1i} \leqslant T_1,\ S_2 \leqslant T_2,\ \sum_{j=1}^{n} S_{3j} \leqslant T_3,\ \sum_{i=1}^{m} \overline{S_{1i}} \leqslant \overline{S_2} \leqslant \overline{S_3} \tag{1}$$

$$R_2 \geqslant \sum_{i=1}^{m} S_{1i},\ R_3 \geqslant S_2,\ R_4 \geqslant \sum_{j=1}^{n} S_{3j} \tag{2}$$

条件（1）表明，每一层发送数据的速率不能超过和上一层之间的硬件最大数据传输率，同时发送数据速率的平均值不大于上一层数据的发送速率平均值。条件（2）表明，在任意时刻，上一层的接收速率不小于下一层的数据发送速率，否则会造成发送数据的丢失。

3．局部流量模型

由于中间层中存在缓存，在局部时间段 Δt 内，数据流会具有不同于全局数据流的特征，即该时间段出现下一层发送速率高于上一层发送速率的情况，但需要满足以下约束条件（3）和条件（4），否则会造成缓存的溢出。

$$\left(\sum_{i=1}^{m}\overline{S_{1i}}-\overline{S_2}\right)\Delta t\leqslant M_2 \tag{3}$$

$$\left(\overline{S_3}-\overline{S_2}\right)\Delta t\leqslant M_3 \tag{4}$$

在实际应用中，通常情况下，使用的传输网络、服务器、计算机等硬件资源，不是被所设计开发的物联网系统所独享，往往传输网络上还夹杂着办公信息，甚至公众在网络中传输的信息，数据流大小很难精确估算。本节给出了在物联网设计过程中，数据流估算的思路和方法，在物联网开发和运行后，可根据遇到的实际问题再进一步进行调整。

2.7 概念及术语

为实现语言表述的准确和一致性，对于下面的术语给出说明和解释，用于本书后续内容的阐述。

传感器：一种感知监测参数的物理器件，实现感知参数变化向电信号变化的转换。

传感设备：实现传感器的电信号向对应监测参数数据的转换，并带有通信接口和通信协议的设备。

设备信息：包括传感设备的描述信息、状态信息和报警信息。

物理传感参数：传感设备提供的传感物理量。

逻辑传感参数：根据同一时刻采集的多个物理传感参数计算得到的参数。

传感参数：物理传感参数和逻辑传感参数统称为传感参数。

统计参数：根据传感参数综合计算得到的参数。

传感数据：传感参数对应不同时刻采集数据的总称。

监测索引：用于获取传感数据的索引信息，通常包括监测对象及监测相关的描述信息。

监测数据：传感数据、对应的监测索引信息和传感设备信息等 IoT 仪器系统提供的所有数据。

单机应用系统：由一组传感设备、对应的一台计算机，以及运行在该计算机中，具有传感设备数据获取、处理等功能的一套应用软件组成的具有特定功能的独立系统。

单机应用客户端：单机应用系统中，包含实现用户界面操作响应功能的应用软件。

集成客户端：可访问和处理对应的多个单机用系统数据的客户端软件。

本章小结

本章对物联网参考模型的建立方法和参考模型进行了描述，指出物联网系统的基础模型和系统架构，是通过多次实际软件开发迭代进行建立和不断完善的结果。

其中 IoT 七层结构模型以数据流的主要方向和各模块之间的耦合程度最小为原则进行划分。利用 IoT 仪器模型，对物联网子系统的软件结构进行了定义和说明。以 IoT 仪器模型为基础，阐述了物联网子系统互联的总体思路，包括串行连接、同构互联、异构互联，以及物联网云服务模型，后续各章仍将以这些思路和方法为指导，对物联网系统建立及设计开发的关键环节和具体内容进行更详细的描述。

IoT 七层结构模型构成了本书后续章节的主要顺序。每层涉及内容广泛，但对于物联网系统设计开发者，需要掌握的内容并不多，因此后续每层的内容从物联网设计开发实用的角度进行阐述。其中，传感设备层在物联网系统设计开发过程中，主要是选取市场现有的产品进行应用，对于该层主要从使用角度介绍不同领域具有哪些主要传感设备产品。数据传输层主要是指目前成熟的网络和接口传输方式，从使用角度需要学习的内容较少，将数据传输层和数据采集层合并为一章“数据传输和采集层”，数据采集层主要介绍通信接口和数据采集软件的设计方法。将单机应用层和数据存储层合并为一章，一套单机应用层软件，相当于物联网应用软件系统中的一个 IoT 仪器客户端，物联网应用软件系统是多个 IoT 仪器客户端的集成，该章主要介绍单机应用层的主要功能模块和设计方法。同样由于章节内容之间的平衡问题，把互联服务层和集成应用层合并为一章“互联服务和集成应用层”进行阐述，该章核心是互联服务层，也是本书的核心，此部分将介绍互联接口设计方法和相关的互联标准。

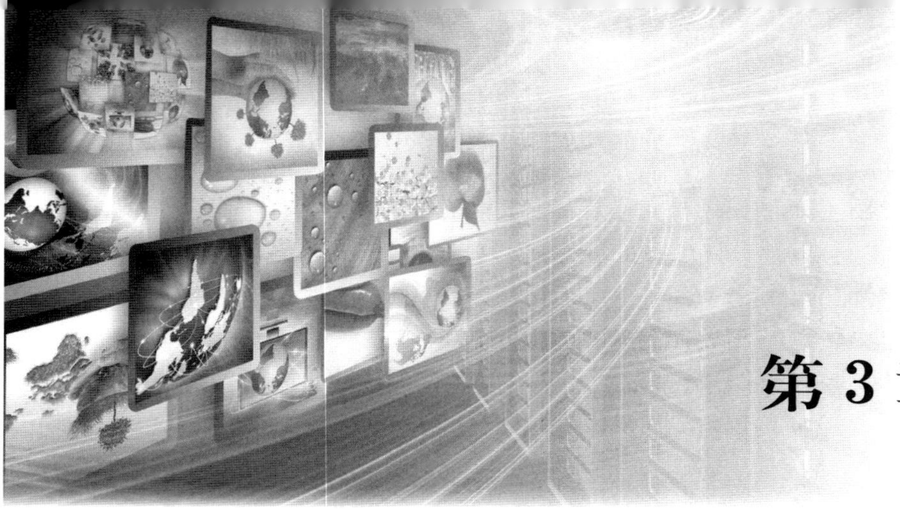

第3章　传感设备层

物联网主要数据源是传感数据，因此了解和熟悉使用传感设备是构建物联网应用系统的基础。传感设备种类繁多，使用方法各不相同，如何利用市场上成熟的传感设备搭建物联网所需的感知硬件系统，是物联网设计与开发首先需要解决的问题。本章首先给出传感设备物理模型，便于读者对传感设备进行总体逻辑结构的理解，其次给出和应用密切相关的传感设备应用模型和功能结构模型，最后介绍工业制造、室内安全和海洋监测领域几种常用的传感设备，以便使读者对传感设备具有更直观的认识和理解。

3.1　物理模型

传感设备种类繁多，功能各异，为使物联网系统开发者快速理解如何使用这些传感设备，下面从使用者角度对传感设备进行分类，并给出基本原理模型。在构建物联网应用系统时，无需具体理解传感设备的工作原理，只需关心如何利用计算机从传感设备接口获取传感信息即可，为此从接口角度把传统传感设备分为模拟量接口传感设备和数字量接口传感设备。因模拟量接口传感设备在与计算机相连时，需在传感设备和计算机之间增加新的接口设备，本书称之为数据采集器，并对这种设备的物理模型进行简要介绍。除了上述传统设备外，目前还存在 RFID 及各种远程探测设备，本节将对这些传感设备进行简要叙述，不作为本书重点。

3.1.1　模拟量接口

对于传感参数为连续变化的参量，如温度或压力等，传感器通常情况下把这些参量的数值转换成连续的电压或电流的模拟量输出，转换的标准范围通常为 0～5V 或 4～20mA。如图 3-1 和图 3-2 所示分别是电压输出型和电流输出型传感设备。

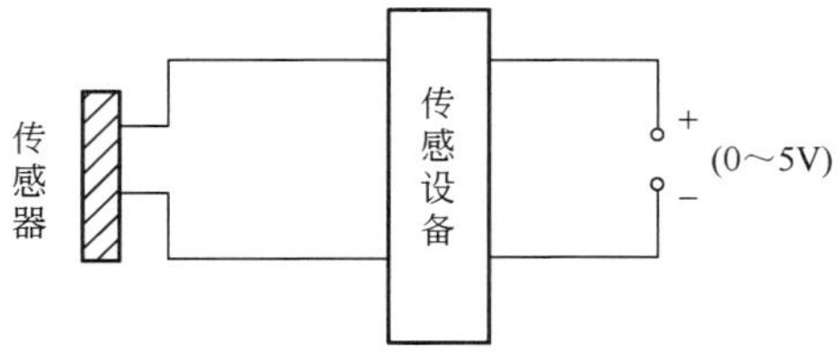

图 3-1
电压输出型传感设备

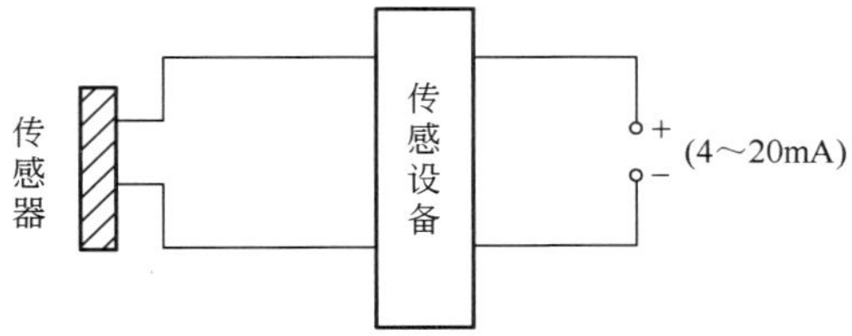

图 3-2
电流输出型传感设备

对于图 3-1，该传感设备把传感参量 y 从感知范围（x_1，x_2）线性变化为电压范围（0～5V），利用输入/输出线性关系，则对应的感知参量 y 和输出电压 x 之间的关系为

$$y=(x_2-x_1)x/5+x_1 \tag{3-1}$$

若感知参量 y 为温度，感知范围为（−50℃，200℃），即把 $x_1=-50$ 和 $x_2=200$ 代入式（3-1），式（3-1）变为

$$y=50x-50 \tag{3-2}$$

若计算机得到电压输出数字量 0V 或 5V，则利用式（3-2）计算得到的对应温度为−50℃和 200℃，其余情况计算方法相同。

对于输出为电流感知参量的计算方法，其与输出为电压方式的计算方法相同，计算公式为

$$y=(x-4)(x_2-x_1)/16+x_1 \tag{3-3}$$

因此，只要计算机获取到电压或电流值，通过简单计算就可得到相应感知参量的数值。获取电压值或电流值的方法为，在该类型传感设备和计算机之间增加数据采集器，数据采集器连接传感设备的电压或电流输出，计算机通过通信接口和数据采集器相连，计算机通过通信接口从数据采集器获取电压或电流的数字量。关于这方面的内容，后续会详细介绍。选择电压输出或电流输出的传感设备与应用场合相关，电压输出适合传感设备与数据采集器非常近的场合，若距离远，电压传输会产生衰减，影响测量精度。电流输出可避免这一问题，适合于数据采集器距离较远的应用场景。

3.1.2　开关量接口

日常使用的机械开关，如我们在家中使用的电灯开关，具有“开启”和“关闭”两种状态，因此，在计算机中，通常把具有两种状态的输入量或输出量称

为开关量。对于两种状态的感知参量，如烟雾或火焰传感器，只需感知“无”或“有”两种状态，传感器的输出为开关量，如图 3-3 和图 3-4 所示。其中图 3-3 输出的为 TTL 电平，即用 TTL 高电平和低电平分别代表两种状态。图 3-4 为继电器型输出传感器，继电器型传感器的输出为干节点输出，即输出端子不带电，只是两个端子的闭合和断开两种情况代表感知参量的两种状态，等效于一个机械开关。其中 COM 为公共端。当传感器没有发生动作时（处于“无”状态），COM 端和 NC 端处于闭合状态；反之，当传感器发生动作时（处于“有”状态），COM 端和 NC 端变为断开状态，因此 NC 端也被称为“常闭”（Normal Close）端。COM 端和 NO 端连接状态则相反，当传感器没有发生动作时，COM 端和 NO 端处于断开状态；反之，当传感器发生动作时（处于“有”状态），COM 端和 NO 端变为闭合状态，NO 端也被称为常开（Normal Open）端。

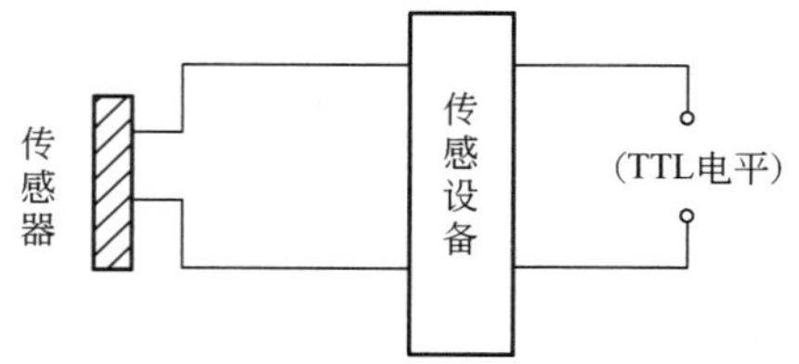

图 3-3
TTL 电平型开关量输出

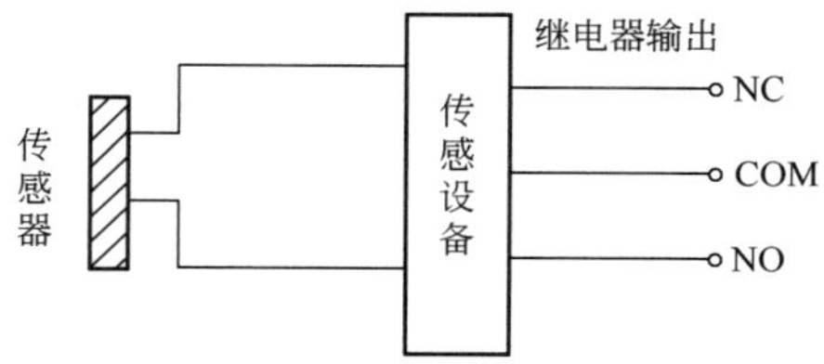

图 3-4
继电器型开关量输出

3.1.3 数字量接口

为便于和计算机进行连接，存在数字量接口的传感设备，如图 3-5 虚线左侧所示。

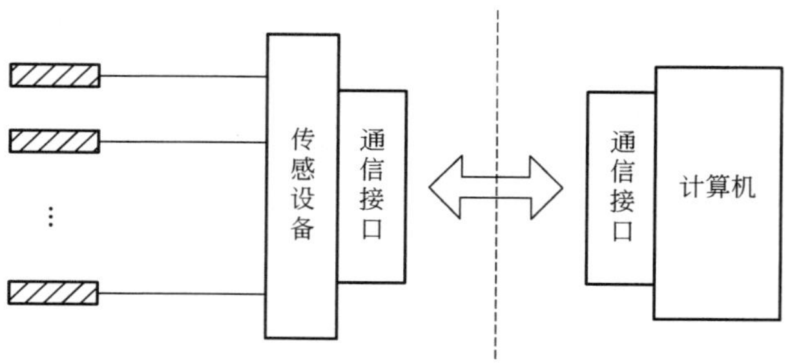

图 3-5
数字量接口传感设备与计算机连接

数字量接口传感设备往往连接不同或相同类型的多个传感器，通过本身的数字量接口与计算机相连，这种数字量接口具有多种形式，如串行口、并行口、有线网络接口和无线网络接口等。有一点需要注意，在和计算机相连时，传感设备的数字量接口与计算机的数字量接口类型必须相同。计算机通过本身的数字量接口向传感设备发送约定的命令，如 HELLO，传感设备向计算机发送相应的传感数据。

3.1.4　数据采集器

对于模拟量接口型传感设备，由于输出的模拟量不能和计算机直接相连，需在该类型传感设备与计算机之间增加数据采集卡或数据采集器，本节统称为数据采集器，一种功能较为完备的数据采集器与计算机的连接如图 3-6 所示。

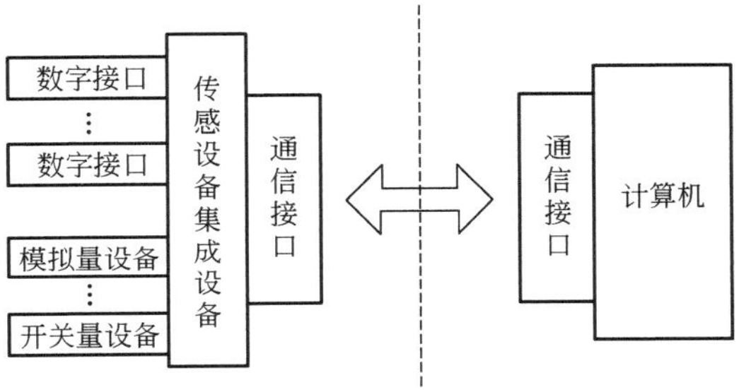

图 3-6
数据采集器与计算机连接

图 3-6 中虚线左侧部分为数据采集器，其数字接口用于连接数字量接口型传感设备，模拟量设备连接线路用于连接模拟量接口型设备，开关量设备连接线路用于连接开关量接口型设备，有些数据采集设备还可直接连接传感器，因此数据采集器实际上是一种传感器及传感设备的集成设备。数据采集器通过网络接口与计算机相连，从而实现计算机的远程数据采集。计算机通过网络接口发送命令获取数据采集器连接传感设备的数据。

3.2　应用模型

传感设备主要用于感知各种监测对象，为总结传感设备在应用过程的规律，把这些应用规律分为监测应用模型和功能结构模型，下面进行详细叙述。

3.2.1　监测应用模型

对于物联网应用系统，需要管理各种传感设备和监测对象，根据传感设备与监测对象数量对应关系，把监测应用模型分为 1:1、1:∞、∞:1、∞:∞关系。

1．1:1 模型

如图 3-7 所示，该模型中，一个传感设备用于感知一个监测对象，该传感设备连接多个传感器，因此该传感设备的传感器数据信息即为监测对象的感知信息。

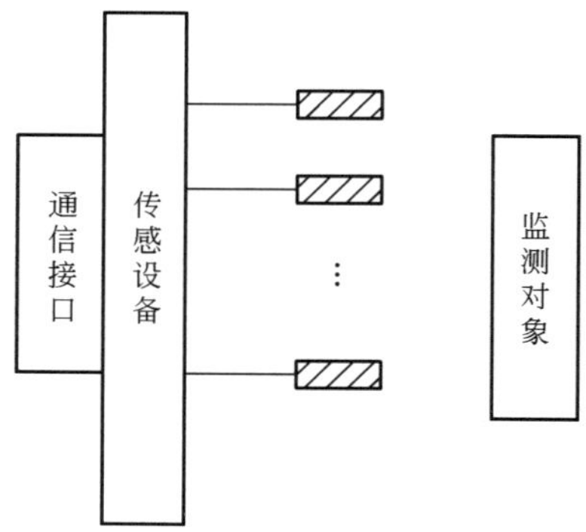

图 3-7
设备与监测
对象 1:1 模型

2．1:∞ 模型

当一台带有多个传感器的传感设备用于监测多个监测对象时，这种应用模型称为一对多模型，如图 3-8 所示。在这种模型中，多个传感器将被分组，每一组传感器对应一个监测对象，每一组传感器可以是同类型传感器，也可以是不同类型传感器。

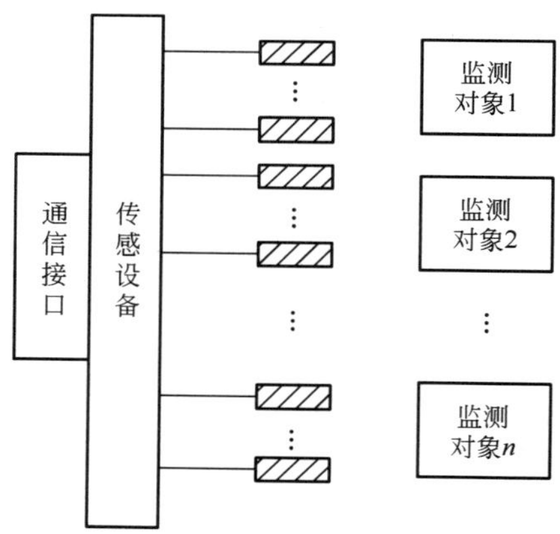

图 3-8
设备与监测
对象 1:∞ 模型

3．∞:1 模型

用带有多个传感器的多台传感设备监测同一监测对象，这种应用场景称为多对一模型，如图 3-9 所示。传感设备可以是相同类型，也可以是不同类型，每台传感设备连接的传感器类型根据具体应用需求而定。

4．∞:∞ 模型

多台传感设备的所有传感器通过混合后分组，监测多个监测对象，这种应用场景称为多对多模型，如图 3-10 所示。当用户在物联网应用软件系统中查看某个监测对象信息时，只需显示和该监测对象相关的传感器信息，因此在物联网应用软件设计时应建立监测对象与传感器之间的关联关系。

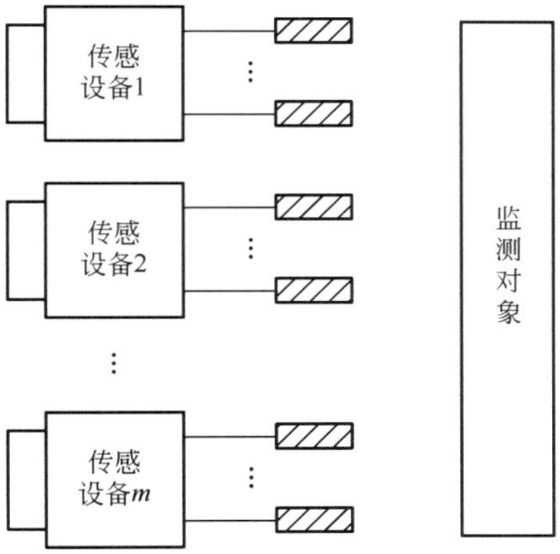

图 3-9
设备与监测
对象 ∞:1 模型

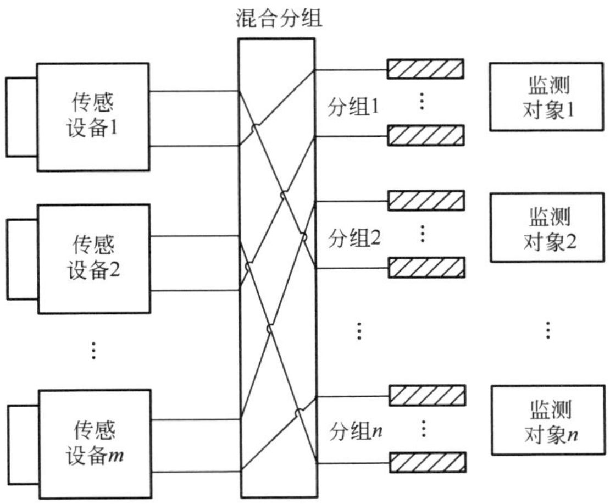

图 3-10
设备与监测
对象 ∞:∞ 模型

3.2.2　智能仪表结构模型

智能仪表作为一种典型的传感设备，通常情况下由传感器、前置放大器、数模转换、中央处理器、通信接口等硬件模块及相应的软件组成。其中，软件实现传感数据的采集、数据处理、自动存储、显示以及与计算机数据通信软件之间的交互功能。智能仪表结构模型如图 3-11 所示，其中包含“数据显示”“曲线显示”“信息查询”“通道设置”“数据导出”“打印”“接口设置”和“电源”功能按钮。下面对这些功能按钮的作用进行简要介绍。

（1）数据显示：显示当前时刻各传感器的当前值。

（2）曲线显示：显示当前一段时间内各传感器数值随时间变化的曲线，曲线会实时刷新和延长，显示曲线到达一定长度后，把最前面的曲线覆盖掉。

（3）信息查询：查询过去一段时间内的传感器数据或曲线。受智能仪表硬件存储资源的限制，存储数据的时间长度到达一定程度后，前面存储的数据会被覆盖。

（4）通道设置：通常情况下，智能仪表可连接的传感器类型和数量可在一定范围内变化，在应用过程中，当智能仪表连接的传感器类型和数量确定后，利用该功能进行设置，可使设置的参数和智能仪表连接的实际传感器一致。

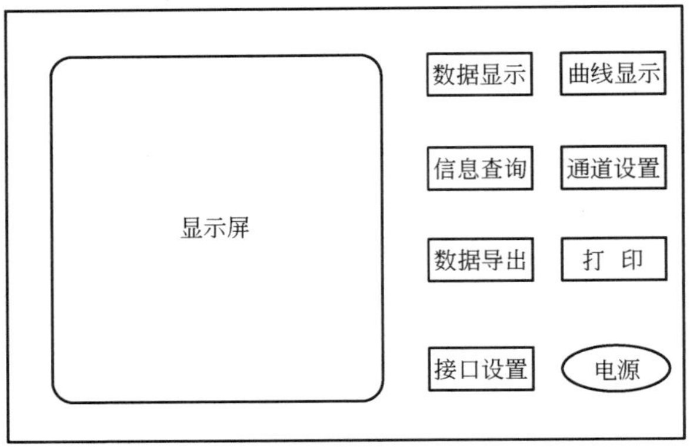

图 3-11
智能仪表主要功能结构

（5）数据导出：由于智能仪表的存储资源有限，因此为避免传感数据被覆盖，可利用数据导出功能，把智能仪表当前存储的数据导出到磁盘等移动介质进行存储。

（6）打印：智能仪表连接打印机后，可利用该功能实现传感器数据或传感参数随时间变化曲线的打印。

（7）接口设置：设置智能仪表通信接口的参数，如 RS-232 接口的波特率、数据格式，以太网接口的 IP 地址等。

（8）电源：智能仪表的电源开关。

在此给出智能仪表结构模型，原因在于物联网应用软件处理的主要数据仍然是来自传感器的信息，部分软件模块与智能仪表的功能非常相似，甚至可以看成多个智能仪表功能的集成，从后续的章节将会看到，物联网应用软件也具有“数据显示”“曲线显示”“信息查询”等功能。智能仪表具有的“通道设置”功能启发我们，如果物联网应用软件处理的传感参数类型和数量是可变化的，这样的软件将具有更好的通用性和可扩展性。因此，了解智能仪表的功能，对于理解和掌握物联网应用软件的设计方法具有很大帮助。

3.3 电器产品测试

在电器产品制造企业，所设计和生产的产品要进行各种测试，如性能、安全、可靠性等。同时为了确保不同厂商的产品可相互比较，国家或行业标准会规定相应的测试条件，如测试环境温度、相对湿度，并对测试方法进行约定。在这种测试过程中涉及多种传感设备，其中包括数字功率计、数据采集器、数控仪、射频识别阅读器等。其中数字功率计用于电器产品相关电力参数的测量，如电压、电流、功率和耗电量等。数据采集器主要用于连接各种传感器，如测量温度的热电偶、压力等传感器。数控仪的主要作用是实现测试环境的控制，如房间温度、相对湿度等。射频识别阅读器通过无线方式实现产品及各种监测对象的编码识别。有时还会用到大气压、转速、流量计等不同类型的其他传感设备。这些传感设备具有共同的特点，要么通过自带的通信接口输出测量数据，要么输出标准模拟信号，接入数据采集器后，通过数据采集器的通信接口获取其测量数据。下面对电器产品测试常用的传感设备进行详细介绍。

3.3.1　数字功率计

对于用电产品，通常需要测量产品的用电电压、电流、功率、频率及耗电量等参数，测量这些参数的智能传感设备通常称为数字功率计（简称功率计）。该类产品的生产厂商较多，功能和使用方法基本相同，在测量精度和耐用性方面存在一定差异。下面对该类产品的功能及使用方法进行介绍。

1. 单相数字功率计

单相数字功率计用于单相供电的电器产品测量。

1）外观及按键

典型单相功率计的外观如图 3-12 所示，屏幕可实时显示通过按键选择的电压、电流、功率等参数。其显示屏分为四个部分，可通过该功率计的按键对每部分的内容进行设定。可通过“电压”“电流”键选择电压或电流的测量范围，“开始”和“停止”键用于启动和停止耗电量的累积。通信接口通常有 RS-232、RS-485、GPIB 等多种形式，其中“设置”键可用来设置接口的通信参数。

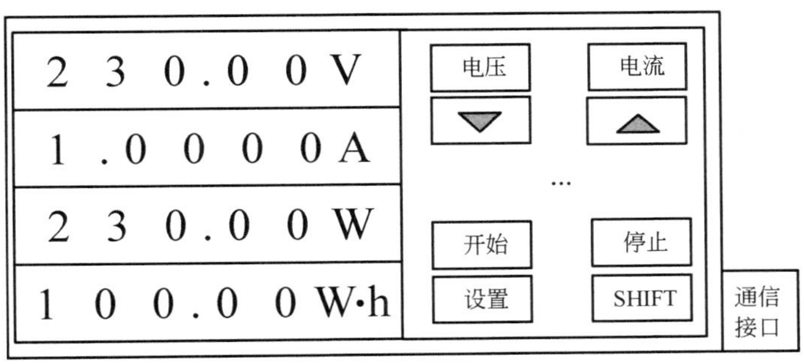

图 3-12
单相功率计

2）负载连接

典型的单相功率计接线端子和对应的测量原理如图 3-13 所示。只要被测量的负载插入负载插座后，功率计即可对负载进行相关电参量的测量。

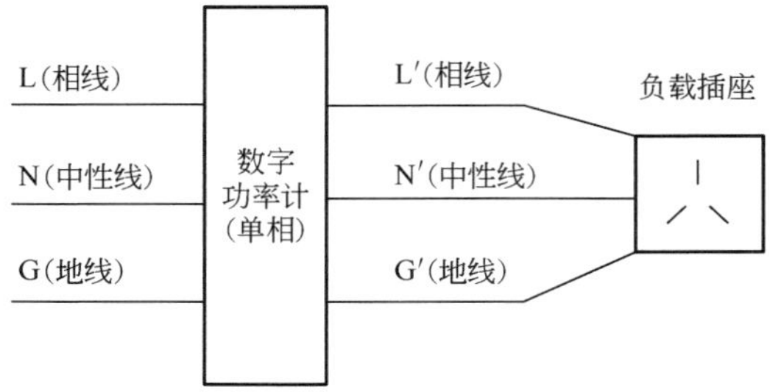

图 3-13

单相负载接线示意图

2. 三相功率计

1）外观及按键

与单相功率计不同，三相功率计如图 3-14 所示，其按键多了右下角部分 wiring，可根据负载的供电情况选择负载接线的方法，即“单相 3 线”“3 相 3 线”或“3 相 4 线”。如果是单相电源电器，可选择“1P3W”；如果是三相电源电器，可选择“3P3W”或“3P4W”。因此该功率计既可用于单相电源电器测量，也可用于三相电源电器测量。

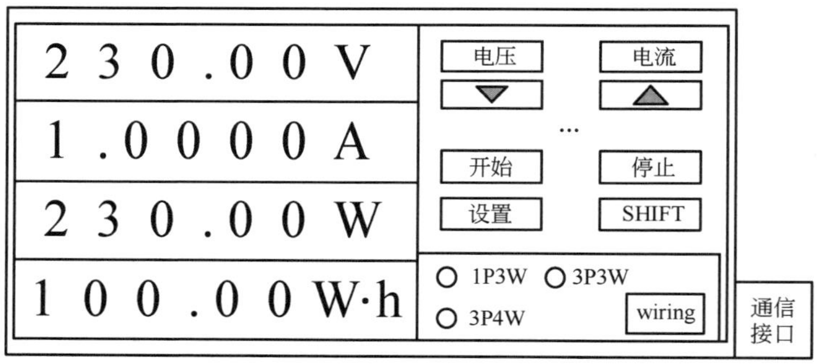

图 3-14

三相功率计

2）负载接线

对于三相功率计，常用的负载接线示意图如图 3-15 所示。

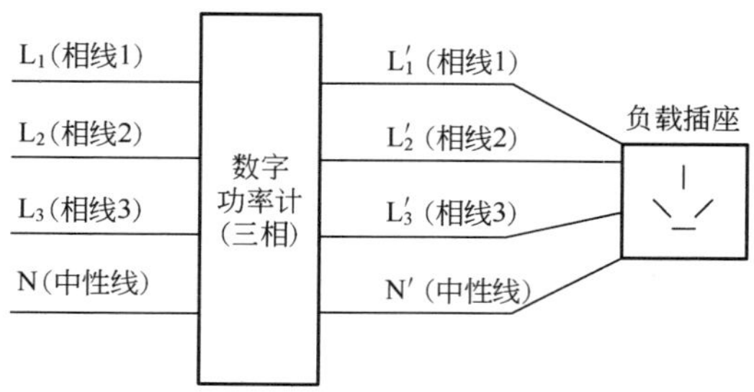

图 3-15

“3 相 4 线”接法示意图

3.3.2 多通道数据采集器

在电器产品测试过程中，为提高测试效率，尽量同时测试较多的产品，因此需用到数量较多的传感器。为实现多个传感器的集成，通常选用性价比较高、可连接较多数量传感器的数据采集器。典型的数据采集器如图 3-16 所示。该数据采集器带有 6 个端子模块和 1 个通信模块，每个端子模块可具有 10 个数据采集通道，每个通道连接一个传感器，因此该数据采集器可连接 60 个传感器。数据采集器与计算机之间采用以太网接口进行通信。为了连接更多的传感器，数据采集之间可以级联，如图 3-17 所示，可级联多个模块。由于不同生产厂商之间会有较大差别，因此为区分不同的数据采集器，每个数据采集器分配不同的地址。

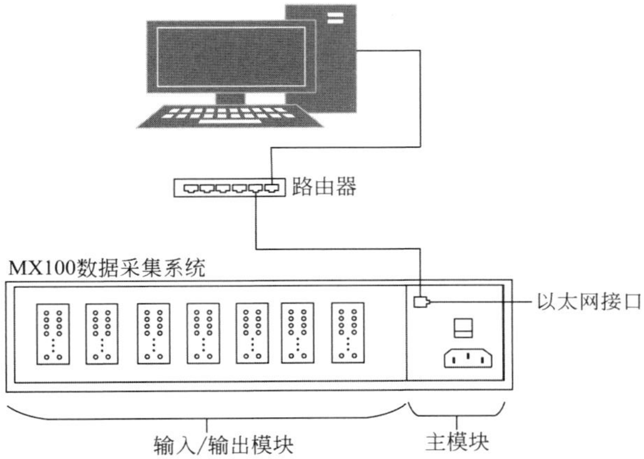

图 3-16
数据采集器

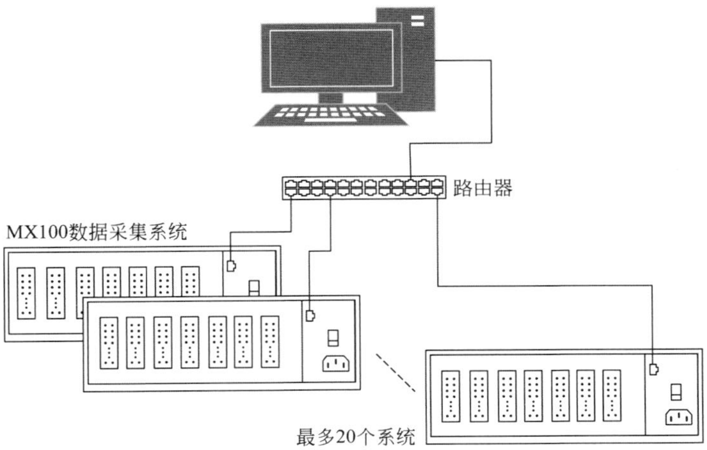

图 3-17
级联数据采集

每个通道连接的传感器类型，可根据实际需要进行选择，同时利用生产厂商配备的软件，对数据采集器每个通道连接的传感器类型进行设置。典型的数据采集器，通道可连接的传感器类型包括热电偶、热电阻、电压类型信号等传感器。

为实现数据采集器和计算机之间的数据通信，在进行硬件连线后，需要对数据采集器的 IP 地址、子网掩码和默认网关进行设置，利用 Socket 编程或生产厂商提供的数据采集函数，实现计算机获取数据采集连接传感器的数据。

3.3.3 数控仪

为实现房间温度的自动控制，通常情况下，房间内会安装一台根据制冷指标特殊定制的空调，该空调处于持续开启和恒定功率制冷状态。同时，房间内会安装一定功率的加热管（内部安装电阻丝，外部附有螺旋式散热片）用于加热。房间内温度的调节是通过数控仪（图 3-18）对加热管加热功率的控制实现，即控制加热器产生的加热量大于空调制冷量时，使房间温度升高，控制加热器产生的加热量小于空调制冷量时使房间温度降低，加热器产生的加热量与空调制冷量相等时，房间温度处于稳定状态。

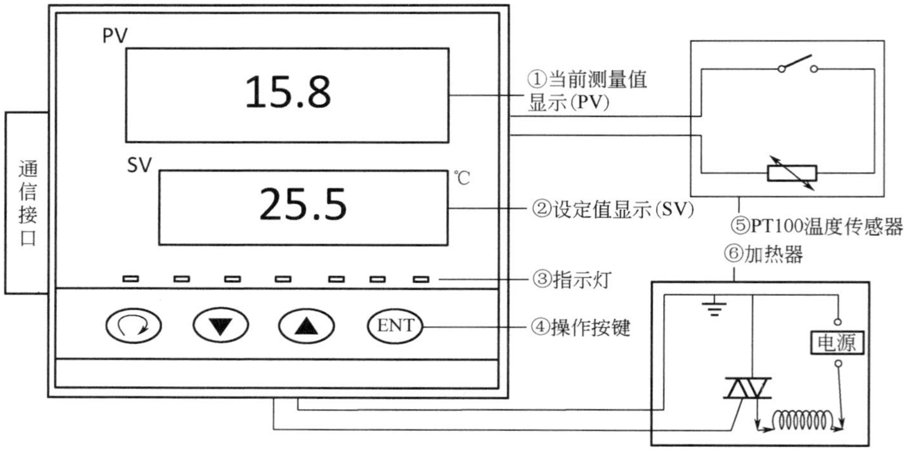

图 3-18
温度或湿度数控仪的工作原理

该数控仪通过连接 PT100 热敏电阻感知环境目前的温度，并显示在仪表屏幕上（PV），操作人员可通过仪表按键，或通过计算机发送控制命令，设定数控仪控制的目标温度，设定完成后仪表屏幕上会显示相应的设定值（SV）。数控仪通过热敏电阻感知的温度值若低于设定值，则通过控制加热器中的可控硅控制加热器进行加热。数控仪可通过控制可控硅实现加热管的加热功率控制（0～100%），若当前温度距目标温度差距较大，则控制加热器使用较大功率运行，否则适当减小加热功率，控制方法使用目前成熟的自动控制算法完成。

对于湿度控制，与温度控制的原理基本相同，需在热敏电阻上覆盖一层吸水的纱布，这时 PT100 测量的为湿温，湿温和相对湿度具有固定的转换关系，根据湿温可计算出目前环境的相对湿度。当数控仪通过热敏电阻感知的相对湿度值低于设定值时，则通过控制加热器把水加热产生水蒸气而增加相对湿度。增加的水蒸气大于空气蒸发量，相对湿度增加；小于空气蒸发量，相对湿度降低；相等时，处于相对湿度平衡状态。

对于物联网软件设计者，只需了解该数控仪的基本原理即可。其所需完成的主要工作是通过编写软件，实现计算机与该数控仪的数字接口进行通信，获取控制目标的当前温湿度状态值，或者把用户需要控制的温湿度设定值，通过数字接口发送到该数控仪。

3.3.4 射频识别阅读器

射频识别（Radio Frequency Identification，RFID）作为电子标签，部分功能和条形码标签类似，都可作为产品或一般物体的标识，与条形码标签相比，其主要优点是在读取标签信息时不用对准，可在几米甚至上千米的距离内读取，且体积小（目前被动式已经做到 0.4mm× 0.4mm），存储信息量大（96 位），可在短时间内读取多个标签而无需人工干预，这样可有效提高生产或管理的自动化程度，因此 RFID 近年来在货物识别、车辆出入管理、不停车收费等领域中得到日益广泛的应用。射频识别阅读器主要通过 RFID 获取产品的编码信息，下面对 RFID 的原理和使用方法进行简要介绍。

1．RFID 分类

按工作频率，RFID 可分为低频、高频和超高频。其中低频范围是 100～500kHz，低频标签的读取距离短，速度较慢，穿透能力好，应用以 125kHz 为主。高频范围是 10～15MHz，读取距离较远，速度较快，应用以 13.56MHz 为主。超高频介于 850～950MHz 之间，读取的距离最长，速度最快，但穿透力差。

按能源供给方式，RFID 可分为无源、有源和半有源三种。其中无源标签也称为被动标签，不能主动发送信息，因该标签是从阅读器发射信号的磁场中获取工作所需能量，故只能在阅读器发出读取信号后，才能进行应答。与有源标签相比，被动标签的优点是使用寿命长、体积小、质量小，但读写距离近。

有源标签采用电池供电，可以主动发送信号，也称主动标签，在使用时可与阅读器间隔较远距离，但体积大、寿命短。有源标签是指电池只用于维持存储数据的电路，或工作运行的辅助电源支持。有源标签在非通信状态时处于休眠状态，耗电非常少，具有很长的工作寿命。

半有源标签集成了有源 RFID 电子标签和无源 RFID 电子标签的优势，作为一种特殊的标示物。在平时情况，其处于休眠状态不工作，不向外界发出 RFID 信号，只有在其进入低频激活器的激活信号范围时，标签被激活后，才开始工作。

2．RFID 组成

RFID 组成如图 3-19 所示，其工作原理为，阅读器从接口接收来自计算机等设备的读取控制指令，通过在电感无线线圈中加载电流而产生电磁波，标签电感线圈收到电磁波后在该线圈中产生感应电流，标签硅片再利用感应电流积累的能量把标识信息利用同样方法发送给阅读器，阅读器把收到的标识信息通过接口发送给计算机等设备。

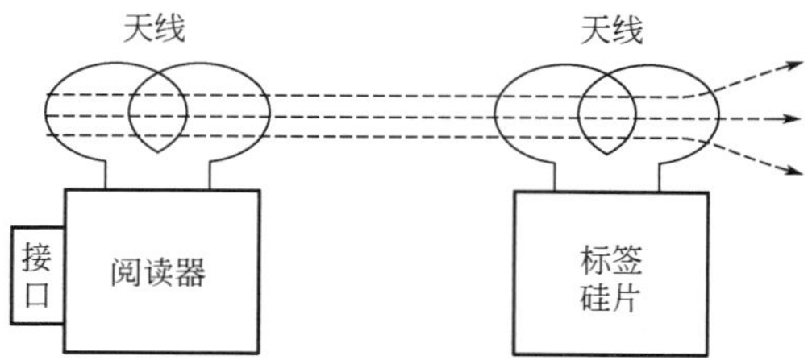

图 3-19
RFID 组成

3. 产品标识

RFID 在不停车收费系统中的应用示意图如图 3-20 所示。被动标签的计算机利用阅读器读取车辆上的电子标签获取车辆信息，在收费服务器中扣除车辆通行费用，提高了车辆通行效率。

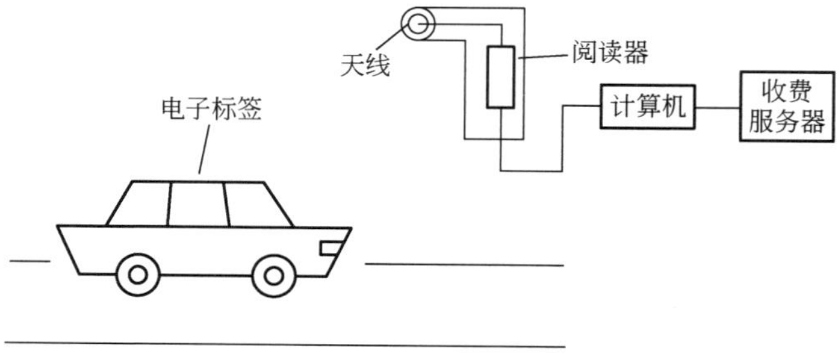

图 3-20
不停车收费系统结构

3.4 室内安全监测

在信息技术高速发展和被普遍应用的当今社会，计算机及通信设备机房，在电信、电视媒体、政府机关、研究机构、高等院校等众多企事业中大量存在。机房的安全运行与否将直接影响人们的日常生活和工作。因此，机房中通常需要安装机房安全监测系统，以便及时发现和处理机房运行过程中出现的安全问题。

机房在正常运行过程中，需要稳定的电力保障及环境保障。为保证良好的电力供应，除了普通的电源供给外，通常配备不间断电源，确保在断电情况下，机房设备能够持续工作一段时间。不间断电源主要有两个作用：①因突然断电，往往会造成服务器等计算机设备的损坏，不间断电源能够在输入断电情况下及时发出提醒信号，并利用电池提供一段时间供电，让服务器可以自动正常关机；②在不允许断电的重要场合，不间断电源可利用配备的长延时电池提供足够的电力，让机房设备工作足够长时间，直到电力故障排除。对于环境保障，机房内通常安装精密空调，把机房内的温度、相对湿度控制在一定范围内，确保机房设备的稳定运行。

鉴于以上机房运行状况，在机房监测系统中，通常需要安装电力监测和温湿度环境监测传感设备。目前的不间断电源大多数带有智能接口，可以提供其内部工作状态参数数据，如输入/输出电压、电池电量等。此外为防止火灾、渗水、盗窃等事故发生，机房监测系统中还需安装火焰、烟雾和水浸及红外等传感设备。下面对这些传感设备、相关集成设备的功能及应用方法分别进行介绍。

3.4.1　温湿度传感器

温度传感器是日常监测常用的传感器之一。其工作原理是把传感器材料随温度产生的体积变化、电阻阻值变化或电位差变化，转换为计算机可识别的电流或电压信号。计算机利用获取的电压或电流值计算出对应的温度值。常用的温度传感器包含热电阻传感器和热电偶传感器。热电阻传感器原理比较简单，电阻阻值随温度变化而变化。热电偶传感器是把两种金属导线的一端连接，由于金属材料的物理特性，在导线的另外两端会产生电位差，温度不同，产生的电位差不同，计算机可利用电位差和温度之间的对应关系计算相应的温度值。

湿度传感器同样是一种比较常见的传感器，主要目的就是用来测量某个位置的相对湿度。相对湿度可通过湿敏电容传感器进行测量，这种电容的介电常数随着环境的相对湿度变化而变化。也可在铂电阻上覆盖湿纱布，即把纱布分成两部分，一部分缠绕在铂电阻上，另一部分浸在水中，这时测出的温度被称为湿温。为区别湿温，测量环境的温度被称为干温，通过干温和湿温可计算出相对湿度。

在实际应用过程中，无需了解传感设备内部的原理细节，只需掌握简单的使用方法。一种温度传感器如图 3-21 所示，测量范围和输出范围是线性关系。根据传感器的温度测量范围 0～50℃和对应的输出范围 4～20mA，可采用 3.1.1 小节中的方法计算温度数值。湿度传感器的应用方法与该温度传感器类似，不再赘述。

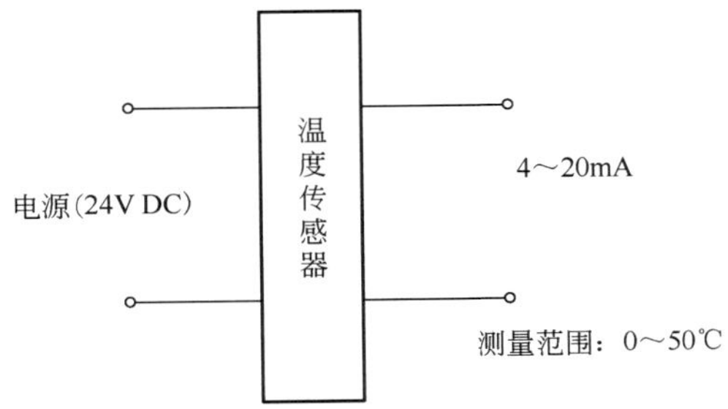

图 3-21
温度传感器

3.4.2　明火探测器

为防止火灾，在储存、加工、使用和运输各种可燃物质的部门，都需要配备反应灵敏、性能可靠的明火探测器。明火探测器可通过探测到火焰中的紫外线，及时发现火情。其根据原理可分为红外火焰检测器和紫外火焰检测器。

1. 红外火焰检测器

红外火焰检测器通过检测火焰中波长为4.35μm±0.15μm的红外光谱发现火焰，不足之处是这种类型的传感器对声音、电磁波及震动都十分敏感，对应用环境具有一定限制。

2. 紫外火焰检测器

紫外火焰检测器检测火焰中180～260nm的紫外光谱，响应速度较快，不足之处是灵敏度差，不能抗雷电的干扰，存在一定的误报率，因此只能用在距离较短的封闭环境中。

实际的火焰探测器应用模型如图3-22所示，输出类型为继电器，在正常情况下输出COM端与输出NC端处于闭合状态，与输出NO端处于断开状态。当发现火焰时，COM端与输出NC端变为断开状态，与输出NO端变为闭合状态，计算机可通过识别继电器的输出状态识别是否有火情发生。

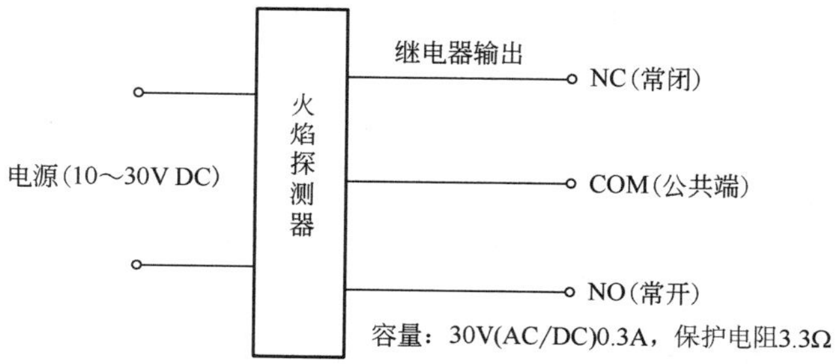

图3-22 火焰探测器应用模型

3.4.3 烟雾探测器

烟雾探测器就是通过监测烟雾的浓度实现火灾防范，烟雾探测器内部采用离子式烟雾传感器，原理是在内外电离室里面具有Am-241放射源，电离产生的正、负离子在电场的作用下各自向正负电极移动。在正常的情况下，内外电离室的电流、电压都是稳定的。一旦有烟雾扩散至外电离室，干扰了带电粒子的正常运动，电流、电压就会有所改变。Am-241放射源是α、弱γ射线源，为低危险源，基本不会对人造成永久性损伤，但对长时间、近距离接触这些放射源的人可能造成可恢复的临时性损伤。

烟雾探测器的应用模型与火焰探测器应用模型类似，如图3-23所示，不再赘述。

3.4.4 视频监控

通过视频监控可获取监控环境的实时视频图像，帮助人们及时了解监控现场的实际状况，可以利用录像回放功能查看以往的历史视频。视频监控结构如图 3-24 所示，前端摄像头获取视频传送给网络视频录像机，并由视频服务器对网络视频录像机进行管理，这些设备通过交换机组成局域网，通过路由器与外部网络对接，以下针对各种设备进行详细介绍。摄像头为监控视频获取前端，目前大多采用网络摄像头（IPC），一般带有红外、夜视等功能。摄像头获取的视频传送到网络视频录像机（NVR），网络视频录像机用来存储、管理视频，同时提供实时浏览、录像回放、摄像头管理等功能，并可以同时操作多个摄像头，且可以兼容多种数字设备的编码方式，实现分布式架构。视频服务器可以同时管理多个网络视频录像机，也具有存储、查看、回放等功能，并可以通过软件平台对外提供第三方接口，方便用户实现功能拓展。摄像头、网络视频录像机和视频服务器通过交换机连接，每一个设备都具有独立的 IP 地址，然后经由路由器实现局域网与外部网络的对接，外部用户可以访问局域网的内部视频。对于视频图像的集成，摄像机厂商会提供视频图像的集成客户端软件产品，该软件产品是一套相对独立的软件系统。在物联网系统开发时，通常情况下需要利用物联网应用软件，实现视频图像与其他传感信息的统一集成管理。若摄像机厂商提供的集成客户端软件不能满足要求。需要摄像机厂商提供摄像机视频访问的接口软件，物联网应用软件开发者通过视频访问接口编程调用完成视频信息集成访问，在第 4 章将介绍视频接口的访问方法。

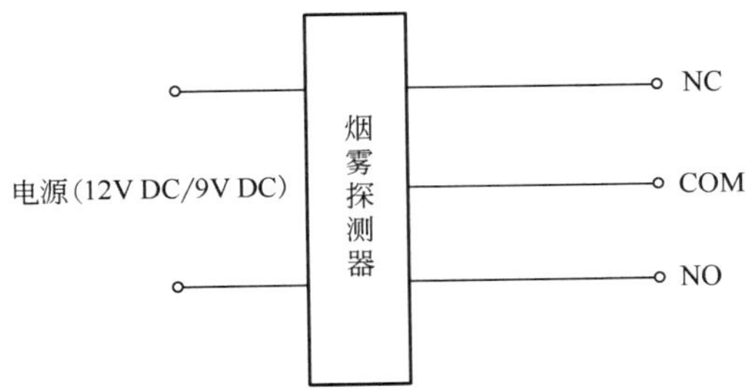

图 3-23
烟雾探测器应用模型

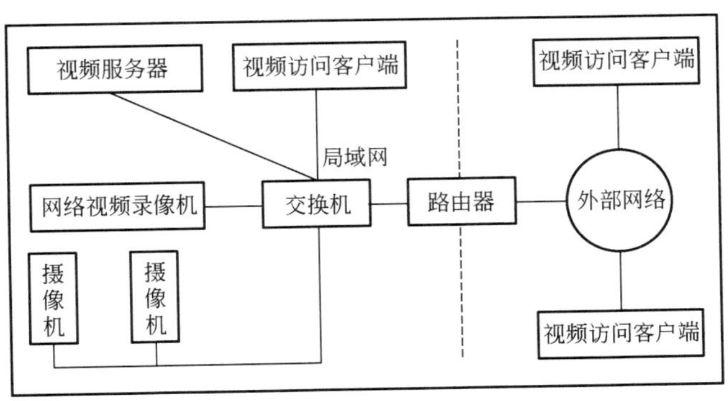

图 3-24
视频监控结构

3.4.5 数据采集器

为实现传感设备的信息集成，还需安装数据采集器。数据采集器根据传感设备集成和控制的需要，通常具有模拟量、开关量输入、模拟量和继电器控制输出等功能。为了实现和计算机的信息集成，数据采集器具有数字通信接口。

典型的数据采集器模拟量输入端如图 3-25 所示，该图中共具有八个模拟量输入通道 A_1～A_8。对于实际数据采集产品，会指出模拟量输入通道是电流型或电压型。对于电流型输入，标准输入范围是 4～20mA；对于电压型输入，范围为 0～5V。假设模量输入类型为电流型，相同类型模拟量输出的传感器可选择其中的一个通道 A_i（i=1，2，…，8）接入，模拟量正极连接端子 A_i，负极连接对应的 GND。

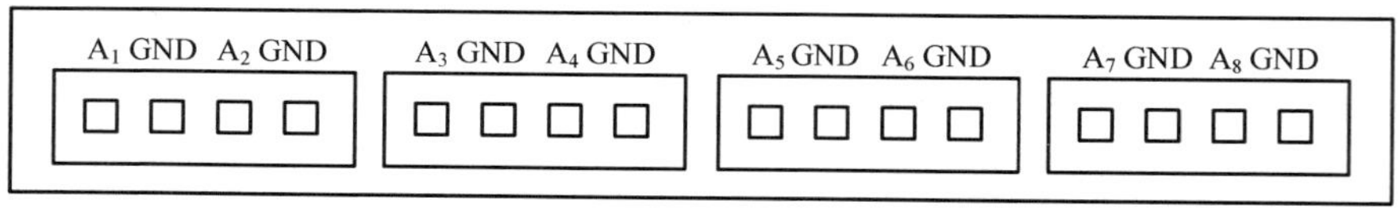

图 3-25 数据采集器模拟量输入端

利用计算机可从数据采集器的数字接口直接获取模拟量通道转换后的数字量信息，从而计算模拟量通道的传感参量数值。模拟量输入主要用来连接各种模拟量传感器（如温度传感器），数据采集器负责把模拟量转换成数字量。

数据采集器开关量输入及模拟量输出端示意图如图 3-26 所示，该图中包含四个开关量输入和两个模拟量输出通道。其中开关量输入用来连接开关量输出类型的传感器，如火焰传感器或烟雾传感器。开关量输入常用的信号类型包括 TTL 电平和无源开关两种情况。其中 TTL 电平标准规定，低电平小于 1.2V，高电平大于 3.0V。继电器输出用来实现外部设备的开关控制，如通过继电器控制 LED 指示灯的打开和关闭。模拟量输出用来实现外部设备的调节，如 4～20mA 调节加热器的输出功率为 0～100%。

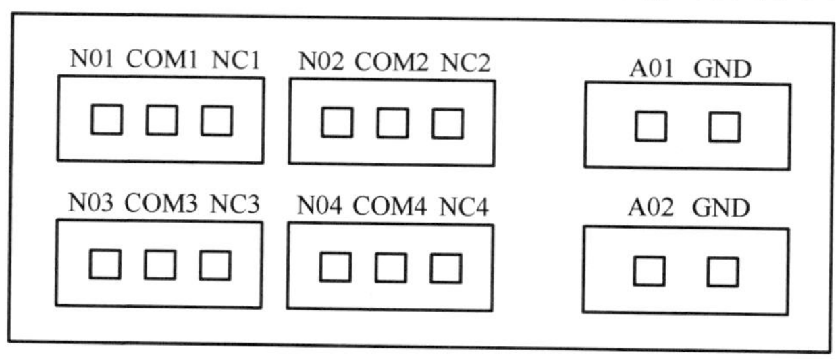

图 3-26 开关量输入和模拟量输出

3.5 海洋测量设备

3.5.1 温盐深测量仪

温盐深（Conductivity，Temperature，Depth，CTD）测量技术是研究海洋最

基本的一项技术。该测量技术主要用来测量海水电导率、温度和深度数据。温盐深测量设备从应用方式上分为两类，分别为锚系式与剖面式。锚系式温盐深测量仪突出的特点是采样高精度与工作低功耗，能够满足锚系应用的长期现场监测要求。海洋中某一个深度对应的水层称为一个剖面，不同深度参数的测量称为剖面测量。剖面式温盐深测量仪需要较高采样频率，能够快速获得不同深度海域的温度和电导率，并计算出盐度、密度、深度等剖面资料，这些资料对于海洋科学研究、海洋经济与国防建设都具有极其重要的价值。

目前物理海洋参数测量的传感器设备大多由国外生产制造。美国的温盐深测量技术发展较为成熟，仪器生产厂商较多，这些厂商生产的海洋测量传感器种类繁多且具有测量精度高、可靠性强、集成度高、测量参数漂移小等优势。日本的温盐深测量仪特点是体积小、质量小、功耗低。同时，日本较为重视开发链式传感器测量技术，在海洋近岸环境监测、湖泊与河流化学参数监控等方面应用广泛。另外，加拿大的商业公司也长期研制高精度、低功耗的水下测量仪，其制造的海洋用参数测量仪可对包括温度、压力、电导率、溶解氧、pH 在内的多种海洋参数测量。如今主流温盐深测量仪的测量性能见表 3-1。

表 3-1　主要温盐深测量仪测量性能

性能指标	温度测量	压力测量	电导率测量
测量范围	−2～+35℃	50～10000m	0～70ms/cm
测量精度	±0.002℃	±0.1%F.S.	0.005ms/cm
测量分辨率	0.0001℃	0.001%F.S.	0.0001ms/cm
响应时间	<1s	＜0.1s	<0.1s

1．*系统结构*

温盐深测量仪主要由三部分组成，分别是前端传感器、数据采集系统和通信接口。其结构如图 3-27 所示。

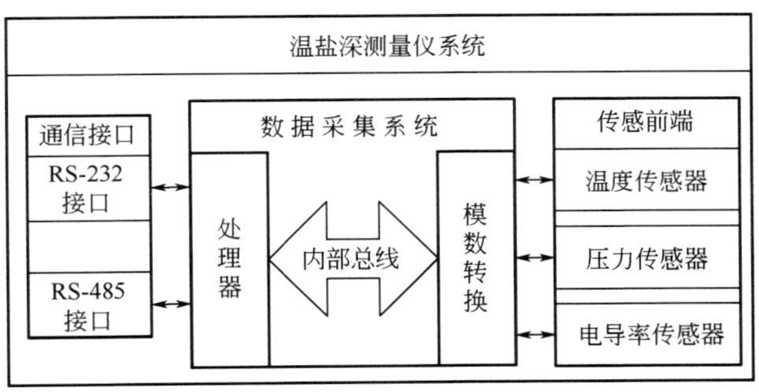

图 3-27
温盐深测量仪结构

1）前端传感器

前端传感器包括温度传感器、压力传感器、电导率传感器。

海洋温度测量使用的传感器主要为热敏电阻和金属热电阻，热敏电阻是一种半导体材料，突出优点是温度系数大、灵敏度高、响应时间快、成本低，但热敏电阻存在严重的热电非线性，需要对其进行硬件线性化处理和标定才能获得较高的测量精度。金属热电阻基于金属导体阻值随温度升高而增加这一特性来进行温度测量，通常由金属线圈或金属薄膜构成，常用金属有铂、金、铜、镍等。铂电阻温度传感器常被用于高精度温度测量，主要优点是测量精度高、稳定性强、重复性高、信号线性度良好，它的缺点是灵敏度低、对温度变化响应较慢、尺寸较大、成本较高、受到较大震荡和冲击将无法保证测量精度。

压力测量传感器多采用应变式压力传感器和压阻式压力传感器。前者是利用金属应变片的阻值随应变力变形的原理进行工作的，它的优点为结构简单、体积小、成本低廉，缺点是输出灵敏度低、稳定性差和迟滞性高。后者是一种基于半导体材料的压力传感器，克服了应变式压力传感器的很多缺点，具有灵敏度高、过电压能力强和迟滞性低等优点，但由于其具半导体特性，不可避免会有温度漂移现象，在使用时需要对温度漂移进行补偿。

海水的电导率传感器主要分为感应式和电极式两种。感应式电导率传感器主要通过磁感线圈上交变电流频率随海水电导率变化而变化的方法进行测量。电极式电导率传感器又分为二电极电导率传感器、三电极电导率传感器、四电极电导率传感器、七电极电导率传感器，它们都是由电极和电导池两部分组成的，电极材料为高纯度铂金，电导池材料多为石英玻璃。测量时，电极端会被施加交流电，由激励电极产生激励信号，在液体中产生电场，再由接收电极将电场的电信号接收并传递给信号调理电路，从而实现电导率感知。

2）数据采集系统

温度与压力传感器一般输出电压信号，而电导率传感器输出多为频率信号。总体上来说，CTD 的数据采集系统一般较为复杂，它的目的是将采集到的温盐深数据对应的电学模拟量转化为数字量，通过标定计算出对应的物理量，采集到的数据将存储在仪器的存储器中，通过通信接口发送出去。

3）通信接口

现今主流温盐深测量仪厂商生产的种类繁多的温盐深测量仪还是以 RS-232 或 RS-485 为主要的通信接口。串行通信接口作为一种容易获得的通信方式，可以很方便地实现海洋传感仪器的数据传输。通常仪器在通信时，串口波特率往往不高，一般不高于 9600。在使用剖面式温盐深测量仪时，由于通信速率的限制，数据回收会花费大量时间。例如，一次测量了 50min 的数据进行回收时时间需要 20min 以上，而一些大深度测量（如 3000m）一次测量过程往往需要 2h 以上。

对于需要进行连续站测量的海上调查来说，过长的数据回收时间会影响工作的进程。

海洋测量仪器的通信接口都采用水密接口，水密接口可以在仪器处于较大水深时起到水密通信的功能。对于以 RS-232 或 RS-485 为通信接口的温盐深测量仪，其一般使用四芯水密接口，它可以同时起到供电与通信的作用。

2．仪器标定

海洋参数测量仪器在使用前，精度标定是必不可少的步骤。由于代表着温度、电导率、压力信息的数字信号不直观，并不能被直接使用，因此需要把数字信号转换为有用的温度、深度和电导率单位。由于大多数传感器对物理量的响应是非线性的，因此需要通过数学算法对输出数字量加以优化，这种校准和检测的过程就是标定。温盐深设备的采样精度在很大程度上取决于标定方法与条件。全球知名温盐深测量仪生产商一般都有自己的标定试验室。同时在仪器出厂时厂家都会给出每台仪器的标定证书，标定证书一般包括仪器标定系数和标定精度，标定系数用于计算生成测量的物理量单位数据，标定精度可被用于评价仪器的测量精度。

温度测量的标定需要在恒温海水槽中进行。水槽的温度通过使用自动控温装置，工作在-5～+35℃内。实际操作中，平均选取 8～12 个温度点作为标定温度点，控温装置从高温到低温逐渐降低水温，并在温度到达指定温度点时记录水槽中的温度和仪器的读数值。在标定温度点获得的温度值是由一个标准铂电阻计测量得到的，称为标准温度值。

压力测量的标定需要使用活塞式压力计和保压装置。压力计使用特定质量的砝码，向密闭的压力罐提供标准压力。当配置好的温盐深测量仪被放在压力罐中时，由于砝码被放置在重油活塞上，经过一段时间，连通的压力计和压力罐内部压力将达到平衡。此时可得到仪器的读数值和标准压力值。由于温度的变化将对标定精度产生影响，因此压力标定的过程需要控制标定环境的温度，一般的压力标定试验室，室内温度要保持在 20℃左右。

电导率的标定往往与温度标定一起展开，由于温度对海水电导率的影响非常大，因此在温度标定时选取的标定点可以得到相应的标准电导率值与仪器读数值。使用试验室盐度计可以获得标准电导率读数，结合数据拟合手段可以完成最终的标定工作。

3.5.2　流速测量仪

海流测量包括流速测量和流向测量。单位时间内海水水体流动的距离称为流速，水体移动的方向称为流向，正北为 0°，顺时针旋转，正东为 90°。目前常用的海流测量方法有浮标漂移测流法、定点测流法和走航测流法三种。常用的海流测量设备分为海流计和声学多普勒流速剖面仪两类，如图 3-28 所示。

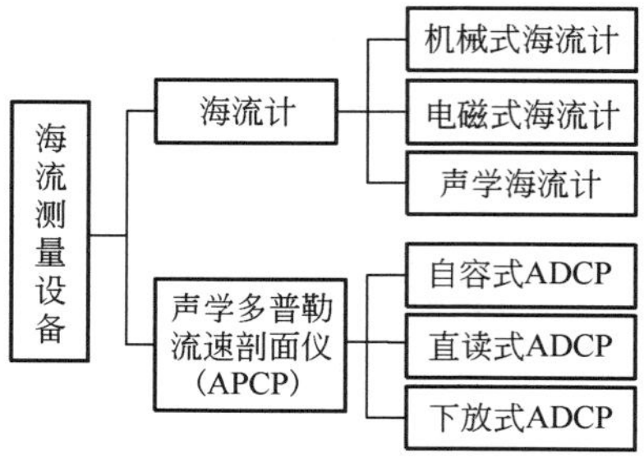

图 3-28
流速测量设备分类

1．海流计

海流计作为定点海流流速测量设备，多用于锚系系统上。多普勒式声学海流计是目前最常用的海流计，它的四个高频换能器分布在一个金属圆环上，其自然指向性构成仪器坐标系，工作频率为 2MHz，脉冲宽度约 0.5ms，波束宽度约 2°。通过测量距离四个换能器 0.5～2 m 处水层回波信号的多普勒频率来计算海流相对于仪器坐标系的流速和流向。

海流计只能对海洋中的某一点位置的海流进行长期连续观察，如果要对从海面到海底所有剖面的海流进行精细测量，则需要将很多海流计悬挂在一个锚定浮标或潜标上同时进行，从而导致整个海上测量设备的工程造价非常高，海上作业的难度也很大。

2．声学多普勒流速剖面仪

声学多普勒海流剖面仪（ADCP）用声波对仪器前方几百米范围内的海流剖面进行遥测，从而为实现海流剖面长期连续测量和船载走航测量提供了一种有效途径。相对于介质运动的波源会使观察者接收到的频率有所变化，这种现象称为多普勒效应。ADCP 便是利用这一原理来测量流速剖面的，其换能器发射某一固定频率的声波，然后聆听被水体中颗粒物散射回来的声波，从而判断水团的运动速度与方向。其测量原理示意图如图 3-29 所示。

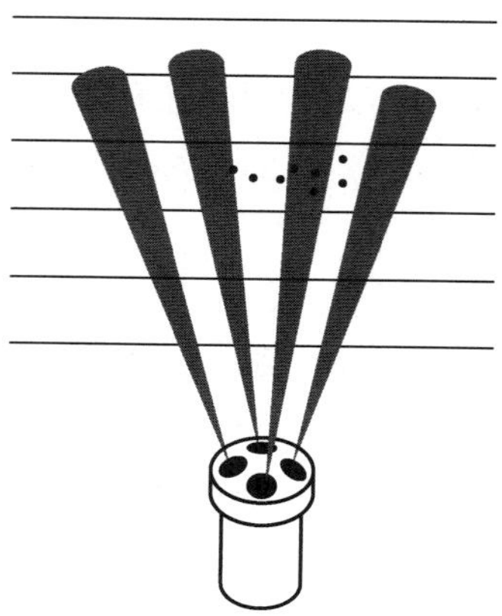

图 3-29
ADCP 测量原理示意图

ADCP 经过多年的发展，已形成多种形式和不同用途的系列化产品，主要分为自容式 ADCP、直读式 ADCP 和下放式 ADCP。

1）系统结构

ADCP 主要由三部分组成，分别是前端传感器、数据采集系统和通信接口，其结构如图 3-30 所示。

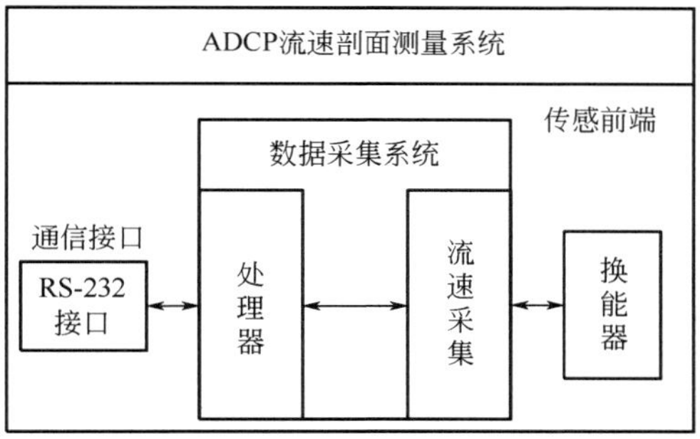

图 3-30
ADCP 结构

（1）前端传感器。ADCP 一般装配有 3～4 个换能器，换能器作为一种声波发射装置，能够发送特定频率的声信号，同时也可以被动地接收声信号。通过换能器向水体发射声波，当声波在水中传播时，遇到散射体将有一部分能量透射过去，继续沿着声波传播方向传播；同时另有一部分能量向四周散射，其中的一部分返回换能器中。当散射体和换能器存在运动时，换能器接收到的回波信号的频率将和发射时的声波频率不同，该差别就是多普勒频移。利用正交四波束结构，根据多普勒测量原理，可以求得海流的平面速度，并转化为绝对的大地坐标速度。ADCP 换能器发射的声波信号频率决定了设备的测量距离，一般低频 ADCP 可以测量更远距离的水流流速，而高频 ADCP 测量距离相对较近。ADCP 较常用的发射频率为 75Hz、300Hz 和 600Hz 等。

（2）数据采集系统。ADCP 数据采集系统主要负责将换能器接收到的声波信号，经过必要的调理电路进行信号处理，处理完的数字信号将发送至处理器，处理器经过计算将所得的剖面流速数据存储在存储器中，或通过通信接口发送给接收终端。

（3）通信接口。ADCP 设备一般都使用 RS-232 串行通信接口与 PC 进行通信。仪器一般使用固定波特率进行配置，在数据下载时变换更高速的波特率以减少通信时间。自容式 ADCP 可以通过串口实现仪器配置与数据下载，而直读式 ADCP 则可以通过串口实时获取海流信息。

2）换能器校准与安装

直读式 ADCP 由于声学换能器安装时不可能确保与载体的三维方向一致，造成测速误差的引入。该误差是一种系统误差，它严重影响了测流的性能。在正式使用以前，声学换能器必须在载体上进行安装校准，计算出需要校正的常量，如基阵安装偏角等，以使流速测量得到的速度尽可能接近待测的真实速度。目前声学换能器可以通过仪器自带的校准结构在安装过程中进行校准。在精度要求较高，特别是需要提供基阵坐标系，甚至是大地坐标系下的速度时，就需要借助外部定位并通过软件修正的方法来进行校准。

3.5.3 海洋多参数水质仪

海洋多参数水质仪是获取海洋生物和海洋化学资料的重要仪器。水质监测作为环境保护的重要组成部分，关系到国家的可持续发展和人类生存环境的保护。当今的海洋多参数水质仪多用于海洋调查船、海洋浮标、海洋站和其他海洋监测平台，其主要测量海水温度、盐度、氯化物、浊度、溶解氧、酸碱度、硫化物、叶绿素、荧光物质、氧化还原电位以及硝酸盐等参数，部分测量参数性能见表 3-2。海洋多参数水质仪作为可长期在位监测环境参数的专用仪器，需要适应多种水体环境，包括淡水、海水和污水，其工作温度一般在 0～50℃，最大工作深度不超过 200m，可使用锂电池或外置 12V 直流电源供电。

表 3-2 海洋多参数水质仪部分测量参数性能

测量参数	测量范围	精度	分辨率
温度	-5～+50℃	0.1℃	0.01℃
盐度	0～70ppt	0.1ppt	0.01ppt
溶解氧	0～500%	2%	0.1%
酸碱度	0～14	0.1	0.01
浊度	0～1000NTU	1NTU	0.1NTU

1. 系统结构

在实际应用中，多参数水质仪会根据观测需求配置 4～6 种不同的传感器，并根据数据实时性需要分为直读式和自容式两类。直读式多参数水质仪主要由水下机和水上终端组成，两者通过定制长度的水密电缆连接。水下机安装有多个传感器，内置信号转换电路和微处理器，主要负责水下环境数据采集。水上终端主要用于接收水下机的采样数据并实时进行处理和显示，同时也能为水下机提供电源供应，系统示意图如图 3-31 所示。自容式多参数水质仪仅有可独立工作的水下机，水下机除具有相同的多参数传感器、信号转换电路和微处理器外，还内置高能锂电池、存储系统和标准串口通信接口。水下机通过长期布放采样，收集海洋各项生化数据，当需要回收采样数据时，可使用通信电缆与数据读取装置连接。

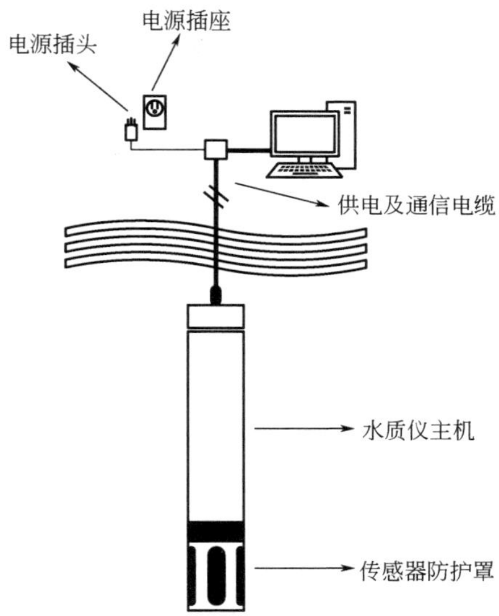

图 3-31
多参数水质仪系统示意图

2．传感器原理与标定

多参数水质仪由于集成传感器数量多，测量原理多基于光电化学方式，在使用前需要对所有传感器探头逐个进行测量精度标定，温度、深度和电导率探头的使用和标定方法与 CTD 仪器相似，下面着重介绍 pH 探头、溶解氧探头和浊度探头的测量原理和标定方法。

1）pH 探头

pH 传感器使用 pH 电极来测定氢离子的浓度。pH 探头是一个组合电极，由两部分组成：包括一个质子选择玻璃槽，槽内充满 pH 约等于 7 的缓冲溶液；一个使用胶体电解液的 Ag/AgCl 参比电极，一条表面覆盖有 AgCl 的银线浸入缓冲液槽中。玻璃两边（介质和缓冲液槽）的质子（H^+）选择性地与玻璃作用，在玻璃膜两边形成了电位梯度。因为内部缓冲溶液中的氢离子浓度是不变的，所以测得的电位梯度（相对于 Ag/AgCl 参比电极）正比于介质中的 H^+浓度。大多数海水环境的酸碱度在 7～10，因此 pH 探头使用酸碱度为 7 和 10 的标准液进行两点标定。首先将探头浸入 pH 为 7 的标准液中，稳定 5～10min 后开始读取仪器采样值，之后将清洗干净的探头浸入 pH 为 10 的标准液中，并在读数稳定后记录仪器读数值。pH 传感器使用线性化拟合公式进行标定。由于 pH 传感器漂移性较大，因此标定后的传感器探头需要尽快投入使用。

2）溶解氧探头

溶解氧传感器一般分为电化学溶解氧传感器和光学溶解氧传感器。电化学探头基于 Clark 电解原理，由一个阴电极、一个阳电极和一个半透膜组成，探头内部填充 KCl 溶液，测量通过半透膜扩散进传感器内部的氧的还原电流，这个电流和被测溶液中氧分压成比例关系，膜把还原反应必需的电极与外部介质隔离开来，将电流流动必需的电解液薄层围起来，并阻止其他非气态电化学活泼物进入探头干扰氧含量的测定。光学溶解氧传感器由一个蓝色光源、一个感应面和红光接收器组成。感应面是一种稳定的活性氧化合物，由能够使氧稳定渗透的聚合物构成，通常选用的材料是聚硅酮。探头利用荧光猝灭法实现氧含量测定，氧气在这里被当做猝灭剂。蓝色光从光源照射到感应面上，感应面吸收能量产生红色的荧光。此时附着在感应面上的氧发挥猝灭剂的作用，降低发射光强度，使得发射光强度与水中氧浓度呈反比关系，即水中氧含量越大发射光强度越低。随后发射光被接收器接收到，经计算转化为水中含氧量。

溶解氧探头的标定类似 pH 探头，一般海水溶解氧测量单位使用饱和度（%）表示，使用零氧水作为 0%饱和度标准液，将探头浸入零氧水中后读取仪器采样值并在数值稳定后进行记录，之后将探头直接放置在空气中作为溶解氧 100%溶解度标准值，待仪器读数稳定后记录仪器读数值。最后同样使用线性化标定公式进行标定得到标定系数。这种标定方法可忽略压力和温度带来的影响，无需更多参数进行精度补偿，适用于对溶解氧探头的快速标定。海洋溶解氧测量范围一般为 0～200%，如果应用在污染较大的海域，则需要对溶解氧传感器进行特殊定标，使其能够在 0～500%的测量范围内进行有效测量。作为多参数水质仪的标配探头，溶解氧探头一般工作在浅海环境中，受生物和其他化学物质影响较大，如果使用电化学溶解氧探头，则其半透膜容易受到腐蚀而使测量精度降低，因此需要 4～6 个月后进行重新标定，而光学溶解氧探头受外界干扰较小，一般 10～14 个月后需要重新标定。

3）浊度探头

浊度是测定水中悬浮固体的量，通常的测量方法是用光束照射样品溶液，然后测量被溶液中的微粒反射的光的强度。为了使光学测量系统可以在野外使用，通常光源选择发光二极管（LED），发光二极管产生的光是近红外光。检测器通常是高灵敏度的光电二极管。发射光线和检测光线之间的夹角有很多种（通常在 90°～180°），这取决于使用哪一种传感器。一般使用光源波长在 830～890nm 的光源，发射光和检测光线之间的夹角为 90°。浊度传感器分辨不出哪种颗粒来自于水中，哪种颗粒是外界干扰，因此浊度探头上一般配备了一个清洁刷，以保证每次测试时光学窗口的清洁。由于浊度测量的是光学参数，因此可直接使用一点标定法进行标定，将传感器的光学部分浸入纯净水中，通过水中的浊度值为 0 来进行定标。浊度探头存在一定程度的精度漂移问题，布放 2～3 个月后需要重新回收进行标定。

3.5.4　海上数字气象仪

海上数字气象仪作为海洋气象自动观测系统的重要仪器，主要对海上风速、风向、气压、气温、相对湿度、降水量和能见度等水文气象要素进行实时观测，是海洋环境监测网的重要组成部分。现有的海上数字气象仪多应用在海洋气象预报、防灾减灾和科学研究等领域，气象仪装配的传感器多使用模拟式、分离式器件，内置控制器多为单片机，通信控制采用通用串口或现场总线方式与监测系统其他分系统进行系统集成，并可实时传输气象数据。部分气象仪还集成有卫星通信模块，可实现远海气象数据自动采集与发送。

1．系统组成

海上数字气象仪主要由控制单元、传感器集成单元、通信单元及电源和辅助单元组成，其系统框架如图 3-32 所示。传感器集成单元包括温湿度传感器、风速风向传感器、气压传感器、降水量传感器等。控制单元包括数据采集与处理模块及存储与显示模块，数据采集与处理模块通过使用高性能主控芯片，负责快速采集多个传感器数据，并对采样数据进行预处理，其后通过存储与显示模块实现气象数据的本地存储与实时显示。另外处理模块也能将存储的数据及实时采样的数据通过通信电缆或卫星终端传输给远程控制中心，同时远程控制中心也能对本地气象仪的工作配置参数进行修改。电源和辅助单元负责向其他单元提供必要电源，气象仪一般使用外置 12V 直流电源，内部集成可充电式电池。

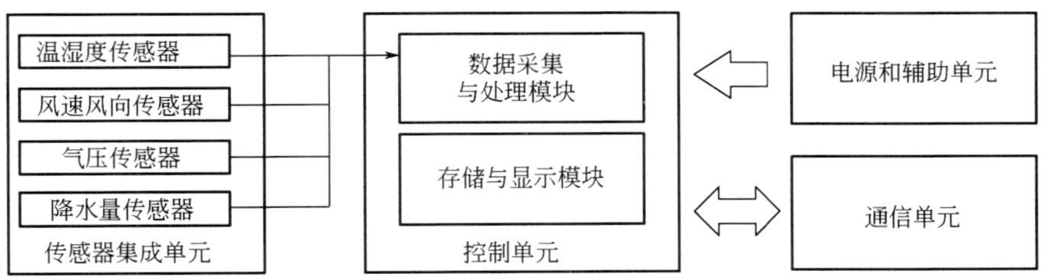

图 3-32
海上数字气象仪系统框架

2．气象传感器与仪器功能

海上数字气象仪一般使用高集成度多参数传感器，测量参数包括海上温度、相对湿度、风速、风向、气压、降雨量等，其主要测量参数性能指标如下所示：

（1）温度测量：5～60℃（精度±2℃）。

（2）相对湿度测量：0～100%（精度±5%）。

（3）气压测量：600～1100hPa（精度±1hPa）。

（4）风速测量：0～60m/s（精度±5%）。

（5）风向测量：0°～360°（精度±3°）。

（6）降雨量测量：0～200mm/h。

气象仪根据工作任务，其主要功能包括测量接收、数据处理、数据显示、数据存储、数据上传、报警提示、系统配置等，可测量并计算的气象参数如下所示：

（1）即时风速、平均风速、3 小时极大风速、每日极大风速。

（2）即时风向、平均风向。

（3）即时气温、平均气温、最高气温、最低气温。

（4）即时相对湿度、平均相对湿度、最大相对湿度、最小相对湿度。

（5）即时气压、平均气压、最高气压、最低气压。

（6）即时雨量、累计降雨量、降雨持续时间、降雨强度、降雨峰值强度。

本章小结

本章从使用者角度，对不同类型及不同应用领域的传感设备进行了介绍。传感设备的输出可分为模拟量和数字量。对于模拟量输出的传感设备不能直接和计算机相连，需要通过数据采集设备和计算机连接，计算机利用数据采集设备的通信接口获取传感设备的传感数据。对于数字量输出的传感设备，通常带有通信接口，计算机可通过通信接口与传感设备直接进行连接，并通过接口间通信获取传感设备的传感数据。不管是何种应用领域的传感设备，计算机都是利用通信接口获取传感数据的，只是不同的传感设备，计算机获取的传感参数种类和数量有所区别。关于不同种类的通信接口与计算机之间的硬件连接方式，以及如何用软件编程获取这些接口的传感数据将在第 4 章进行介绍。

第 4 章　数据传输和采集层

为构建物联网应用系统，除了选择所需的传感设备外，还需要建立计算机和传感设备之间的硬件连接方式。在此基础上，根据选择的硬件接口方式，编写相应的采集软件实现数据采集。本书把计算机和传感设备之间的连接方式，以及建立在这些硬件连接基础上的软件协议两部分内容划归为数据传输层。

数据传输层的技术主要来自成熟的网络及接口技术，对物联网系统的建立，大多数是采用现有的基础网络设施及传感设备所配备的通信接口实现的，这些网络和通信接口的工作过程对于物联网系统开发者来说是透明的，无需了解其内部过程和原理细节。因此本章对传输层的说明从使用者角度，简明扼要地进行介绍，以便读者能够从总体和实用角度快速理解和掌握物联网的有关内容。对于硬件连接方式的选择，主要受传感设备接口方式和应用环境的限制。通信接口种类主要包括 RS-R32、RS-485、有线以太网、无线 WiFi、ZigBee 等。在陆地上有比较完善的基础设施，中间传输可使用各种电信网络。在海洋领域，因缺乏基础通信设施，海面上采用卫星作为主要通信手段。在水下，使用水下调制解调器进行传输，传输介质为声波，因无线信号在水下传播时衰减严重，通常传输距离不超过 1m。声波可在水下传输几十甚至几百千米。但随着距离的延长，所需发射功率越来越大，而且所能采用的频带越来越窄，当距离达到上百千米时，目前见到的有关报道，数据传输率只能达到每秒一百余比特。

数据采集软件的编制是物联网应用系统的重要环节，采集软件的质量直接影响整个系统的可靠性。对于编程者，通常认为硬件是足够可靠的，这种想法对于编写普通的管理类软件而言是正确的，对于编写数据采集软件则有很大不同。因数据传输本身不是绝对可靠，除了存在一定的误码率外，偶尔还会受到外界环境的信号干扰，同时随着时间的延长，通信设备老化也会造成通信质量的下降。因此数据采集软件的编写除了考虑正常逻辑外，还要进行非常严密的出错处理，其中编程经验非常重要。同时，不同的传感设备通信接口种类、采用的编程方法不同。对于同一种接口，不同的传感设备采用的通信命令不同，因此如何编制高效、稳定可靠、具有较好通用性和扩展性的数据采集软件是非常重要的问题。本章从软件编程的角度介绍常用通信接口类型的基本原理，重点叙述数据采集软件的设计方法。

4.1 硬件连接

从第 3 章可知，计算机是通过通信接口从传感设备获取数据。常用通信接口类型包括 RS-232/485 串行接口、以太网接口、GPIB 和 ZigBee 通信协议。下面分别进行阐述。在通信前，首先需要根据接口要求的接线方式，连接硬件通信线路，在此基础上再利用编写的通信软件实现计算机和传感设备的通信。若要进行传感设备和计算机之间的硬件连接，需要传感设备和计算机端具有相同的通信接口，若通信接口类型不一致，则无法进行通信。

通常情况下，由于传感设备种类繁多，配备的接口类型种类较多，而计算机端所配备的接口类型种类有限，当遇到计算机没有传感设备配备的通信接口类型时，可在市场上购买相应的接口类型转换器，把计算机上的接口类型转换成传感设备的接口类型，这样即可进行计算机和传感设备的接口硬件连接。在进行接口硬件连接时，各种通信接口之间的硬件连接电缆在市场上都可购买到，一般不需自行焊接，购买后，电缆两端是标准的接插件，直接安装连接即可。

因此要实现计算机和传感设备之间的数据通信，关键是编写通信软件，由于不同的应用场景，程序的结构不同，因此目前很难买到适合具体开发环境的数据通信软件，需要自行编写。在编写数据通信软件时，需要了解通信接口的少量有关内容，因此下面介绍接口时，只是从数据通信软件编程的角度去介绍各类通信接口，而不去关注接口内部的原理细节。

4.1.1 串行接口

RS-232 的 9 引脚连接器外形如图 4-1 所示。根据 RS-232 标准，计算机和传感设备通常称为终端设备，采用的连接器为 9 引脚针状连接器，即图 4-1 下半部分。对于调制解调器等通信设备采用的连接器为 9 引脚孔状连接器，即图 4-1 上半部分。早期应用的连接器为 25 引脚，外形与 9 引脚连接器相似，只是大小和引脚数量不同。在 25 引脚连接器中，包含电流通信方式，距离可支持到 1.5km 左右，由于网络技术的发展，这种长距离通信方式逐渐不再使用，因此这些相关引脚被去掉，变成了 9 引脚连接器，9 引脚连接器引脚是 25 引脚连接器引脚的子集。实际应用过程中主要使用其中的三个引脚，即 TXD——发送数据端，RXD——接收数据端，以及 GND——通信双方公共信号地，最长通信距离为 20m。两种连接器中这三个主要引脚定义见表 4-1。

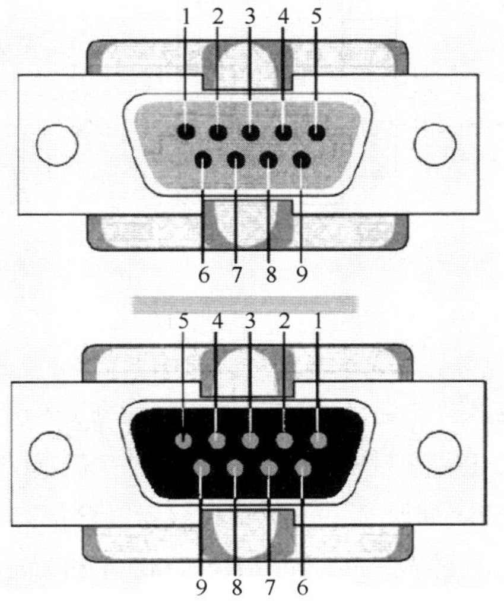

图 4-1
9 引脚连接器

表 4-1 25 引脚及 9 引脚连接器三个主要引脚定义

25 引脚连接器			9 引脚连接器		
引脚编号	信号	定义	引脚编号	信号	定义
2	TXD	发送数据	2	RXD	接收数据
3	RXD	接收数据	3	TXD	发送数据
7	GND	信号地	5	GND	信号地

若计算机和传感设备之间采用 RS-232 进行通信，9 引脚连接器之间、25 引脚连接器之间，以及 9 引脚和 25 引脚连接器之间的信号编号连接对应关系见表 4-2。从表 4-2 和表 4-1 对应关系可以看出，所有对应关系都是 TXD 连接 RXD，RXD 连接 TXD，GND 和 GND 进行连接。

表 4-2 两种连接器信号互联方式

9 引脚连接器互联		25 引脚连接器互联		9 引脚与 25 引脚连接器互联	
9 引脚连接器引脚编号	9 引脚连接器引脚编号	25 引脚连接器引脚编号	25 引脚连接器引脚编号	9 引脚连接器引脚编号	25 引脚连接器引脚编号
2	3	2	3	2	2
3	2	3	2	3	3
7	8	7	7	7	5

一台计算机和两台传感设备之间利用 RS-232 方式进行通信的连接方式如图 4-2 所示。通过此图可以看出，计算机的一个 RS-232 接口只能连接一台传感设备。若连接更多的传感设备，需要在计算机端增加同等数量的 RS-232 接口。目前的大多数计算机只配备一个 RS-232 接口，若增加 RS-232 接口数量，需额外购买 RS-232 通信接口卡，一个接口卡可带有 2～16 个 RS-232 接口。

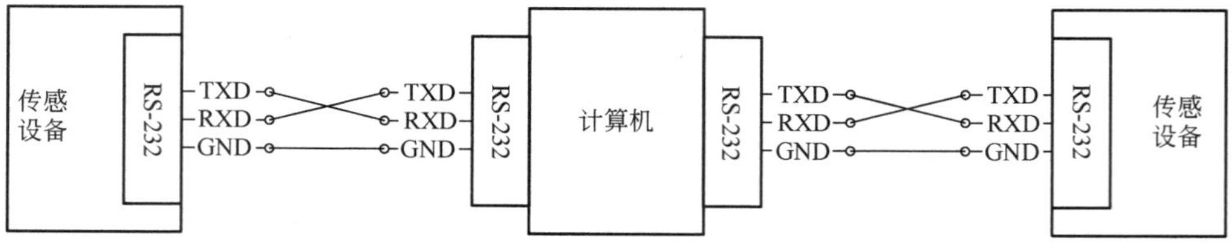

图 4-2
RS-232 通信接口连接方式

4.1.2 GPIB 接口

惠普公司于 1965 年设计了惠普接口总线（HP-IB），用于连接惠普计算机和可编程仪器。由于该接口总线具有普遍认可的较高传输速率（可达 1MB/s），被接收为 IEEE 488：1975 和 ANSI/IEEE 488.1：1987 标准。随着科学技术的发展，ANSI/IEEE 488.2：1987 丰富了原来的标准，详细定义了控制器和仪器的通信方式。1990 年，IEEE 488.2 进一步规范了用于可编程仪器控制的标准指令（Standard Commands for Programmable Instruments，SCPI）。兼容 SCPI 的系统不必再为每一个仪器学习一套新的指令集，从来自一家厂商的仪器更换到来自另一家厂商的仪器变得更加容易。GPIB 接口有三个别名：通用接口总线（GPIB）、惠普接口总线（HP-IB）和 IEEE 488 总线。

为了达到 GPIB 所设计的高数据传输率，设备之间的实际距离和总线上的设备数目都有一定的限制。正常工作时，通常规定任何两个设备之间最大分开不得超过 4m，整个总线上平均分开 2m，最大电缆长度是 20m。每一总线连接不得有超过 15 个设备负载，且工作的设备不得少于 2/3。

日常使用的计算机没有 GPIB 接口，为实现和 GPIB 接口的传感设备连接，需要购买 GPIB 接口卡产品，一种 GPIB 接口卡如图 4-3 所示。购买该产品后安装在计算机主板对应的总线插槽内，并安装接口卡配备的驱动程序，该接口即可正常使用。GPIB 连接电缆及连接器实物图如图 4-4 所示，每个电缆每端具有接口 A 和接口 B 两种连接器，连接电缆及连接器示意图如图 4-5 所示，每个电缆两端可以各连接一个 GPIB 传感设备，假设占用了电缆接口 A，电缆两端还空余接口 B，这两个空余接口可与另外两个电缆的接口 A 连接器相连，向两端扩展，也可选择连接一根电缆向一个方向扩展，这样可实现多个 GPIB 设备之间和计算机进行连接。和计算机的连接方式有星形连接和线形连接两种方式，分别如图 4-6 和图 4-7 所示。

图 4-3
GPIB 接口卡

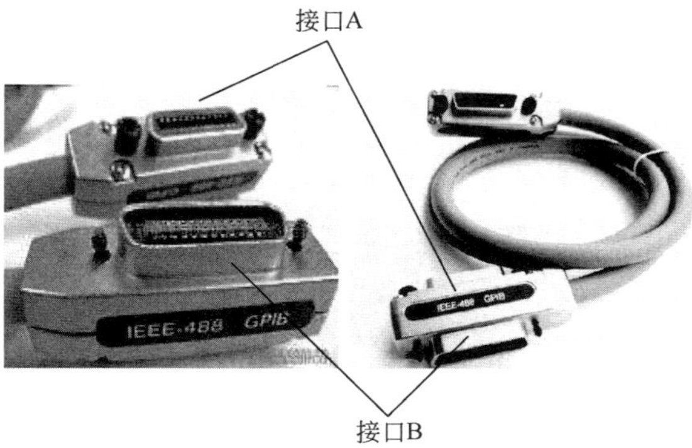

图 4-4
GPIB 连接电缆及连接器实物图

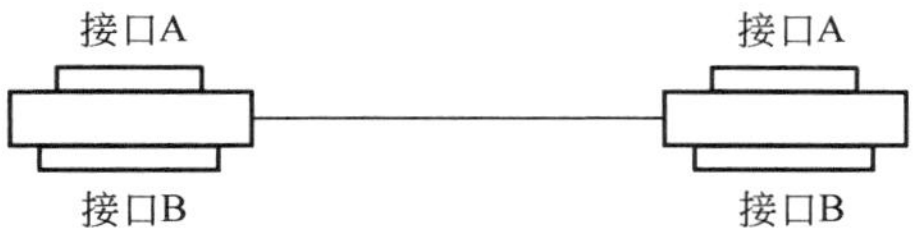

图 4-5
连接电缆及连接器示意图

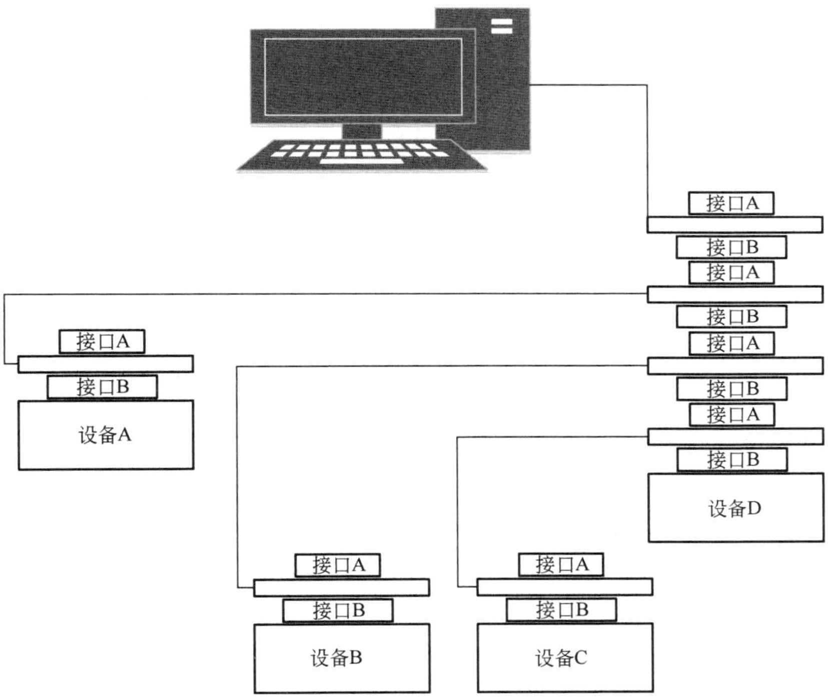

图 4-6
星形连接方式示意图

4.1.3　有线网络

1．硬件连接

基于 TCP/IP 协议的有线网络，是目前使用范围最广的计算机网络。随着传感设备技术与计算机网络的结合，越来越多的传感设备引入 TCP/IP 协议，以支持网络接入。RJ-45 接口是目前使用最广泛的网络接口，与 RJ-45 接口连接的网线分为交叉网线和直连网线。交叉网线是指一端按 T-568A 标准、另一端按 T-568B 标准连接的网线。直连网线是指网线两端都是按 T-568A 标准或 T-586B 标准连接的网线。

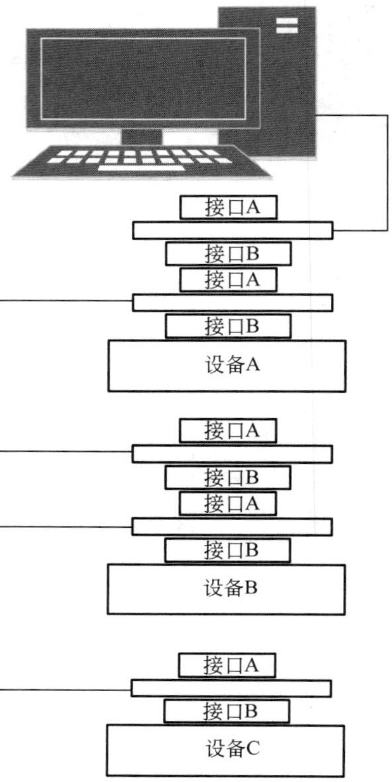

图 4-7
线形连接方式示意图

图 4-8 和图 4-9 分别为 RJ-45 接口的背面示意图和正面实物图。T-568A 标准的连线顺序从左到右依次为绿白、绿、橙白、蓝、蓝白、橙、棕白、棕，T-568B 的连线顺序从左到右依次为橙白、橙、绿白、蓝、蓝白、绿、棕白、棕；同层设备相连，如两台计算机，用交叉网线；不同层设备相连，如计算机和交换机，用直连网线。随着网络连接技术的发展，现在的网络设备已经可以进行自适应，因此在网线连接中不再区分网线在连接时选用直连网线还是交叉网线。所以为了简便起见，在实际应用中可直接使用网线两头都按照 T-568B 标准连接的直连网线。但是在使用较老的网络设备或计算机时，由于网络设备无法自适应，因此必须根据实际情况选择直连网线还是交叉网线。

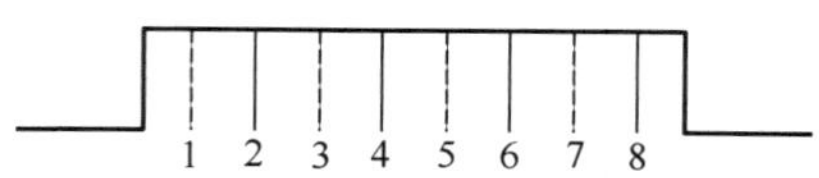

图 4-8
RJ-45 接口的背面示意图

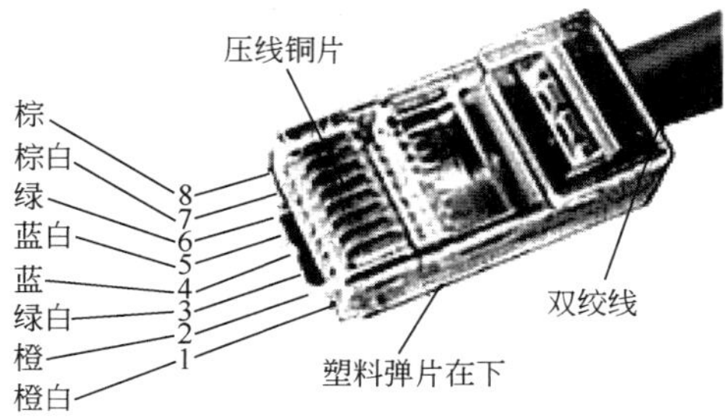

图 4-9
RJ-45 接口的正面实物图

2. 通信协议

网络编程中有两个主要问题，一是如何准确地定位网络上一台或多台主机，二是找到主机后如何进行可靠高效的数据传输。由于 IP 地址可以唯一地确定 Internet 上的一台主机，因此，在 TCP/IP 协议中，IP 层主要负责网络主机的定位和数据经路由的传输，而 TCP 层则提供面向应用的可靠（TCP）的或非可靠（UDP）的数据传输机制。TCP 层作为网络编程的主要对象，一般不需要关心 IP 层如何处理数据。目前较为流行的网络编程模型是客户机/服务器（C/S）结构，即通信双方一方作为服务器等待客户提出请求并予以响应，客户在需要服务时向服务器提出申请。服务器一般作为守护进程始终运行并进行网络端口的监听。一旦有客户请求，服务器会启动一个服务进程来响应该客户，同时自己继续监听服务端口，保证服务客户且使后来的客户也能及时得到服务。

TCP 是 Transfer Control Protocol 的简称，是一种面向连接的保证可靠传输的协议。通过 TCP 协议传输，可得到一个顺序无差错的数据流。发送方和接收方成对的两个 Socket 之间必须建立连接，以便在 TCP 协议的基础上进行通信，当一个 Socket（通常都是 Server Socket）等待建立连接时，另一个 Socket 可以要求进行连接，一旦这两个 Socket 连接起来，它们就可以进行双向数据传输，双方都可以进行发送或接收操作。TCP 在网络通信上有极强的生命力，如远程连接（Telnet）和文件传输（FTP）都需要不定长度的数据被可靠地传输。但是可靠的传输是要付出代价的，对数据内容正确性的检验必然占用计算机的处理时间和网络的带宽，因此 TCP 传输的效率不如 UDP 高。

UDP 是 User Datagram Protocol 的简称，是一种无连接的协议，每个数据报都是一个独立的信息，包括完整的源地址或目的地址，它在网络上以任何可能的路径传往目的地，因此能否到达目的地、到达目的地的时间以及内容的正确性都是不能被保证的。UDP 操作简单，而且仅需要较少的监护，因此通常用于局域网高可靠性分散系统中的 Client/Server 应用程序。例如，视频会议系统并不要求音频视频数据绝对正确，只要保证连贯性即可，这种情况下显然使用 UDP 更合理。

3．软件编程

网络上的两个程序通过双向通信连接实现数据交换，该双向链路的一端称为一个 Socket。Socket 通常用来实现客户方和服务方的连接。Socket 是 TCP/IP 协议的应用广泛的编程界面，一个 Socket 由一个 IP 地址和一个端口号唯一确定。但是，Socket 所支持的协议种类也不仅是 TCP/IP 一种，因此两者之间没有必然联系。在 Java 环境下，Socket 编程主要是指基于 TCP/IP 协议的网络编程。

Socket 的 Server 端 Listen（监听）某个端口是否有连接请求，Client 端向 Server 端发出 Connect（连接）请求，Server 端向 Client 端发回 Accept（接受）消息。Server 端和 Client 端都可以通过 Send、Write 等方法与对方通信。一个功能齐全的 Socket，其工作过程包含以下四个基本的步骤：

（1）创建 Socket。

（2）打开连接到 Socket 的输入/输出流。

（3）按照一定的协议对 Socket 进行读/写操作。

（4）关闭 Socket（在实际应用中，并未用到显示的 Close。虽然很多文章都推荐添加 Close，但在本章提到的程序中，可能因程序本身比较简单，要求不高，所以并未造成影响）。

4.1.4 无线网络

1．WiFi

WiFi（Wireless Fidelity）是一种基于 IEEE 802.11 协议标准的无线网络，目前主要采用 802.11b 和 802.11g 协议（802.11a 已很少使用），使用的无线频率范围为 2400～2483.5MHz，带宽为 83.5MHz。在空旷区域，通信距离可达 305m；在封闭性区域，通信距离范围为 76～122m。802.11b 协议标准通信速率为 11Mbit/s，802.11g 协议标准通信速率为 54Mbit/s，并可兼容 802.11b。每个无线接入点（无线路由器）可为 36 个左右的无线终端提供无线上网服务。

2．蓝牙

蓝牙（Bluetooth）是一种支持设备短距离通信的无线电技术，其通信距离一般在 10m 以内，能在包括移动电话、PDA、无线耳机、笔记本式计算机、相关外设等之间进行无线信息交换。利用蓝牙技术，能够有效地简化移动通信终端设备之间的通信，也能够简化设备与 Internet 之间的通信，使数据传输变得更加迅速高效。

3．ZigBee

ZigBee 是基于 IEEE 802.15.4 标准的低功耗局域网协议，是一种短距离、低功耗的无线通信技术。它最主要的特点是采用多跳技术，但超过 7 跳后传输速度会明显降低。智能家居尝试采用 ZigBee 接口协议，以求通过多跳扩大传播范围。

4.1.5　接口转换

传感设备带有多种通信接口，计算机带有的通信接口类型较少。为实现计算机和传感设备之间的通信接口连接，通常可采用两种方法，一种是在计算机中增加相应种类的通信接口；另一种是通过购买相应的接口转换器，把计算机中目前的接口转换为传感设备的通信接口类型，下面对这些接口转换器进行介绍。

1．RS-232/RS-485 转换器

计算机一般都配置有 RS-232 接口，当多个具有 RS-485 的传感设备需要和计算机相连时，可使用 RS-232/RS-485 转换器，把计算机的 RS-232 接口转换为 RS-485 接口，计算机和 RS-485 通信接口传感设备的硬件连接方式如图 4-10 所示。理论上，计算机增加的 RS-485 通信接口可连接多至 256 个 RS-485 接口的传感设备。实际应用中，由于连接的传感设备越多，采样周期越长，连接传感设备的数量通常小于 32 个。同时由于受负载限制，很少有支持到连接 256 个传感设备的 RS-485 接口产品。当然也可购买 RS-485 接口卡插入计算机主板，但 RS-232/RS-485 转换器只需外部和计算机 RS-232 接口连接，无需打开计算机，安装非常方便，同时价格也相对低。

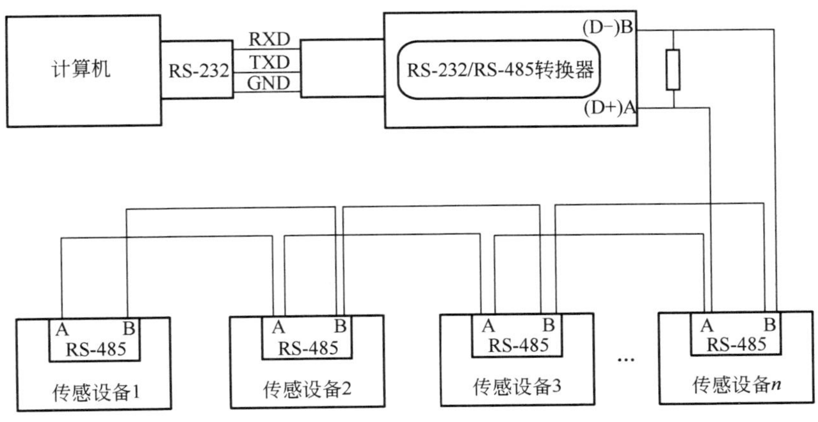

图 4-10 计算机和 RS-485 通信接口传感设备的硬件连接方式

2．USB/串行口转换器

由于目前的微型计算机大多数用于家庭办公，很少用到串行接口，因此市场上销售的计算机配备的 RS-232 接口越来越少，起初标准配置为两个 RS-232 接口，后期减少到标准配置为一个，甚至没有 RS-232 接口。工业应用领域，RS-232 及 RS-485 的应用又较为广泛，因此市场上出现了 USB/RS-232 或 USB/RS-485 转换器，如图 4-11 和图 4-12 所示。由于 USB 应用的日益广泛，目前计算机配置的 USB 接口越来越多，使 USB/串行口转换器变得更加实用。

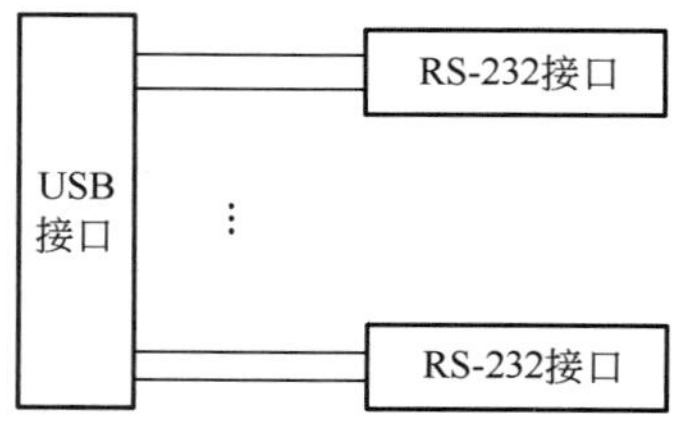

图 4-11
USB/RS-232 转换器

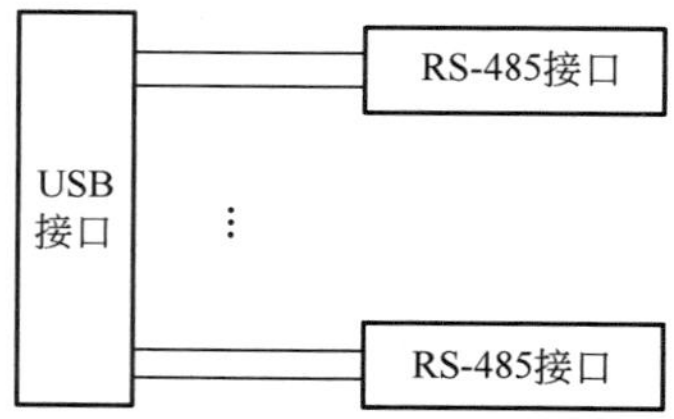

图 4-12
USB/RS-485 转换器

这种接口转换的功能是通过软件和硬件两方面实现的。软件方面，利用转换器配备的驱动程序，在 Windows 系统中增加了相应的虚拟串口，即在 Windows 系统中查看时和实际具有的串口一样。当用软件通过系统中的虚拟串口发送数据时，实际是被 USB/串行口转换器的驱动程序接收，该驱动程序再把收到的数据附加虚拟串口编号信息发送到 USB/串行口转换器，该转换器根据收到的虚拟串口编号，把收到的数据发送到转换器后端虚拟串口号对应的实际 RS-232 或 RS-485 接口，从而实现了接口转换的功能。

3. 串行口/以太网转换器

计算机可利用 RS-485 集成较多的传感设备，但会因传感设备的增多而延长数据采集周期。同时，计算机因 RS-232 接口数量的限制，集成较多 RS-232 接口传感设备困难。目前的所有计算机都配备网络接口，网络接口的传输速度明显提高，由原来 10Mbit/s 普遍提高至 100Mbit/s 甚至 1000Mbit/s。由于以上原因，市场上出现了串行口/以太网转换器，如图 4-13 所示，该转换器主要实现把传感设备的 RS-232 接口转换成网络接口，同样也有把 RS-485 转换成网络接口的产品。

一种带有网口/RS-232 和网口/RS-485 两个接口转换器的面板示意图如图 4-14 所示。另一种网口和四个 RS-485 接口的转换器实例如图 4-15 所示，这种转换器中的 RS-485 接口采用了与 RS-232 同样的 9 针连接器，实际上只使用了其中的 2 针进行信号传输。

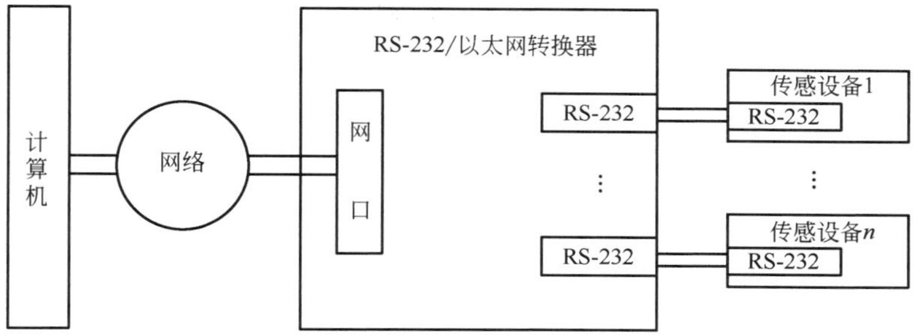

图 4-13
RS-232/以太网转换器

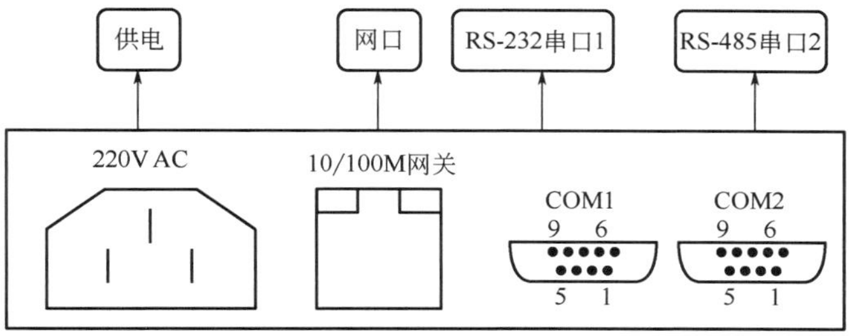

图 4-14
两串口/以太网转换器面板示意图

图 4-15
四口 RS-485/以太网转换器实例

串行口/以太网转换器的原理与 USB/串行口转换器的原理类似。首先将该转换器配备的驱动程序安装在计算机系统中后，在操作系统中查看计算机中增加了多个与转换器相对应的串口，因计算机中实际设有相应的串口，这些串口由驱动程序虚拟，所以这些串口也被称为虚拟串口，对应的顺序号被称为虚拟串口编号。

当计算机软件向相应的 RS-232 接口发送命令时，由转换器驱动程序接收，并附加虚拟串口编号信息，通过网络发送给 RS-232/以太网转换器，该转换器接收后，根据串口虚拟编号信息发送到对应的 RS-232 接口，从而发送到对应的 RS-232 接口传感设备。市场上的串口转换器能转换的串口数量通常为 1～32 个。计算机端的软件编程与 RS-232 完全相同，不再赘述。

4．GPIB 转换器

计算机一般不配备 GPIB 接口，在工业领域中，若需实现计算机与 GPIB 接口传感器设备的通信，一种方法是购买 GPIB 接口卡，通过把该接口卡插入计算机总线插槽为计算机扩充 GPIB 接口；另一种方法是购买 USB/GPIB 或以太网/GPIB 转换器。

这两种转换器的原理都是在计算机中安装相应的驱动程序，软件编程者要实现计算机与 GPIB 传感设备通信时，只需调用 GPIB 转换器生产厂商提供的软件函数库，通过函数库调用发送数据获取命令，被调用函数把数据获取命令发送给转换器驱动程序，驱动程序把收到的命令通过对应的 USB 接口，或以太网接口发送到对应的转换器，转换器把收到的命令利用 GPIB 接口发送到 GPIB 传感设备。GPIB 接口设备向计算机回复数据的传输原理与上述过程相同。目前市场上存在的 USB/GPIB 转换器比以太网/GPIB 转换器价格低。工业应用领域对设备之间的硬件连接可靠性比较高，USB 接口连接可靠性相对较弱，同时以太网/GPIB 转换器性能优于 USB/GPIB 转换器。一种 USB/GPIB 转换器如图 4-16 所示。

图 4-16
四口 RS-485/以太网
转换器

5．无线通信转换器

为使有线网络和无线网络之间能够方便通信，目前存在多种转换设备，如 WiFi/以太网、以太网/ZigBee、WiFi/3G 或 4G 等，下面分别进行叙述。

1）WiFi/以太网

无线 WiFi 和有线以太网之间的转换设备是我们常说的无线路由器，网络术语也称为接入点（Access Point，AP），即无线网络接入有线网络的中间设备。

该设备被广泛应用于笔记本式计算机、Pad、手机等设备上网。在计算机通过 WiFi/以太网转换设备与传感设备通信时，无论计算机处于以太网端还是 WiFi 端，对于软件编程者来说，都是使用 Socket（程序套接字）方式进行通信的，编程方法完全相同。

2）以太网/ZigBee

最近一段时期，智能家居发展迅速，WiFi 通信范围和墙壁穿透能力的限制，使得 ZigBee 协议应用逐渐广泛。使用 ZigBee 协议的每个电器节点，都作为路由器使用，虽然 ZigBee 节点通信距离较短，但通信时可通过多个节点的信息转发，使传送信息到达目的节点，当其中的某条路径阻断时，可自动寻求其他路径实现信息转发，使得在家具复杂、墙壁隔离情况下，能实现较为可靠的信息传送。计算机和 ZigBee 节点通信，计算机端接口采用以太网，通过以太网/ZIGBEE 转换器进行转发，ZigBee 各节点之间的信息传输对于计算机编程是透明的，无需关心协议细节。

4.1.6　通信终端

1．卫星通信终端

卫星通信指的是设置在地球上的无线电通信站之间利用人造地球卫星作为中继站转发或反射无线电波，在两个或多个地球站之间进行的通信。卫星通信是在地面微波中继通信和空间电子技术的基础上发展起来的，它是宇宙无线通信的主要形式之一，也是微波通信发展的一种特殊形式。与其他通信方式相比，卫星通信具有覆盖面广、通信容量大、距离远、不受地理条件限制、性能稳定可靠等优点，因此对航空用户、航海用户、缺乏地面通信基础设施的偏远地区用户，以及对网络实时性要求较高的专门用户都具有很大的吸引力。卫星通信自诞生之日起便得到了迅猛发展，成为当今通信领域中最为重要的一种通信方式。在我国，卫星通信使用较多的是海事卫星及北斗导航定位卫星。

国际海事卫星组织（Inmarsat）是海上、空中和陆地商用及遇险安全卫星移动通信服务的提供者。该组织于 1979 年宣告正式成立，由多个成员国组成，总部设在伦敦，中国是该组织成员国之一。该组织提供的服务包括传统的语音通话、数据收发、高速互联网，以及遇险和安全服务。

北斗卫星导航系统（BeiDou（COMPASS）Navigation Satellite System），作为中国正在实施的自主研发、独立运行的全球卫星导航系统，现已发展到第二代并被称为“北斗 2 号”。北斗系统主要有定位、通信和授时功能。目前全球主要有三大 GPS 系统，分别是欧盟的“伽利略”系统、俄罗斯的“格洛纳斯”系统，以及中国的北斗卫星导航系统。

卫星通信系统主要由空间端、地面端、卫星通信终端和用户端组成。

1）空间端

空间端由分布在不同轨道的卫星组成。不同组织的卫星通信系统，包含的卫星数量和运行轨道不同，所覆盖的地面区域也不完全相同。

2）地面端

地面端主要由分布在地球上的若干个岸站、网络协调站和一个网络操作中心组成。岸站使用大尺寸天线和本区的卫星同时处理多个卫星终端的通信业务。卫星控制中心负责监测、协调和控制网络内所有卫星的操作运行，同时对各测控站的运行情况进行监督，并协助网络协调站对有关运行事务进行协调。岸站既是地面公用网的接口，也是卫星系统的控制和接入中心，产生通信计费信息，对信道状态进行监视和管理。网络协调站对信道进行管理和协调，对岸站调用电话电路的要求进行卫星电路的分配与控制，监视和管理信道使用状况，并在紧急情况下强行插入正在通话的话路，发出呼救信号。

3）卫星通信终端

卫星通信终端（简称卫星终端）作为在没有常规通信基础设施的情况下，所使用的与卫星通信系统的接口设备，通常带有 RS-232 接口。在偏远地带，传感设备可利用卫星终端的 RS-232 接口，把传感信息经由空中卫星传送到地面的卫星岸站，由卫星岸站传送到地面网络系统。

4）用户端

卫星通信系统中，设有专门的客户服务中心，负责接收和缓存卫星通信终端的数据。用户端可利用计算机软件，从客户服务中心提供的网络接口获取属于自己卫星通信终端的数据。因此，用户在购买卫星通信终端后，除了需要支付卫星的通信费用，同时需要购买客户服务中心的数据服务。

两种典型的卫星通信终端应用架构如图 4-17 所示。在图 4-17（a）中，传感设备端采用卫星通信终端进行通信，另一端利用地面网络和用户端进行通信；在图 4-17（b）中，传感设备端和用户端都通过卫星终端进行通信。在实际应用过程中，是采用单终端还是双终端进行通信，由卫星组织提供的终端功能确定。

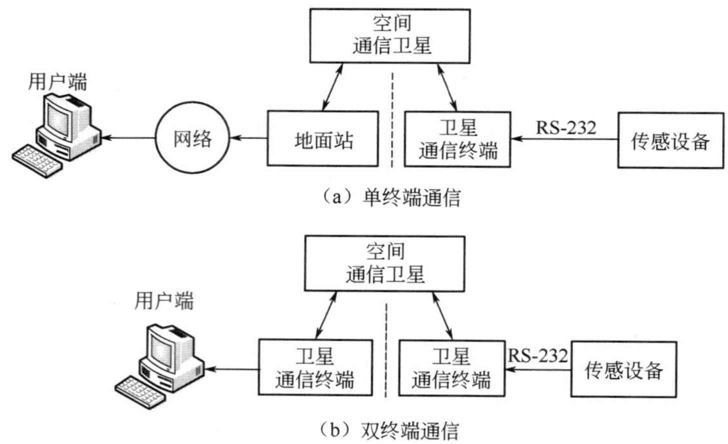

图 4-17
卫星通信终端应用架构

2. 水下通信终端

近年来，由于军事和海洋开发的要求，人们开始越来越重视水下通信系统的研究与开发。电磁波作为陆上通信传播的主要途径，在海水中却会被吸收衰减，并且随电磁波频率升高衰减增大。原本陆地上传输良好的短波、中波、微波等信号在水下由于衰减严重，传播距离小于 25cm，几乎无法传播。现在主要用于水下通信的电磁波主要包括甚低频（VLF）和超低频（SLF）。甚低频通信频率范围为 3～30kHz，波长为 10～100km，甚低频电磁波能穿透 10～20m 深的海水，但信号强度弱；超低频通信频率范围是 30～300Hz，波长为 1000～10000km，超低频电磁波可穿透约 100m 深的海水，但其频带很窄，传输速率低，发送一封三个字母组合的电报需要十几分钟。可见这两种电磁波在水下的信息传输带宽窄、速率慢，无法满足水下大量数据高速传输的需求。

声波是人类迄今为止已知的唯一能在水中远距离传播的能量形式，是目前水中信息传输的主要载体，所以海洋中检测、通信、定位和导航主要利用声波。声波在海面附近的传播速度为 1520 m/s，比电磁波在真空中的传播速率低五个数量级。与电磁波相比较，声波在海水中衰减较小，只是电磁波的 1/1000，在海水中通信距离可达数十千米。研究表明，在非常低的频率（200Hz 以下）下，声波在水下能传播数百千米，即使 20 kHz 的频率，在海水中的衰减也只是 2～3dB/km。

近 20 年来，高速率、高可靠性水声通信技术的实现，使水声网络研究成为水声通信领域中的一个研究热点。水声网络的实现需要基于高可靠性点对点物理层水声通信技术，开展多点组网，达到信息互通、共享的目的，同时通过无线浮标将上传的数据接入陆地上现有的立体信息网中，可形成真正意义上的覆盖全球的立体信息网。

水下通信终端主要由水声换能器和水声信号处理系统，以及外部通信接口组成。

以图 4-18 为例来说明水下通信终端的工作过程。在发送数据前，水下调制解调器 A 和水下调制解调器 B 均处于睡眠模式，此时水下调制解调器的能量功耗很低。当水下测量设备有数据要发送时，水下调制解调器 B 会立刻从睡眠模式转换到发送模式，并发送数据。同时当水下调制解调器 A 检测到有信号从水底传来时，水下调制解调器 A 会立刻从睡眠模式转换到接收模式，并接收数据。当数据传送完毕后，水下调制解调器 A 和 B 都会重新从收发模式转到睡眠模式。

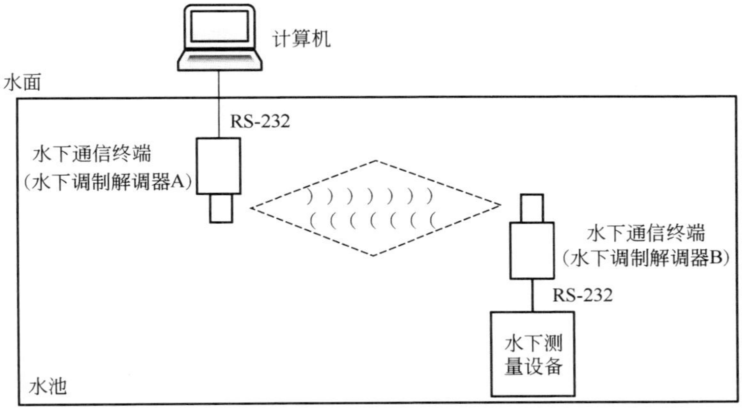

图 4-18
水下通信终端应用架构

每一个调制解调器都有数据缓存，当两者间的通信通道发生意外情况中断时，数据传送会暂缓，等到通信通道恢复时，原先被缓存的数据将继续向水下调制解调器 A 传送。

如果有大量水下数据上传，水下调制解调器 A 在睡眠模式时可以设置成高唤醒频率，以保证能够快速地向水下调制解调器 B 发送信号，而水下的调制解调器 B 为减少耗电量可以设置成低唤醒频率。特别是被应用于水下自治潜水器（AUV）和无人无缆潜水（UUV）时，为确保最小的时间延迟，水下调制解调器 A 和 B 都可以设置成一直唤醒状态。

调制解调器具有自动调整传输速率功能。当遇到很强的干扰时，它会自动从高速数据传输转换到低速传输。当干扰减弱后，调制解调器会自动恢复到高速传输。这样可避免人为地调整传送率，而且通信质量不受影响。当与终端仪器通过 RS-232 串行口相接时，通信协议通常设置波特率为 9600，1 个起始位，1 个停止位，8 个数据位，无校验位。

4.2 软件交互

通过第 3 章和本章前面各节内容的讲述，读者应对建立物联网系统的硬件连接方式有了较为清晰的概念和思路。建立物联网硬件系统的目的是从传感器设备硬件系统数字接口获取传感数据。获取传感数据的第一步是掌握利用软件和数字接口交互的方法。尽管数字接口的类型比较多，但实际上只需掌握 RS-232、GPIB 以及以太网三种接口的软件交互方法，即可实现和各种传感设备的通信。由于 RS-232 和 RS-485 编程方法完全相同，对于 RS-485 编程方式不再单独叙述。

4.2.1 串行口通信

由于计算机 RS-485 接口是通过 RS-232 转换完成的，因此 RS-232 和 RS-485 接口的软件编程方式基本相同，下面以 RS-232 为例进行说明，对于不同之处再单独说明。在物联网各种应用领域，由于 RS-232 接口标准广泛性的影响，存在大量 RS-232 接口的设备，无论是应用 USB/RS-232 或者以太网/RS-232 接口转换器，在计算机端采用的编程方法，都是针对 RS-232 接口进行编程，本节介绍计算机软件 RS-232 接口传感设备获取数据的编程及针对传感设备的相关操作方法，不针对具体传感设备和编程语言。若通过计算机软件，利用 RS-232 接口获取某个传感设备数据，需要经过以下步骤。

1. 通信参数设置

对于计算机和传感设备，要成功实现串行通信，首先要保证双方的通信参数完全一致，即通信速率（波特率）、数据格式和校验方式。对于波特率，通常有 300、600、1200、2400、4800、9600、19200 等几种参数可供选择。数据格式包括数据长度和停止位长度两种参数设置。数据长度包括 5、6、7、8 四种选择，表示串行通信每帧传送的数据二进制位数，最常使用的是 8。停止位长度包括 1、1.5 和 2 三种选择，最常用的是 1。关于校验方式，其包括三种选择：奇校验、偶校验和无校验，通常分别用字母 P、E 和 N 表示。

对于计算机端 RS-232 接口通信参数的设置，用编程语言完成。对于传感设备端 RS-232 接口通信参数的设置，需查询传感设备的使用手册，每一种带有 RS-232 接口的传感设备，都会有关于通信参数波特率和数据格式参数的设置方法说明。

2. 发送查询命令

虽然 RS-232 接口的硬件连接及底层信号传输已经实现了标准化，但不同厂商的接口交互命令不同，因此在实现计算机和传感设备交互前，需查询该传感设备的通信命令。通信命令是指传感设备生产商规定的计算机和传感设备进行联络的信息格式，现假设一种传感设备制定的命令格式见表 4-3。

表 4-3　读取数据命令格式

命令说明	起始符	命令符	参数编号	校验和	结束符
字节长度	1	4	2	2	1
命令格式	@	READ	XX	XX	$

其中，命令起始符为字符“@”，命令符为字符串 READ，参数编号指计算机需要读取的传感参数对应的编号，用两位十进制表示，并需把每一位十进制数转换为字符。例如，我们要读取的传感参数编号为 02，则参数编号为“02”字符串。对于校验和，约定把起始符开始的 7 个字节求和，取低 8 位二进制，并把该 8 位二进制分为高 4 位和低 4 位，分别转换为 16 进制对应的字符，组成两个字符的字符串。针对表 4-3 的命令格式，给出表 4-4 所示的命令，以及表 4-5 所示的传感设备的传感参数。

表 4-4　读取数据命令

命令说明	起始符	命令符	参数编号	校验和	结束符
字节长度	1	4	2	2	1
命令格式	@	READ	2	BE	$

表 4-5　传感参数编号列表

编号	参数名称	参数单位
01	压力	MPa
02	温度	℃
⋮	⋮	⋮
10	功率	kW

对于表 4-4 中的命令，校验和的低 8 位二进制为 10111110，转换后字符串为“BE”，因此该命令的完整字符串为“@READ02BE$”，只要计算机程序把该字符串发送到对应的串行口或虚拟串口，发送命令的软件程序任务就已经完成，后续工作完全由计算机及接口或转换器自动完成，会把所发送的命令字符串发送到传感设备的串行口，传感设备中的软件会接收此命令，并进行处理。

3．接收传回数据

在传感设备说明书的通信协议部分，除了说明查询传感设备命令外，还会说明传感设备返回数据的格式，举例如下。

针对表 4-3 读取数据命令格式，约定返回数据格式见表 4-6。

表 4-6　返回数据格式

格式说明	起始符	命令符	数据	校验和	结束符
字节长度	1	4	2	2	1
返回数据	@	READ	XX.X	XX	$

对于表 4-6 中的返回数据格式，只是“数据”部分有所不同，“XX.X”表示数据为 4 字节的字符串，约定采用十进制，小数点后一位数据。因此当编制的计算软件发送完查询命令后，等待从串行口接收数据，收到表 4-6 所示的数据后，从中把“数据”部分解析出来，用于后续的数据处理。

4．软件编程

要获取传感设备数据，需要在正确进行接口硬件连线和传感设备通信参数设置的基础上，通过软件编程实现。下面以 VB 和 Java 语言为例，讲述针对 RS-232 的软件编程方法。RS-232 接口通信软件流程如图 4-19 所示。

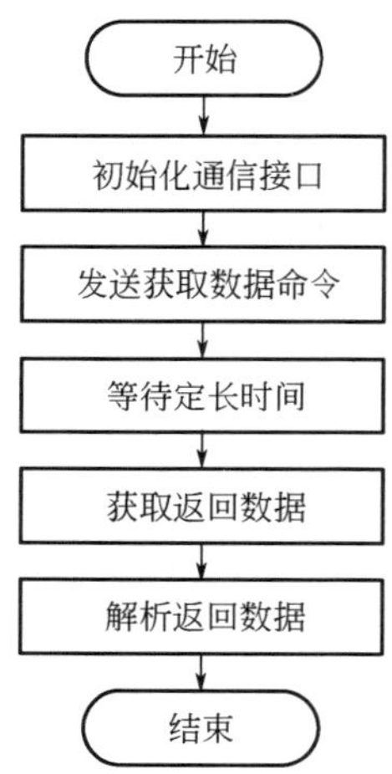

图 4-19
RS-232 接口通信软件流程

首先要对计算机上使用的 RS-232 接口（COM 口）进行初始化，设置波特率和数据格式及校验方式，然后通过该接口发送命令，最后等待接收数据。

RS-232 接口 VB 通信程序如下：

```
1:Dim recStr as String        // 定义字符串变量,用于接收返回数据//
2:MSComm1.CommPort = 1        //通信使用的串口号为1//
3:MSComm1.Settings = "9600,N,8,1"
 //通信参数为波特率:9600,无校验位,数据位为 8,停止位为 1//
4:MSComm1.PortOpen = True
 //打开该串口,以便操作系统为通信分配缓存空间等资源//
5:MSComm1.output="@READ02BE$"
//通过串口向传感设备发送读取数据命令//
6:TimeDelay 200               // 延时 200ms 等待数据回送//
7:RecStr=MSComm1.Input        //接收返回数据//
```

RS-232 接口 Java 通信程序如下：

```
1:CommPortIdentifier portId=CommPortIdentifier.getPortIden ti-
  fier("COM1");
//获得串行口"COM1"(第 1 个串行口)的资源指针,赋予变量 portId//
2:SerialPortserialPort =(SerialPort)portId.open("Serial_Co mmu-
   nication",2000);
//打开串行端口,其中参数"2000"表示打开串口的最长等待的时间,单位为 ms//
3:serialPort.setSerialPortParams(9600,SerialPort.DATABITS_8,
    SerialPort.STOPBITS_1,SerialPort.PARITY_NONE);
//设置串口通信的参数,参数为波特率:9600;数据位:8;停止位:1;校验位:无//
4:OutputStreamoutputStream = serialPort.getOutputStream();
//得到串行通信的输出流//
5:InputStreaminputStream=serialPort.getInputStream();
//得到串行通信的输入流//
6:Byte[]  data=new  Byte{0x40,0x52,0x45,0x41,0x44,0x30,0x32,
  0x42,0x45,0x24 }
//定义读取数据命令字符串:"@READ02BE$",用字符的 ASCII 码表示//
7:outputStream.write(data);
//通过 write 函数将 data 数组中的命令通过串口发送给传感设备//
8:sleep(200);
//等待 200ms,以便传感器设备做出反应//
```

```
9:int numBytes = inputStream.read(readBuffer);
//通过输入流的 read 函数将传感设备的返回数据读到 readBuffer 数组中，返回
  值 numBytes 为接收数据的长度//
```

其中 MSComm 是在 VB 编辑器中加载的控件，从以上程序可以看出，针对 RS-232 接口的编程非常简单。对于计算机与 RS-485 接口传感设备交互，由于计算机 RS-485 接口与传感设备 RS-485 接口是一对多关系，当计算机发送一个读取数据命令时，对应的多个传感设备都会收到该命令，若多个传感设备同时返回数据，会造成数据冲突。为解决此问题，每一个 RS-485 接口传感设备可被分配一个编号，即地址。因此与 RS-485 接口传感设备相比，除了在使用前需设置波特率和数据格式外，还需设置每个 RS-485 接口设备的地址，确保不同传感设备的地址不同即可。同时读取数据命令格式中，会增加表示地址的字段，因此当计算机通过 RS-485 发送带地址的读取数据命令后，虽然多个传感设备都收到了该命令，但只有与命令中地址具有相同地址的传感设备才会返回相应的数据，这样避免了多个传感设备的数据冲突问题。

4.2.2 GPIB 通信

在一段历史时期，GPIB 接口由于使用并行通信方式，在工业领域得到非常广泛的应用，目前各相关领域存在大量 GPIB 接口的传感设备，因此物联网系统的建立，离不开 GPIB 接口技术的使用。但随着网络技术的普及和传输速度的不断提高，以太网接口的使用会越来越多，GPIB 接口应用会朝着应用规模逐渐减少的趋势发展。

为实现计算机与 GPIB 接口传感设备的通信，首先需要购买 GPIB 接口卡、USB 或以太网/GPIB 转换器。若购买 GPIB 接口卡，需插在计算机内的总线插槽，因此要确保计算机内有空闲的总线插槽，且插槽类型与 GPIB 接口卡的总线类型一致。目前应用于普通家庭或办公的计算机，总线插槽越来越少，甚至没有。在这种情况下可以选择工控计算机，由于这类计算机主要应用于工业控制领域，因此总线插槽相对较多。当计算机的 GPIB 接口硬件、驱动安装，以及与 GPIB 接口卡接口电缆连接完成后，要实现计算机与 GPIB 接口传感设备通信，需经过以下步骤。

1. 传感设备地址设置

因所有 GPIB 接口传感设备都并联在 GPIB 总线电缆上，计算机作为主设备，传感设备作为从设备，在任意时刻计算机只能和一台传感器设备进行通信。为区分不同传感设备，每个传感设备需分配一个地址作为标识，计算机软件在与传感设备进行信息交互时，需在通信过程中首先指定传感设备的地址。

对于 GPIB 接口传感设备的地址设置，不同类型的传感设备设置方法不同，需要查阅传感设备的使用说明书，有些传感设备的地址设置类似一个微型的图形表盘，如图 4-20 所示，用螺钉旋具调节表盘中的指针指向对应数字，即为该传感设备设定的 GPIB 地址。有的传感设备 GPIB 地址是通过仪表的按键进行设置的，产品使用说明书中会提供详细的步骤和流程。

图 4-20
表盘式 GPIB 地址设置

2. 软件编程

当 GPIB 通信的所有硬件，以及 GPIB 接口卡的驱动程序安装完成后，需要完成的工作是进行软件编程。对于软件编程，除了有编程语言的基本知识外，还需要了解关于 GPIB 通信编程的基本知识，下面进行简要叙述。

1）通信函数库使用

GPIB 接口卡或接口转换器的提供商都会随产品提供用于 GPIB 通信编程的函数库，并且会提供函数的使用说明，因此应首先学会 GPIB 通信函数库的使用和调用方法。

2）通信协议

通信函数只是提供了计算机和 GPIB 接口传感设备进行交互的软件手段。利用这些函数传递何种通信命令，以及传感设备返回的传感设备数据约定，不同传感设备不完全相同，需查阅**传感设备生产商**提供的通信协议说明。

在这些说明中会提供一套非常完整的通信命令集，要完全阅读非常耗时。对于物联网应用系统构建，无需完整阅读，只需了解几方面的问题，包括获取数据的命令、返回数据的格式，以及具体应用时用户要求的传感设备控制命令。因此掌握了这种思路，完成 GPIB 软件编程是一种非常容易的事。

3）编程实例

GPIB 接口 VB 通信程序如下所示，本程序是按照美国国家仪器有限公司（简称 NI 公司）的 GPIB 卡通信，需要调用其提供的 Gpib-32.dll 文件，在该文件中定义了操作 GPIB 设备的函数，如 ildev、ilwrt、ibtrg、ilrd 等供编程者使用。不同的 GPIB 卡或转换器供应商提供的函数名不同，具体看产品说明书，但编程过程基本相同。

```
1:Dim cmdString as String="@READ02BE$"
   //定义读取数据命令字符串//
2:Dim glbHandleDevice as long
  //定义 GPIB 设备指针//
3:glbHandleDevice = ildev(0,addr,0,12,1,0)
//利用函数 ildev 获得 GPIB 设备指针并赋予变量 glbHandleDevice,ildev
   函数为 NI 公司提供的接口函数,其中参数 addr 为需要访问的传感设备 GPIB 地
   址,其他为函数参数默认值。返回值为对应 GPIB 设备的指针//
4:ilwrt glbHandleDevice,cmdString,Len(cmdString)
//利用函数 ilwrt 发送读数据命令,参数为 GPIB 设备的指针,发送的命令和命令长度//
5:ibtrg glbHandleDevice
//利用函数 ibtrg 执行发送数据触发动作,GPIB 设备约定返回数据前需要一个触
    发动作,参数为 GPIB 设备的指针//
6:ilrd glbHandleDevice,str,Len(str)
   //返回数据读取,参数为 GPIB 设备指针;str 为存放返回数据的字符串变量;
       返回数据字节长度//
```

目前的 GPIB 厂商一般不提供 Java 版的函数库，为实现 Java 编程，可以把厂商提供的 VB 函数库封装为 dll 文件供 Java 编程使用，对应的 Java 编程方法如下所示：

```
1:ActiveXComponent GPIBpp = new ActiveXComponent ("GPIBTest.
GPIB");
// Java 通过 ActiveXComponent 对象调用 VB 的 dll 文件,参数中 GPIBTest
   为调用的 dll 文件名,GPIB 为所调用的 dll 文件中的类名,返回值 GPIBpp 为
   该类对应的句柄//
2:long      DeviceHandle=Long.parseLong(Dispatch.call(GPIBpp,
  "InitGPIB",address));
:// 用函数 Dispatch.call 调用类 GPIBpp 中的函数 InitGPIB,实现 GPIB 设
    备的初始化。向该函数传递的参数为 address,该参数表示所需初始化的传感
    设备 GPIB 地址。返回值为 GPIB 通讯的句柄//
3:int flag= Integer.parseInt(Dispatch.call(GPIBpp, "writeData",
DeviceHandle," @READ02BE$"))
// 用函数 Dispatch.call 调用类 GPIBpp 中的函数 writeData,向通讯句柄为
   DeviceHandle 的传感设备发送数据采集命令"@READ02BE$"。返回值为是否
   发送成功//
```

```
4:int  flag= Integer.parseInt(Dispatch.call(GlobalVariable.
GPIBpp,"iTriger",DeviceHandle));
   // 用函数 Dispatch.call 调用类 GPIBpp 中的函数 iTriger,触发通讯句柄为
      DeviceHandle 的传感设备,使传感设备执行采集命令。返回值为是否执行成功//
5:String    temp=    Dispatch.call(GlobalVariable.GPIBpp,
"readData",DeviceHandle,dataLenth);
   // 用函数 Dispatch.call 调用类 GPIBpp 中的函数 readData,读取通讯句柄为
      DeviceHandle 传感设备的传感器数据,读取的传感器数据长度为 dataLenth。
      返回值为读取的传感器数据//
```

4.2.3　网络通信

随着网络技术的日益普及和快速发展，采用以太网接口的传感器设备不断增多，因此采用网络技术与传感设备进行通信将成为物联网技术发展的主要趋势。要进行网络通信，目前有很多技术，如 Socket、远程 Web Service、MQ 和 ZigBee 等。ZigBee 作为一种较小范围的应用网络，要考虑兼容性，目前的 ZigBee 都提供与以太网通信的接口，可采用 Socket 通信完成，因此下面主要叙述采用以太网、Web Service 和 MQ 技术与传感设备通信的方法。以太网主要适用于较小范围的局域网，Web Service 和 MQ 适用于跨网络的远程用软件交互。Web Service 技术与 MQ 相比，发展较早，应用较为广泛，接口使用被动调用方式，而 MQ 可实现主动消息推送，更具有实时性。

1. Socket 通信

当传感设备采用以太网接口和计算机进行硬件连接时，计算机若实现与传感设备之间的信息交互，可采用 Socket 编程方式进行。Socket 编程方式与 GPIB 接口卡生产商提供的库函数一样，只是提供了一种利用以太网在计算机和传感设备之间传递信息的软件方法，具体传递何种信息，还需查阅传感设备手册中关于交互命令的说明，下面对 Socket 技术进行简要介绍。首先对 Socket 通信的几个要素进行说明。

1）IP 地址

IP 地址即根据 TCP/IP 协议，分配给本地主机的网络地址。计算机要通过以太网和传感设备进行通信，两个运行在不同设备上的软件必须知道对方的标识地址，即 IP 地址。

2）端口号

端口号用来标示本地软件进程。一个具有特定 IP 地址的主机运行多个软件进程，为了实现两个网络主机软件进程的通信，不仅需要指明对方主机的 IP 地址，还需指明对方主机软件进程的标识，即端口号。

3）建立通信进程

要建立计算机与传感设备之间的以太网通信，需要两个进程实现。一个进程作为服务器端运行在传感设备中，等待来自计算机进程的请求；另一个进程运行在计算机中，需要编程人员建立。建立完整的以太网通信进程需要一个五元组（协议、本地 IP 地址、本地端口号、传感设备 IP 地址、传感设备进程端口号）来标示。其中协议可选择 UDP 或 TCP/IP。UDP 适合网络环境质量较好的局域网，TCP/IP 适合网络环境较为复杂的广域网。因与传感设备进行通信的计算机通常与传感设备处于一个局域网内，因此大多数情况下使用 UDP 协议。当以上五元组信息确定后，可在对应的编程语言中，利用系统调用 socket（）建立进程，与以太网接口传感设备进行通信。

4）编程实例

根据传感设备的要求，可采用 TCP/IP 或 UDP 两种协议进行通信，下面分别给出两种通信协议的 VB 和 Java 两种语言的编程实例。

（1）TCP/IP 通信。在 TCP/IP 通信中，通常传感设备作为服务端。假设服务端传感设备的 IP 地址为 127.0.0.1，端口号为 7001，编程软件作为客户端与传感设备服务端软件相连。

TCP/IP 通信 VB 程序如下：

```
1:Dim WinsockTCPlistenAs Winsock
//定义一个 Winsock 类型变量//
2:With WinsockTCPlisten
3:.protocol = sckTCPProtocol
//协议采用 TCP/IP//
4:.RemoteHost = "127.0.0.1"
//设置 Socket 通信服务端的 IP 地址//
5:.RemotePort = 7001
//设置 Socket 通信服务端的端口号//
6:.Connect
//和服务端进行连接//
7:End With
8:WinsockTCPlisten.SendData”@READ02BE$”
//利用网络向服务端发送读数据命令//
9:WinsockTCPlisten.GetData msg,val,maxLen
//接收数据,msg 为字符串型信息容器,val 表示 msg 的变量类型,maxlen 为接收
  数据的长度//
10:WinsockTCPlisten.close()
```

TCP/ZP 通信 Java 程序如下：

```
1:Socket socket=new Socket();
//定义一个 Socket 类型的变量//
2:String IP="127.0.0.1";
//定义一个字符串的变量//
3:Int Port=7001;
//定义一个 int 类型的变量//
4:SocketAddress sockAdd=new InetSocketAddress(IP,Port);
//定义一个 SocketAddress 类型的变量,并绑定 Socket 服务器端的 IP 地址和
  端口//
5:socket.connect(sockAdd,2000);
//连接Socket服务器端,第一个参数是服务器的地址,第二个参数是建立连接的等
  待时间,超时将放弃连接//
6:PrintWriterout=new PrintWriter(socket.getOutputStream());
//获得输出流//
7:out.println("@READ02BE$");
//将读数据命令发送给服务端//
8:BufferedReaderinput=new BufferedReader(new InputStreamReader
(socket.getInputStream()));
//获得输入流//
9:String msg=input.readLine();
//将返回数据读入 msg 字符串中//
10:socket.close();
//最后通信完成,关闭 Socket 通信通道//
```

（2）UDP 通信。UDP 通信可以不区分服务器端和客户端，只要知道对方的 IP 地址和端口号，就可以将数据发送到对方。假设对方的 IP 地址和端口号分别为 127.0.0.1 和 7001，本方端口号为 7009。

UDP 通信 VB 程序如下：

```
1:Dim Winsockudp As Winsock
   //定义一个 Winsock 类型的变量//
2:With Winsockudp
3:.protocol = sckUDPProtocol
   //协议采用 UDP//
4:.RemoteHost = "127.0.0.1"
```

```
    //设置对方 IP 地址//
5:.RemotePort = 7001
    //设置对方端口号//
6:.Bind 7009
    //本地通信的端口号//
7:End With
8:Byte[]bytData==newbyte{0x40,0x52,0x45,0x41,0x44,0x30,0x32,0x42,0x45,0x24 }
    //定义命令串:“@READ02BE$”,用字符的 ASCII 码表示//
9:Winsockudp.SendData bytData
    //发送读数据命令,命令存放在 bytData 数组中//
10.8:Winsockudp.GetDatadata,val,maxLen
//接收返回数据,存放在 data 变量中;val 是变量类型;maxlen 为接收数据的长度//
```

UDP 通信 Java 程序如下：

```
1:int localPort=9876;
    //定义一个 int 类型变量,作为本地 UDP 通信端口号//
2:DatagramSocket UDPclient = new DatagramSocket(localPort);
    //定义 UDP 通信的 Socket 变量 UDPclient,并绑定其通信端口//
3:Byte[] cmd=new Byte{0x40,0x52,0x45,0x41,0x44,0x30,0x32, 0x42,0x45,0x24 }
    //定义发送的命令 cmd,内容为“@READ02BE$”//
4:String IP="192.168.1.10";
    //定义一个字符串作为目的 IP 地址//
5:int Port=8765;
    //定义一个 int 类型变量作为目的端口号//
6:DatagramPacket sendDp = new DatagramPacket(cmd,cmd.length,InetAddress.getByName(IP),Port);
    //定义发送的数据包 sendDp,参数 cmd 为发送的命令,cmd.length 为命令的长度,IP 为目的 IP 地址,Port 为目的端口号//
7 :UDPclient.send(sendDp);
    //发送命令数出去//
8:Byte[] buff=new Byte[1024];
    //定义一个字节数组作为数据接收的容器//
9:DatagramPacket receiveDp = new DatagramPacket(buff, buff.length);
```

```
    //定义数据接收包 receiveDp,并实例化,参数 buff 为数据包接收的容器,buff.length 为数据包容器的大小//
UDPclient.receive(receiveDp);
    //接收数据//
byte[] data = receiveDp.getData();
    //从数据包的容器中获得接收的数据//
UDPclient.close();
    //关闭 UDP 通信//
```

4.3　数据采集层设计

采集软件设计是物联网应用软件开发的重要环节，是影响软件整体可靠性的重要因素之一。软件开发者通常认为计算机硬件是非常可靠的，在我们日常编程经验中基本验证了这一点。但采集软件不同，一方面由于计算机与传感设备通信，时常会受到现场环境中其他设备因素的干扰；另一方面通信本身不是完全可靠，存在一定的误码率，随着设备老化，这种情况会日趋严重。再者，由于采集软件设计得不够周密，当大量传感设备中的一个设备发生故障时，会导致整个数据采集软件崩溃。为解决上述问题，本节将给出经过多年验证、比较完善的数据采集软件设计方案。

4.3.1　设计策略及结构

在进行采集软件设计时，为保证单机应用层与传感设备之间的低耦合性和采集软件的运行可靠性，采用如下设计策略。

1. 扩展策略

把每一种类型传感设备的数据采集程序写成一个类，该类提供一个供外部类调用的接口，该接口提供的返回值为获取的传感数据。当采集系统新增加一个新的数据采集设备时，可扩展的数据采集软件系统只需要按要求在数据采集模块中增加一个对应的数据采集类函数即可，软件结构及其他代码无需改变。

2. 复用策略

数据采集层软件在不同的应用场景经常面临一个问题——传感设备型号发生不同程度的变化，这种变化可分为两种情况：①数据采集层软件中已完全集成了传感设备的数据采集程序；②部分或全部型号的传感设备的数据采集程序在数据采集层软件中还没有。对于第一种情况，参数配置与数据采集系统之间通过配置文件进行连接。配置文件具有对传感设备的型号、接口及采集参数进行描述的功能。因此，可通过参数配置来描述新应用场景的传感设备，使采集层软件实现功能自适应。对于第二种情况，首先需要进行系统扩展，然后根据第一种情况进行实现。

3. 控制策略

在一般的传感网应用软件系统中，数据采集程序出现问题的概率相对较大，为了能够有效地预防这些问题的发生，可通过对采集程序加控制外壳的方式提高其可靠性。外壳程序负责控制、监视采集软件的运行状态，必要时清除内存采集软件，实现采集软件的重新载入。

4.3.2 数据交换方式

数据采集层软件的目的是为单机应用层提供传感数据、传感设备状态和传感设备硬件描述信息，因此需提供与单机应用层信息交换的接口。这种接口可采用多种方式实现，不同的接口方案具有不同的特点。

1. 内存方式

采用内存方式，需要把管理层软件和数据采集层软件部署在同一台计算机上。为了实现内存数据交换，需要在内存中开辟数据交换区域，在该区域建立缓存队列数据结构。在对内存中数据进行读写时，要考虑单机应用层软件与采集层软件之间的互斥与同步，避免缓存溢出。这种方法的优点是数据交换速度快，缺点是软件调试复杂、排除故障困难。

2. 文件方式

采用磁盘文件进行数据交换，可把单机应用层软件和数据采集层软件部署在同一台或不同的计算机上。通过约定磁盘文件的位置和结构，单机应用层和数据采集层可以实现数据交换。这种方法的优点是数据交换直观，数据文件可见，发现问题和排除故障相对容易。其缺点是需要解决单机应用层软件与采集层软件之间的互斥与同步问题，交换速度相对较慢。

3. 网络方式

网络方式通常采用程序套接字实现（Socket）。这种方式建立在 TCP/IP 或 UDP 协议基础上，速度相对较快，且易于实现接口的标准化，部署灵活。套接字结构包括协议、本地地址、本地端口、远程地址、远程端口。操作系统会为本地建立的套接字分配唯一的套接字标识号，程序按标识号使用套接字进行网络通信。套接字主要分为两类：流套接字（SOCK_STREAM）和数据报套接字（SOCK_DGRAM）。流套接字是面向连接的，提供双向、有序、无差错、无重复并且无记录边界的数据流服务，适用于处理大量数据。数据报套接字是无连接的，支持双向的数据传输，具有开销小、数据传输效率高的特点，但不保证数据传输的可靠性、有序性和无重复性，适合少量数据传输及时间敏感的数据传输。

单机应用层与数据采集层的通信结构如图 4-21 所示。由于单机应用层软件需分别和控制模块及通信模块交互，因此数据采集层的外部接口采用两个端口，即两个套接字实现。给控制模块发命令选择网络端口 2，给数据通信模块发命令则选择网络端口 1。

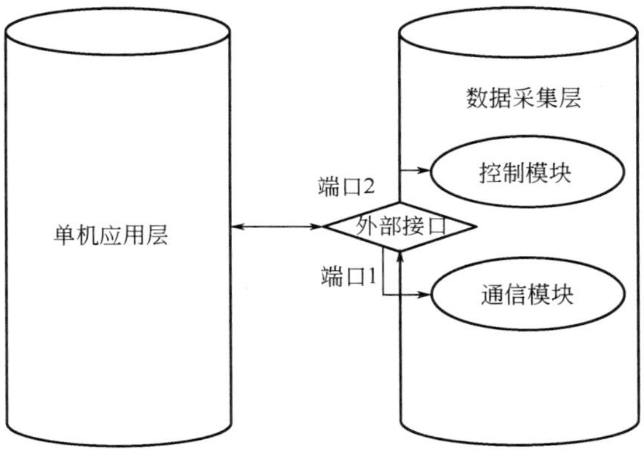

图 4-21
单机应用层与数据采集层的通信结构

4.3.3　数据结构与算法

为编写数据采集软件，需要对数据结构和软件算法进行精心设计，以确保数据采集软件的扩展性和复用性，与上层软件的低耦合性和数据采集的高效性。对于数据采集软件的扩展性，要尽量做到在增加或更换新传感设备时，数据采集软件的整体结构不变，软件的改动降到最低。对于软件的复用性，要做到在不同的应用场景，相同传感设备采集软件模块要能够复用，无需修改代码。上层软件的低耦合性指当采集软件因传感设备种类或数量变化而发生改变时，对本地应用客户端软件的影响降到最小。为实现上述要求，下面从数据结构和采集算法两方面进行叙述。

1．数据结构

数据采集需要被测设备的相关信息，采集程序通过读取这些信息文件，获取设备的属性、接口和传感参数信息，根据设备类型，调用对应的采集函数，对相应设备进行数据采集，并在采集结束后，根据传感参数全局 ID 进行存储。数据采集以设备为单位，传感设备信息包括属性、接口和传感器参数。

1）传感设备

传感设备模型的建立对于提高物联网系统输入参数的自适应性具有重要作用。传感设备信息如图 4-22 所示，图 4-22 的节点说明见表 4-7。

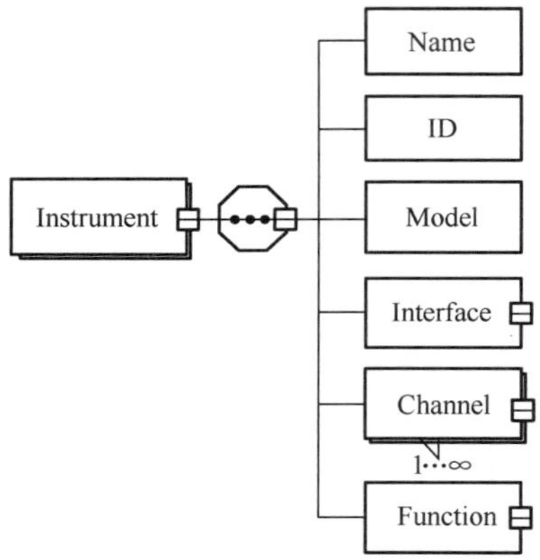

图 4-22
传感设备信息

表 4-7　传感设备信息节点说明

序号	条目	说明
1	Instrument	传感器设备
2	Name	传感设备名称
3	ID	传感设备编号，唯一标识
4	Model	传感设备型号
5	Interface	传感设备接口
6	Channel	传感设备通道，可以包含多个
7	Function	采集函数，包含名称及文件路径

2）通信接口

传感设备模型中的设备通信接口（Interface）信息如图 4-23 所示，其说明见表 4-8。

由于一个传感设备占用计算机的一个 RS-232 接口，通过串口号可识别连接该接口的传感设备，因此和 RS-232 接口的传感设备通信不需要地址。对于 RS-485 接口，理论上每个接口可连接 256 个设备，需要设置地址（Address）来表示同一接口上的不同设备。

3）通道信息

图 4-22 中的通道（Channel）信息如图 4-24 所示，其说明见表 4-9。

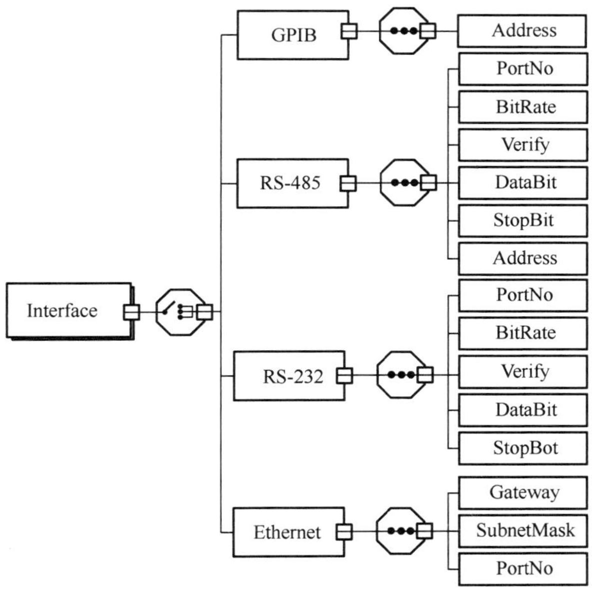

图 4-23 传感设备模型设备通信接口信息

表 4-8　传感设备接口信息说明

序号	接口类型	条目	说明
1	GPIB	Address	地址，用于区分不同的 GPIB 设备
2	RS-232	PortNo	计算机的串口号
		BitRate	通信速率
		Verify	校验位形式，如奇、偶校验等
		DataBit	数据位长度
		StopBit	停止位长度
3	RS-485	Address	RS-485 设备地址
		…	其余五项与 RS-232 相同
4	Ethernet	IP	IP 地址
		Gateway	网关
		SubnetMask	子网掩码
		PortNo	端口号

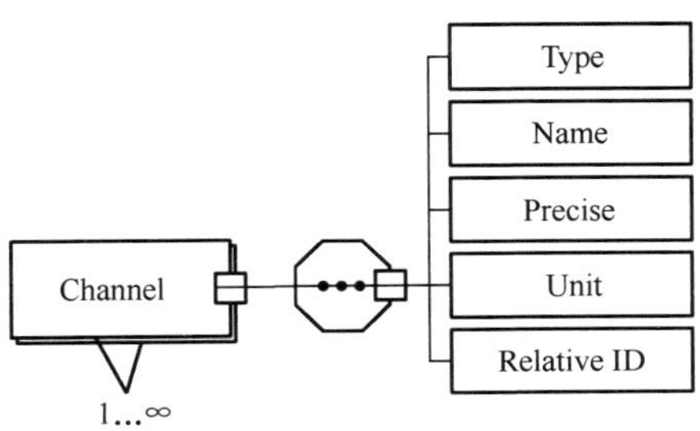

图 4-24 传感设备通道信息

表 4-9 传感设备通道信息说明

序号	条目	说明
1	Type	设备通道类型
2	Unit	采样通道物理单位
3	Precise	数据显示精度
4	Name	传感参数名称
5	Relative ID	传感参数相对编号

传感设备通道的属性包括传感设备类型、单位、精度、名称和相对编号。用户可对设备通道的 Precise 属性进行设置，如将温度值的显示精度设置为小数点后 1 位。传感设备通道的 Relative ID 属性用于区分同一传感设备内的不同传感参数。

图 4-22 中的函数（Function）信息如图 4-25 所示，其说明见表 4-10。

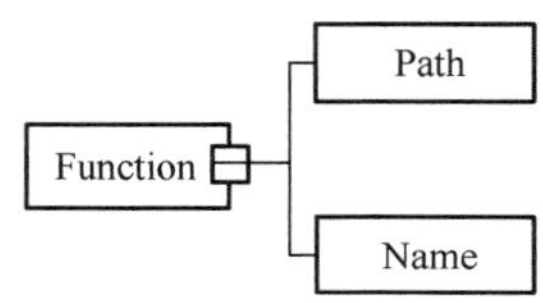

图 4-25 函数信息

表 4-10 函数信息说明

序号	条目	说明
1	Function	采集函数
2	Path	函数路径
3	Name	函数名称

函数的路径（Path）属性代表函数库所在的位置，当用户需要修改数据采集软件功能时，可以直接修改函数库内的采集函数，而不用对软件其他部分进行改动。

2. 采集算法

目前数据采集算法主要包括串行采集和并行采集两种。

1）串行采集

串行数据采集算法中，计算机按照顺序，依次向每个传感设备发送数据采集命令，收到返回数据后，发送下一个传感设备的数据采集命令，具体处理算法如下所示，直到所有传感设备读取一遍，完成一次数据采集，将最终获取的数据发送给单机应用层。

```
1:初始化与传感设备相连的计算机通信接口
```

```
For i= 1 to n     //传感设备数量 n//
向传感设备 i 发送读取数据命令
等待传感设备响应
接收传感设备 i 的返回数据
数据解析处理
Next  i
将所有采集数据发送给单机应用层
```

2）并行采集

并行采集算法的核心思想是统一发送所有设备的命令，等待所有数据返回完毕后进行分析。算法过程如下所示。该算法通过各传感设备响应周期的重叠，减少等待时间，从而可缩短数据采集周期。

```
初始化与传感设备相连的计算机通信接口
For i= 1 to n     //传感设备数量 n//
向传感设备 i 发送读取数据命令
Next i
For i= 1 to n
判断传感设备 i 是否返回所有数据?
若返回,数据解析处理
若未返回,在时间上限内继续等待,否则舍弃该设备
Next i
将所有采集数据发送给单机应用层
```

3）算法分析

传感设备数据采集软件的运行效率，对于传感设备的数据采集周期具有重要影响。在要求快速数据采集的场合，若不对数据采集软件进行算法优化，将不能很好地满足用户需求，下面对上述两种算法的数据采集周期进行分析。

当采集函数向传感设备发送数据采集命令后，由于传感设备本身也是智能设备，不同传感设备 CPU 性能和运行负荷不同，响应数据采集命令的时间不同。为简化算法设计，通常用两种方法判断传感设备数据采集响应结束，一种是采用返回数据的字节数判断，另一种是等待固定长度的时间 $t_{\max}$。例如，传感设备的数据采集时间一般不超过 300ms，则可在发送数据采集命令后等待 300ms 后去获取传感数据。

（1）串行采集周期：假设有 N 个传感设备，每个传感设备的数据采集响应时间为（i=1，2，…，N），则串行采集算法的采集周期约为 $T=\sum_{i=1}^{N} t_i$。若采用等待固定周期 $t_{\max}$ 的方法，采集周期为 $T=Nt_{\max}$，$t_{\max}=\max(t_1, t_2,\cdots,t_N)$。

（2）并行采集周期：对于并行数据采集算法，假设有 N 个传感设备，L 个接口，每个接口有 M_j 个设备（j=1，2，…，L；$N=\sum_{j=1}^{L} M_j$），若一个接口所有传感设备数据采集完需要的时间为 t_j，则并行算法采集周期 $T=\max(t_1, t_2,\cdots,t_N)$，若每个接口连接一个传感设备，则采集周期为最短，$T=\max$（$t_1$，$t_2,\cdots,t_N$）。

从以上分析可以看出，在采集周期方面，并行数据采集算法总体上优于串行采集算法；在编程方面，串行采集算法实现起来相对简单。

另外，无论是采用串行采集算法还是并行采集算法，通过计算机收到的每个传感设备返回数据的字节数，可以更及时地判断该传感设备响应周期的结束，因不同类型的传感设备响应周期差别较大，见表 4-11。但采用字节数判断响应周期结束的方法存在的问题是占用 CPU 时间较多，导致运行负荷较重，有时会导致用户操作请求迟钝。为解决这一问题，可采用折中算法，即首先采用字节数判断方法，同时统计每个传感设备的数据请求响应时间，统计完毕后，转入等待固定时间的判断方法，等待期间采用休眠函数。

我们通过计算机实际运行对该算法进行了验证，如图 4-26 和图 4-27 所示。从这两个图的比较可以看出，采用字节数判断响应结束的 CPU 使用率，明显高于根据统计周期等待响应周期结束的 CPU 使用率。

表 4-11　传感设备响应时间实测统计数据

传感设备	最大时间/ms	最小时间/ms	平均时间/ms	标准差
设备 1	63	46	54.56	7.9149
设备 2	110	62	77.78	9.7042
设备 3	148	101	121.98	16.8727
设备 4	47	31	45.42	4.7417
设备 5	47	31	35.40	6.7853
设备 6	63	46	54.08	7.7610

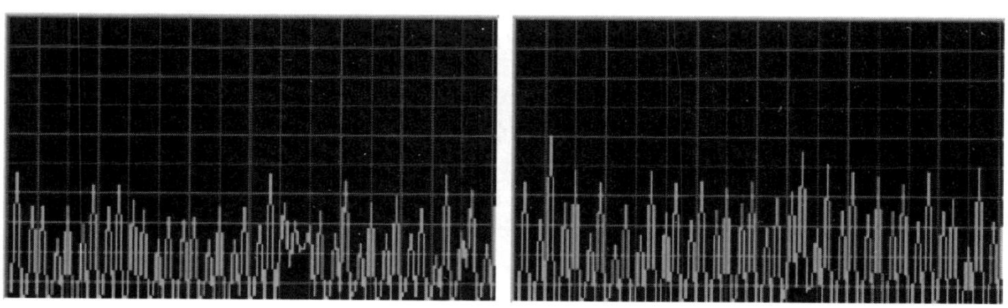

图 4-26　采用字节数判断响应结束的 CPU 使用率

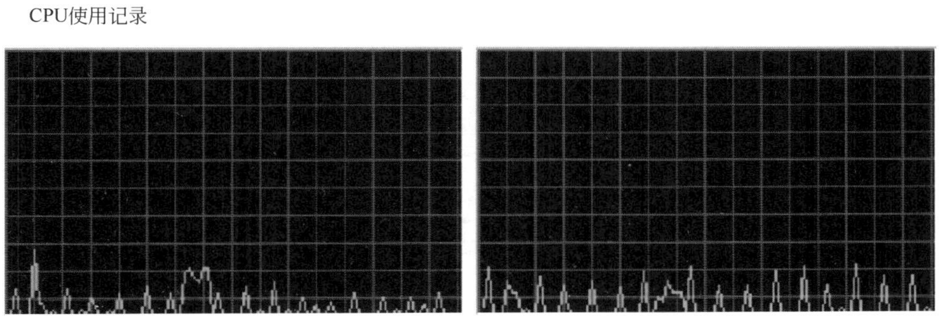

图 4-27　根据统计周期等待响应周期结束的 CPU 使用率

4.4　模块结构及流程

1．模块结构

采集软件在运行过程中，干扰或通信故障等原因，经常导致通信函数程序不能正常返回。特别是有些通信函数由传感设备厂商提供，对于应用开发者，无法对通信函数内部逻辑进行控制，轻者影响数据采集周期，严重者导致数据采集中断，管理人员若不能及时发现，造成较长时间的采集数据缺失，将严重影响用户工作的正常进行。为解决此类问题，所设计的数据传输软件结构如图 4-28 所示。其中包括控制模块和通信模块。控制模块接收单机应用层的控制命令，根据命令要求，实现对通信模块的加载、退出或重启控制。该模块可作为操作系统的一个服务进程，每次计算机开机自动启动，启动之后等待单机应用层的控制命令。通信模块提供单机应用层软件获取传感数据的接口，根据单机应用层发送的获取数据的命令，利用相应的通信协议和传感设备进行通信，获得传感设备的返回数据，解析后发送给单机应用层。

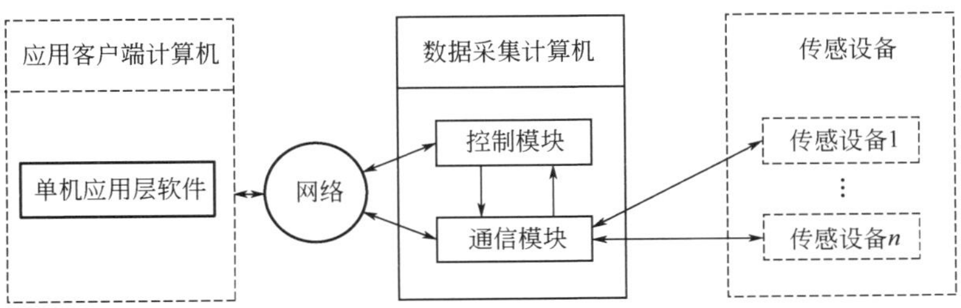

图 4-28
数据传输软件结构

数据采集软件的组成结构如图 4-29 所示，其中通信模块由主控单元、文件传输单元、计算机接口初始化单元、数据采集单元和配置文件读写单元组成。

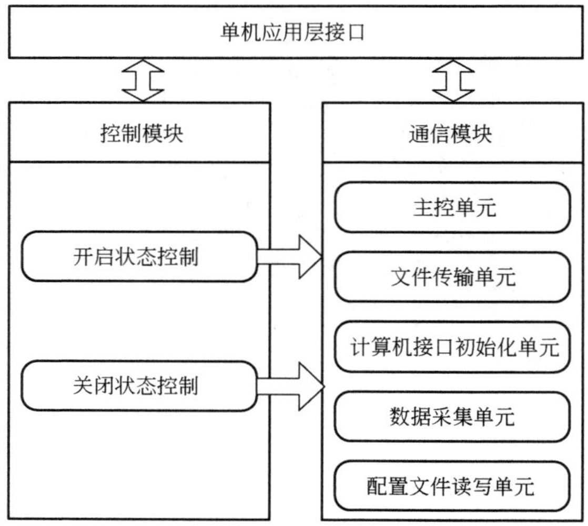

图 4-29
数据采集软件的结构

（1）主控单元：根据配置好的参数加载其他单元，对整个模块进行初始化，提供单机应用层从通信模块获取数据的接口，接收单机应用层的获取数据命令，调用其他单元完成从传感设备获取数据的任务。

（2）文件传输单元：实现传感设备配置文件向单机应用层的传输功能。

（3）计算机接口初始化单元：根据配置文件中的信息，实现对计算机 I/O 接口的初始化工作，并提供操作相应计算机 I/O 接口的实例对象。

（4）数据采集单元：实现对数据采集设备的通信控制，并获取数据采集设备中的传感数据。

（5）配置文件读写单元：提供对配置文件的读写功能，可以读取和修改配置文件中任何标签的值和属性。

2. 运行流程

数据采集层的控制模块和通信模块是两个较为独立的软件模块，其中控制模块在所安装的计算机开机时自启动，并进入等待单机应用层发送命令状态，根据单机应用层的命令加载通信模块软件。通信模块加载后，根据单机应用层的数据读取命令，定期与传感设备进行通信，把所获得的传感数据发送给单机应用层，下面给出这两个模块的主要运行流程。

1）控制模块运行流程

控制模块通过建立 UDP 连接接收单机应用层的命令，根据接收的命令类型执行后续的操作，具体运行流程如下所示：

```
1:开机自启动
2:与单机应用层建立网络连接
3:等待获取单机应用层命令
```

```
4:启动通信模块命令?
5:若是,加载通信模块程序
6:停止通信模块命令?
7:若是,关闭并把通信模块程序从内存中清除
8:返回步骤 2
```

其中来自单机应用层的控制命令有两种：启动通信模块程序和关闭通信模块程序，分别对应单机应用层发送的控制命令 Start 和 Stop。执行 Start 命令，需要启动通信模块程序，因此必须具有通信模块程序的路径信息，可通过把通信模块程序存放在控制模块程序运行目录下的方式实现。当单机应用层软件发现通信模块不能进行正常响应而失去控制时，向控制模块发送Stop命令，由控制模块强行关闭通信模块。关闭后，单机应用层通过再向控制模块发送 Start 命令，实现通信模块的重新加载，从而避免通信模块长时间中断导致传感数据缺失的现象。

2）通信模块运行流程

通信模块共包含五个单元，下面主要介绍主控单元和数据采集单元的运行流程。

（1）主控单元运行流程。主控单元是通信模块的关键单元，采用网络方式接收来自单机应用层的命令,并具有向单机应用层发送配置文件和采集的传感数据及传感设备控制功能。主控单元运行流程如下所示：

```
1:与单机应用层建立网络连接
2:初始化计算机通信接口
3:等待获取单机应用层命令
4:数据采集或传感设备控制命令?
5:若是,调用数据采集单元程序,实现数据采集或传感设备控制;把采集数据或控制
反馈信息发送至单机应用层
6:返回步骤 3
7:读取配置文件命令?
8:若是,调用配置文件读写单元程序,把读取的文件发送给单机应用层
9:返回步骤 3
```

（2）数据采集单元运行流程。对于建立网络连接，可选用 UDP 网络通信协议来获取单机应用层的命令，UDP 通信协议建立连接简单，不需双方握手，当单机应用层软件意外关闭时，不会对数据采集层造成影响。数据采集单元实现对传感设备的传感数据采集和传感设备控制，其运行流程如下所示：

```
1:获取主控单元命令
2:数据采集命令?
3:若是,采用串行采集或并行采集算法进行数据采集,把解析后的采集数据返回主控单元
```

```
4:传感设备控制命令?
5:若是,向设备发送控制命令,把控制反馈信息返回主控单元
```

在数据采集单元中，需要根据不同的传感设备调用不同的数据采集函数，在每个数据采集函数中，采用相应传感设备约定的命令与该传感设备进行交互。

本章小结

建立物联网系统，一个重要的环节是选用成熟的传感设备产品进行硬件连接，连接方式主要取决于计算机与传感设备的接口方式。因此本章主要介绍了传感设备与计算机之间的通信接口，包括 RS-232、RS-485、GPIB、有线网络和无线网络。当进行接口连接时，需要计算机和传感设备通信接口的类型保持一致，因计算机标准配置的接口类型有限，不能完全满足与各种传感设备硬件接口互连的要求，为此介绍了多种接口转换器，通过这些接口转换器的使用，满足了计算机和传感设备接口互连的需求。在此基础上，阐述了计算及获取传感设备数据的编程方法、主要算法和采集软件的设计结构，为后续的物联网设计开发奠定了初步基础。

第 5 章　单机应用层

单机应用层主要用于从数据采集层获取传感器及传感设备状态数据，有时兼有传感设备控制能力；实现监测对象等描述信息的录入和对应传感器信息的关联存储，可为用户提供以监测对象等索引为核心的传感数据显示、传感参数变化曲线显示和统计分析等功能。单机应用层是单机应用客户端软件的总称，本章主要阐述单机应用层客户端的设计和开发方法。

单机应用层客户端主要分为硬件控制模块，监测对象等索引信息的索引管理模块，进行传感器名称标示等设置的传感器管理模块，实现数据采集层交互、数据存储、缓存调度的数据管理模块，以及数据列表、曲线显示、查询与输出和数据分析等模块。一种常用的单机应用层客户端模块结构如图 5-1 所示。

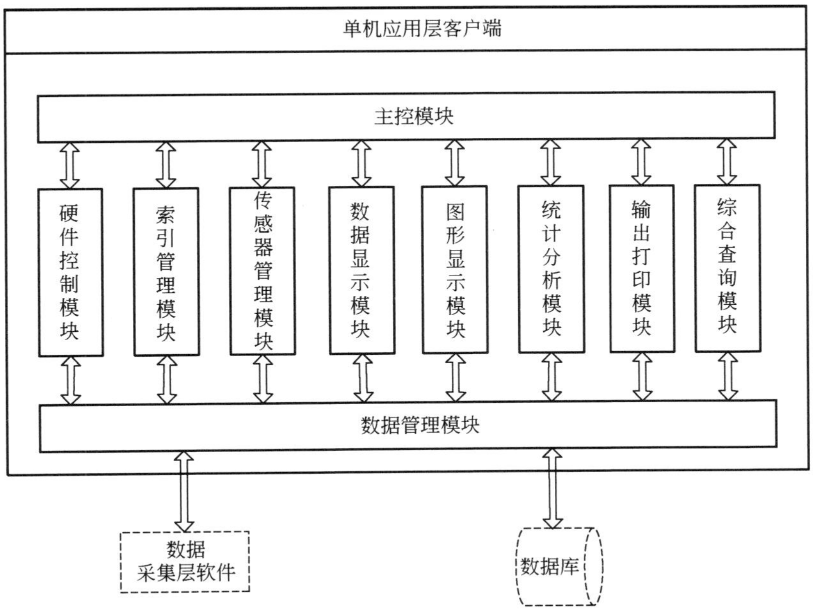

图 5-1
单机应用层客户端
模块结构

为降低传统仪器的成本和提高仪器性能，生产厂商曾提出把仪器的显示屏和仪器按钮虚拟显示到计算机屏幕上，利用虚拟按钮实现仪器实际按钮的功能。把连接传感器并实现仪器功能的计算机软硬件系统称为虚拟仪器，其中软件部分称为虚拟仪器软件。虚拟仪器软件与单机应用层客户端功能的主要区别在于，虚拟仪器软件只是把传统仪器的功能复制到计算机中。虚拟仪器软件与传统仪器一样，依靠人工实现监测对象和传感数据之间的联系，而单机应用层客户端自动实现监测对象和传感信息的关联存储，并具有各种以监测对象等索引为核心的数据管理和分析功能。本章将对单机应用层客户端各模块的功能进行介绍，因这些功能和传感设备硬件环境密切相关，在介绍各模块前，先对单机应用层客户端软件应用中典型的硬件环境进行简要说明。

5.1 硬件环境

物联网系统的相关硬件可分为两类，即控制系统硬件和监测系统硬件。控制系统硬件通过控制器和执行器实现控制对象状态的自动调节，如温度控制器通过控制加热管实现温度的自动加热控制。监测系统硬件主要是指带有通信接口的传感设备，下面分别进行说明。

1. 控制系统硬件

不同的应用领域，控制硬件的结构不同。下面针对典型的工业应用和智能家居两种应用场景进行简要阐述。

1）工业应用

实际应用过程中，并不是每个物联网应用系统都包含控制系统硬件，工业领域一种典型物联网应用系统中所包含的典型控制系统硬件结构如图 5-2 所示，其中控制器主要分为两类，即控制仪表和 PLC（可编辑逻辑控制器），较成熟的控制系统采用控制仪表，如温度控制和压力控制等。对于一些特殊要求的控制系统可采用 PLC，通过在 PLC 中编程实现不同应用场景的控制。PLC 的控制既可以是前馈控制，如对继电器的闭合和断开控制；也可以是闭环的反馈控制，如温度控制系统。在这种控制系统中，控制器接收来自计算机的控制目标值，自动实现控制对象的控制，计算机发送给控制器的目标值通常来自人工输入。实际上，大多数控制器可直接人工输入目标值，受控制器硬件的限制，输入过程较为烦琐，而从计算机上输入目标值，操作直观明了，界面更加友好。

在控制系统硬件中，计算机通过接口与控制仪表或 PLC 相连，单机应用层通过数据采集层软件，利用接口把控制目标值发送给控制仪表，或从控制仪表获取控制对象状态的当前值。对于控制对象状态的自动控制过程，全部由控制器或 PLC 自动完成。因此，物联网应用软件开发者无需了解自动控制过程的原理细节。

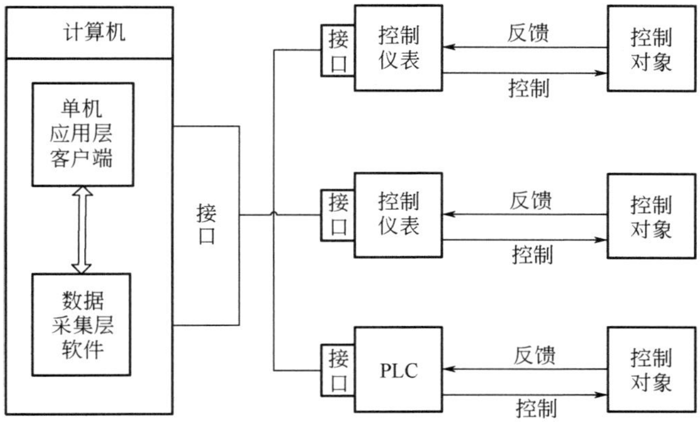

图 5-2
典型控制系统硬件结构

2）智能家居

目前智能家居产品方兴未艾，各种智能开关、智能家电正在蓬勃发展，各大家电厂商纷纷在该领域进行布局。目前存在的主要问题是关于智能家居的互联协议还没有主导标准，甚至有些厂商为进行市场垄断，不开放产品互联接口，制约了智能家居的广泛应用和快速发展。任何一项新技术的普及和应用都需要一个过程，因此智能家居产品互联是大势所趋，突破互联障碍，实现广泛应用只是时间问题。图 5-3 给出了智能家居互联控制的参考结构。智能家居中仪表和电器的接口，目前生产厂商主要采用 ZigBee 接口。控制网关有两个接口，为实现互联，右侧接口需和智能家居中的其他电器及仪表接口相同，即采用 ZigBee，控制网关的左侧接口可采用无线 WiFi 或有线 Ethernet 网络接口。

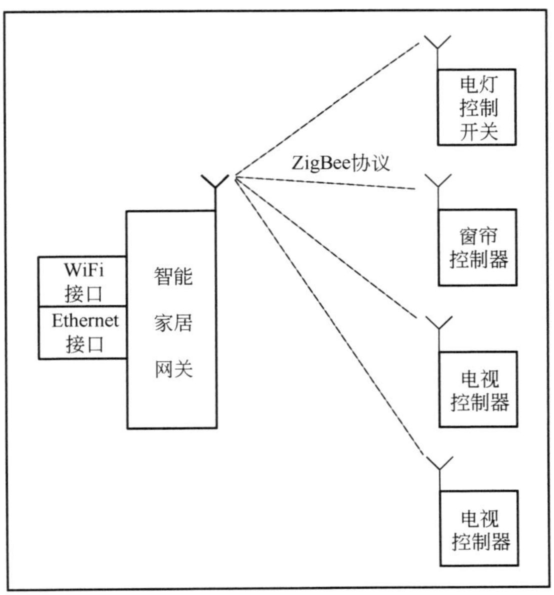

图 5-3
智能家居互联控制的参考结构

计算机或手机移动终端，可利用 Ethernet 接口和 WiFi 接口，实现智能家居的控制。

2．监测系统硬件

较复杂的监测系统硬件结构如图 5-4 所示，各种类型传感设备的传感器重新组合后重新根据监测单元进行划分，每个监测单元的传感器负责监测一个监测对象。其中的“传感器组合池”在实际中并不存在，只是为了在图中表示各种传感设备的传感器组合应用根据监测单元进行划分的含义。

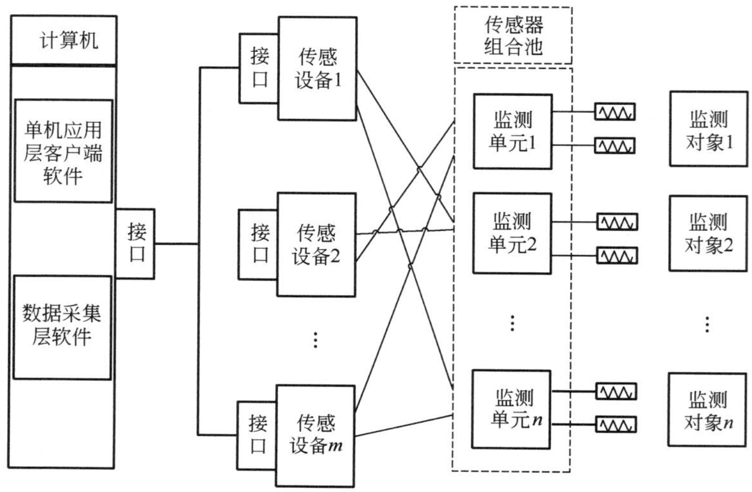

图 5-4
监测系统硬件结构

监测单元在实际中是存在的。例如，在工业产品的性能检测试验室，每个监测单元布署了各种来自不同传感设备的传感器，该监测单元在工业应用中被称为一个“工位”，每个“工位”提供放置一台被测产品的空间位置，以及测试该类产品所用的各种传感器，该产品即是图 5-4 中表示的“监测对象”。

同样，对于物联网客户端，只是利用数据采集层软件，从计算机接口获取各种传感设备的传感器数据，这些传感器数据需和监测对象对应后进行存储及显示、分析，否则获得的传感数据将失去实际意义。

5.2 硬件控制模块

为实现和物联网控制硬件系统的交互，单机应用层客户端需要具有相应的硬件控制模块，该模块的功能将根据控制硬件环境和用户需求确定，本节将针对 5.1 节中的控制硬件环境，给出两种硬件控制模块的软件参考界面。

1．工业应用

结合 5.1 节中的控制硬件，假设图 5-2 中两个控制仪表的控制对象为室内温度和室内相对湿度，分别通过加热器和加湿器实现。加热器的制作原理是在带有螺旋片的不锈钢管内放入带有绝缘材料的电阻丝，电阻丝通电后产生热量。温度控制仪表通过控制加热器产生热量的多少控制房间温度。加湿器原理是把加热管放入水箱中，湿度控制仪表通过控制加湿器水箱产生水蒸气的多少来控制房间相对湿度。温度控制过程中，不仅需要加热升温，而且需要制冷降温，制冷降温是靠压缩机完成的，原理与家庭中使用空调原理相同。由于频繁开关会导致压缩机损坏，因此在温度控制过程中，压缩机处于常开状态，当控制仪表控制加热管的加热量大于压缩机制冷量时，温度会升高，否则会降低或处于平衡。对于相对湿度控制，当水箱加热产生的水蒸气大于房间内的蒸发量时，相对湿度增加，否则降低或平衡。

PLC 主要实现加热器、加湿器和循环风机的开关控制。当风机处于关闭或故障状态时，必须实现加热器和加湿器的自动关闭，否则由加热器产生的热量不能及时输送至房间循环，会产生局部能量聚集而发生火灾。针对此硬件场景，典型的软件控制模块界面如图 5-5 所示。

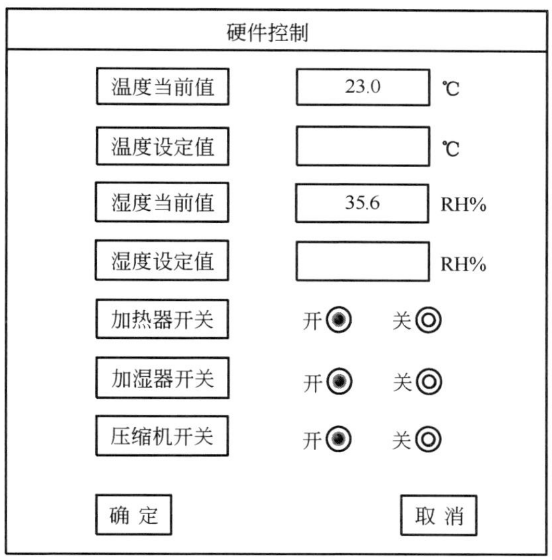

图 5-5
软件控制模块界面示意图

从图 5-5 可以看出，软件控制模块只需输入控制目标值，如温度设定值和相对湿度设定值，以及开关的控制状态，软件把这些信息通过接口传送给控制仪表及 PLC，软件任务即告完成，其余过程由硬件自动执行。

2．智能家居

结合图 5-3 智能家居中的硬件环境，给出可参考的物联网应用软件控制模块，如图 5-6 所示。

从图 5-6 中可以看出，首先在智能家居手机操作界面中选择需要控制的房间，其次选择该房间需要控制的对象，如“窗帘”。通过在界面中沿箭头方向进行滑动，手机软件通过 WiFi 或网络服务器向智能家居网关发送相应的命令，智能家居网关会自动控制窗帘电动机转动打开窗帘。其他控制过程类似，手机软件只需和智能家居网关进行命令交互。

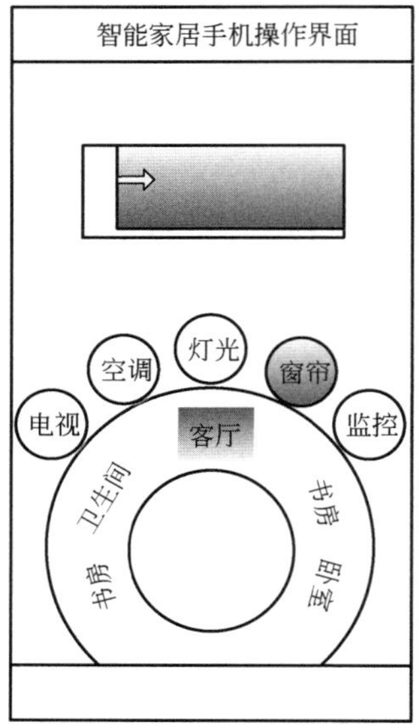

图 5-6 物联网应用软件控制模块示意图

5.3 索引管理模块

单机应用层客户端系统中，监测对象是核心，所有传感器数据的采集、显示、分析统计等功能，都是围绕监测对象进行的。除此之外，为便于对传感数据进行查询和分析，还有一些与监测相关的辅助描述信息需要录入，监测对象描述数据和辅助描述数据统称为监测索引数据，索引管理模块实现监测索引数据的录入功能，索引数据具体内容因应用场景不同而不同，下面给出三种不同场景的监测索引数据，见表 5-1～表 5-3。

表 5-1 电冰箱测试索引数据

序号	描述条目	填写内容	备注
1	测试编号		用户输入
2	产品编号		用户输入
3	产品型号		选择录入
4	试验项目		选择录入
5	委托单位		用户输入
6	测试标准		选择录入
7	测试人员		选择录入

表 5-2　海洋监测索引数据

序号	描述条目	填写内容	备注
1	平台名称		用户输入
2	位置经度		用户输入
3	位置纬度		用户输入
4	负责单位		用户输入
5	联系人		选择录入
6	联系方式		选择录入

表 5-3　分布式机房监测索引数据

序号	描述条目	填写内容	备注
1	机房简称		用户输入
2	机房地址		用户输入
3	负责人姓名		选择录入
4	联系手机		选择录入
5	联系邮箱		用户输入

其中表 5-1 主要包含被测产品、测试方法及测试人员等信息，表 5-2 包含海洋监测平台位置、负责单位和人员等信息，表 5-3 包含被监测机房名称、地点和负责人员信息。通过以上给出的三种索引数据内容可以看出，对于不同类型的物联网应用系统，其索引数据中索引条目名称和索引条目数量不同，因用户应用需求而定。

对于索引数据的录入，主要分为两种类型：①监测对象固定不变，监测索引数据只需录入一次，如上面提到的海洋监测和分布式机房监控；②监测对象变化，每当监测对象变化时，都需要重新录入监测索引信息，如上面提到的电冰箱测试。因在电冰箱生产企业中，需要不断测试新设计或生产的电冰箱产品，为便于今后查询相应测试结果，每次测试时都要对电冰箱的标识等信息进行录入和存储。输入索引数据的方式主要包含两种，即用户直接输入和选择输入。

5.4　传感器管理模块

在物联网应用系统中，涉及各种传感设备及其传感器，为了实现传感器与监测对象之间的对应和各种数据运算，物联网应用软件需要对传感器进行各种管理，下面分别进行阐述。

1. 传感器划分

在实际应用过程中，为了实现某个对象的监测，通常需要多个各种类型的传感器。另外，由于经常需要对多个对象进行同时监测，物联网系统需配备的传感器类型和数量较多。为了节约硬件投资成本，物联网系统设计时需要选择价格合理、质量可靠、可带有较多传感器的传感设备。实际应用时，把所有传感设备的传感器汇集后，再根据需要进行分组划分，把划分后的每组传感器安装在不同的区域位置，在工业领域通常把每个区域位置称为一个“工位”或“台位”。在每个“工位”，除了安装有所需的各种类型传感器外，还可放置一台被测产品对象，并配有电源插座供被测产品使用。

2．传感器设置

“工位”中提供的传感器，一般是各种监测所需传感器的最大集合，对于每一次监测，只需要使用其中的部分传感器，因此，在开始某项具体监测时，需要在软件中设置实际使用的传感器。在每个“工位”中，为了计算某些传感器的集合特征，如最大值、最小值和平均值等，需要给这些传感器的集合赋予名称，为便于用户理解，该集合名称通常称为“分组名称”。为了区别同类型的不同传感器，以及在使用软件时便于用户识别各个传感器，需要为每个传感器赋予不同的名称。即使对于同一个传感器，为了便于记忆，传感器名称通常和应用场景紧密结合，在不同监测项目中赋予不同的名称，因此传感器的名称在软件中是动态变化的，下面给出一个传感器设置的典型界面，如图 5-7 所示。

传感器管理

序号	使用	分组名称	传感器名称
1	☑	冷冻室	冷冻1
2	☑	冷冻室	冷冻2
3	☑	冷冻室	冷冻3
4	☑	冷藏室	冷藏1
5	☑	冷藏室	冷藏2
6	☑	冷藏室	冷藏3
7	☑	冷藏室	冷藏4
8	☑	冷藏室	冷藏5
9	☐		
10	☐		

确认　　取消

图 5-7
传感器设置典型界面

从图 5-7 可以看出，该“工位”可用的传感器共有 10 个，“使用”一列勾选对应编号的传感器，表示在该监测对象监测过程中将使用该传感器。“分组名称”列中的每一行，表示该传感器所在分组的名称，如“冷藏室”“冷冻室”等。

“传感器名称”列中的每一行表示给对应传感器赋予的便于记忆和区分的传感器名称。

5.5　导航模块

单机应用层客户端中涉及较多的监测对象，且由于每个监测对象对应的传感信息较多，为便于用户仔细观察，软件屏幕通常只显示一个监测对象的信息。用户使用过程中，需要在不同的监测对象间进行选择和切换，为此单机应用层客户端中需提供监测对象的选择界面，通常情况下，监测对象选择界面包括如下四种。

5.5.1　名称列表

系统把监测对象的简要名称存放在一个列表中，供用户选择使用。在软件设计时，列表长度应根据监测对象的数量动态可扩展，当扩展受到屏幕空间限制时，在列表中增加滚动条，以便使该软件模块具有较大适应性和扩展性。两种应用场景的监测对象选择界面如图 5-8 和图 5-9 所示。

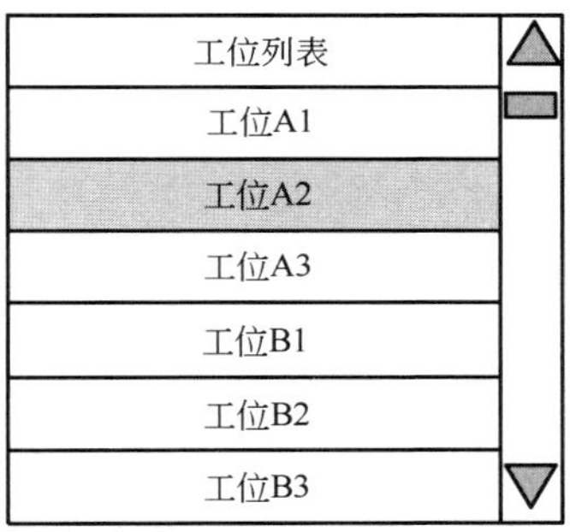

图 5-8
电冰箱测试工位列表

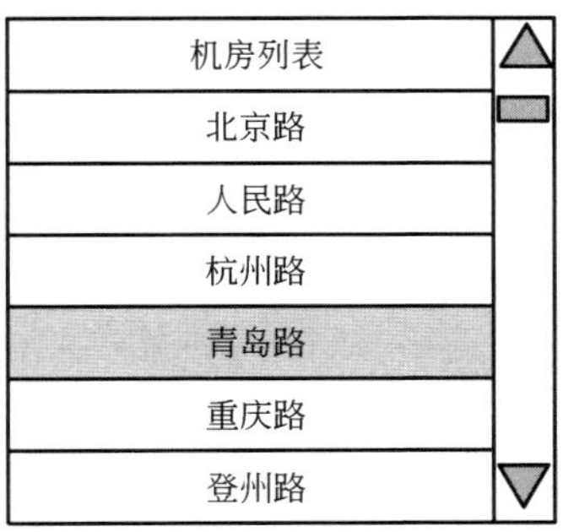

图 5-9
电视信号中继机房列表

其中图 5-8 中的监测对象选择用于电冰箱测试客户端软件中，因每一个工位只能放置一台电冰箱作为被测产品，工位名称和正在进行测试的被测产品一一对应，为简化软件界面，用工位名称代替监测对象。同样，在有线电视中继机房监控系统中，由于机房位置分散在市区等不同位置，用机房所在的路名代替监测对象“机房”简单明了，在机房监控客户端软件系统中，采用图 5-9 所示的名称列表进行监控对象选择。图 5-8 和图 5-9 中，背景为灰色的列表项，代表被用户选中正在查看的监测对象。

5.5.2 树形结构

系统以树形结构形式显示监测对象的索引目录。在该结构中监测对象和叶子节点对应，上级节点由具体应用场景确定。电冰箱测试和海洋监测的监测对象树形结构显示界面如图 5-10 和图 5-11 所示。

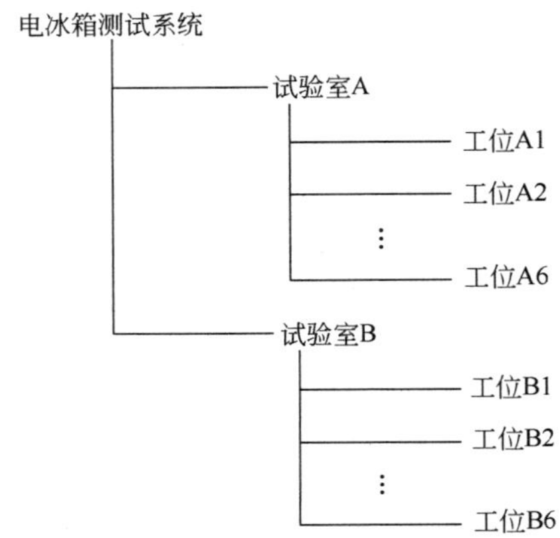

图 5-10
树形结构显示界面 1

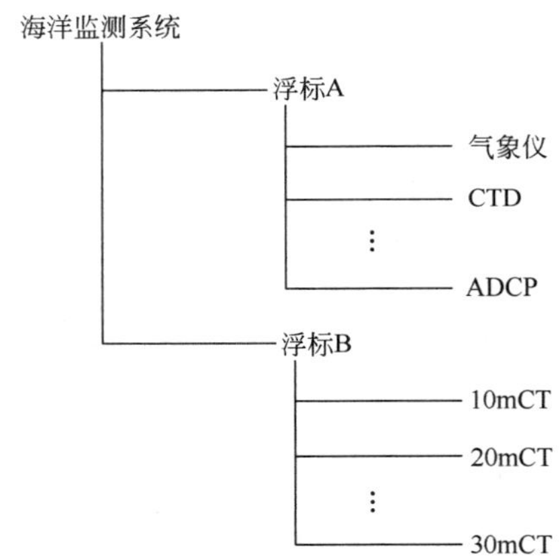

图 5-11
树形结构显示界面 2

图 5-10 所示树形结构中包括三级节点，一级节点为根节点，即电冰箱测试系统；二级节点为试验室，包括试验室 A 和试验室 B；三级节点为试验室中的测试工位，分别为试验室 A 中的 A1～A6 和试验室 B 中的 B1～B6。在实际应用中每个测试工位（监测单元）可放置一个监测对象，即电冰箱，在测试过程中，测试人员已经清楚某个工位中所放置的电冰箱产品，通过该界面选择相应的工位，可切换至显示对应电冰箱测试数据或测试曲线的软件界面。对于海洋监

测系统，海洋监测参数是以监测仪器为单位进行展示的。浮标 A 安装有多台仪器，分别为气象仪、温盐深测试仪（CTD）和海流测试仪（ADCP）。浮标 B 安装了在多个水层测试温盐参数的测试仪，称为温盐链，分别测量 10、20、30m 的温度（Temperature）和盐度（Conductivity）（用电导率表示）参数。

5.5.3　地图标识

当监测对象和地理位置密切相关时可采用地图导航方式。例如，进行海洋自动化监测时，在海洋中的不同地理位置放置海洋浮标，海洋浮标通过锚系方式固定在海洋中的某个位置，海洋浮标搭载海流、海洋温度、海洋盐度及海洋气象等各种传感器，采用无线通信方式把监测数据传给岸基数据中心。为便于查看海洋浮标的监测数据，适合采用地图标识方式，如图 5-12 所示。

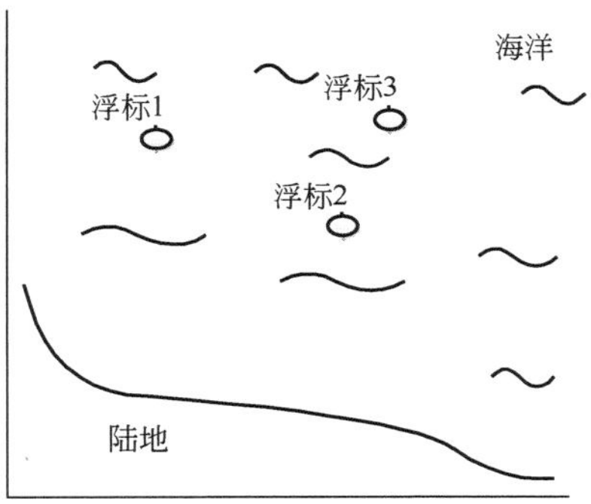

图 5-12 地图标识

用户通过在该界面中用鼠标单击相应的浮标，将软件切换至对应该浮标的传感数据显示界面。

5.5.4　组合方式

为更加清晰地表达监测对象索引信息，也可采用地图和名称列表或树形结构组合方式进行显示，如图 5-13 所示，当用户用鼠标单击一个浮标后，右侧出现该浮标对应监测设备的名称列表，供用户选择。

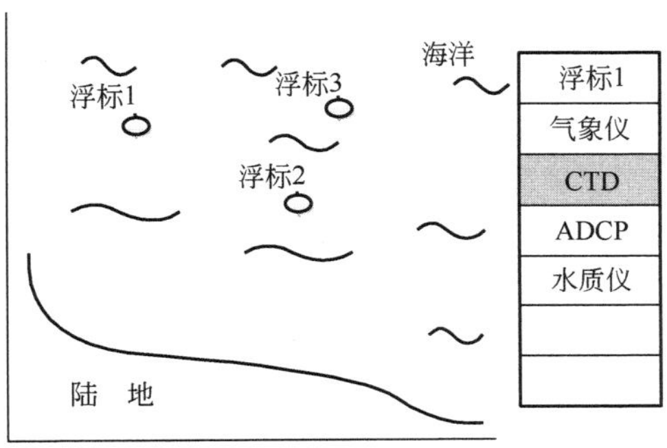

图 5-13 组合方式

以上地图界面的实现可采用普通软件开发平台或地理信息系统开发平台两种方式实现，根据具体需求而定。若软件需求中只涉及地图标识，可采用 C、Java、VB.NET 等语言开发平台实现，若软件需求涉及道路、管线等多种与地理信息相关的内容，建议采用商用地理信息系统开发平台实现。

5.6 数据列表模块

数据列表模块主要实现一个监测对象的传感参数数据和虚拟传感参数数据的显示，这些数据的共同特点是时间序列化数据，即在每一个数据采集时刻有一组物理传感参数及逻辑传感参数数据。每个数据对应四个组成元素，即“采集物理传感参数的时间”，如 2016-08-06 15：28：52（年、月、日、时、分、秒）；“参数名称”，如房间温度；“参数单位”，如℃；“参数值”，如 25.3。由于在数据采集时，不同传感数据的采集时间相差很小，可以忽略，因此认为这一组数据的采集时间是相同的，采用统一的数据采集时间表示。通常情况下监测对象对应的参量名称较多，可根据用户需要提供不同形式的显示界面。

1．单一时刻数据显示

在传感参数较多的情况下，为使软件界面能展示给用户尽量多的传感参数信息，往往采用一个完整界面显示最新时刻的所有传感参数数据信息，如图 5-14 所示。在该界面中，表格上面显示最新数据的采集时间，表格中用两栏表格显示参数数据，每栏中包括编号、参数名称、数值和单位四列。若参数较多，无法全部显示，可在右侧通过滚动条显示其余参数。

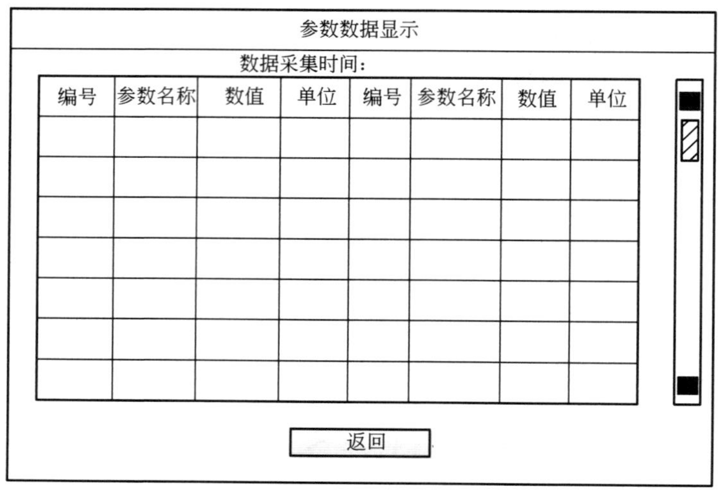

图 5-14
单一时刻数据显示界面

2. 多时刻数据显示

若需在界面中显示最近一段时间多个时刻的传感数据，可采用图 5-15 所示的软件界面。在该界面中，每一行显示同一数据采集时刻的多个参数数值，不同的行通常根据数据采集的时间由近及远进行排序。由于受到屏幕大小限制，当多个参数不能在一行中显示完整时，可利用横向滚动条左右拖动显示其余参数。同样可利用纵向滚动条观看其余时刻的传感参数数据。

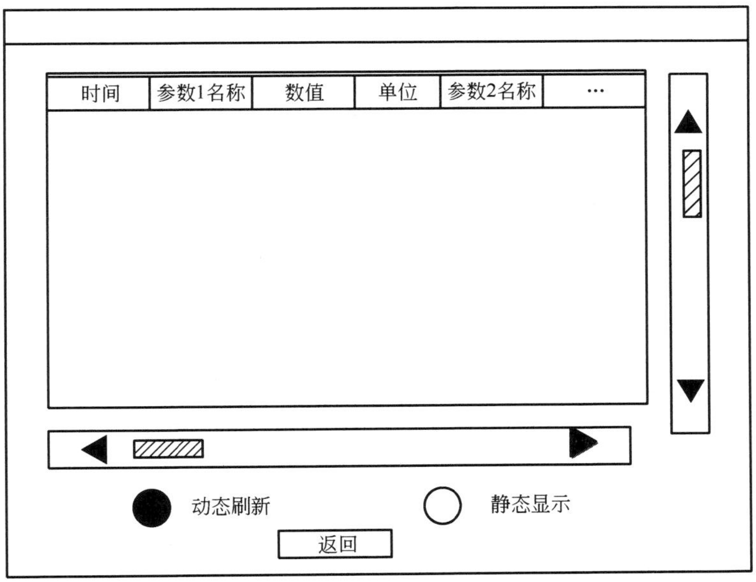

图 5-15
多时刻数据显示界面

界面下面有“动态刷新”和“静态显示”单选按钮。当选中“动态刷新”单选按钮后，每当计算机采集到最新时刻的传感参数数据，将进行动态刷新，将最新采集数据显示在第一行，原来各行数据下移，适合用户观察最新动态数据。当选中“静态显示”单选按钮后，界面上的数据将停止刷新，用户可利用纵向滚动条查看不同时刻的数据，而不会受到界面自动刷新的影响。

5.7　数据管理模块

为避免因数据库改动导致的大量软件修改，同时为保证用户频繁界面操作时，软件具有较高的数据访问效率，在单机应用层客户端中设置了统一的数据管理模块，负责各种数据的存储调度管理。该模块同时实现单机应用层客户端软件、数据采集层及数据存储层软件之间的接口交互。因此，单机应用层客户端的其他模块在数据访问或数据存储时，不需和数据采集层及存储层进行衔接，数据采集层和存储层软件的变化，不会对单机应用层客户端的多个软件模块产生影响，显著降低了软件各部分之间的耦合程度，增加了软件的可维护性。

5.7.1 模块结构

数据管理模块作为单机应用层客户端软件的重要模块，管理了该软件所有类型的数据，其他模块对数据的存取都要经过该模块相应的接口。其结构如图 5-16 所示。监测单元由物联网系统中用于特定功能的一组传感器构成，在工业领域也称为“工位”。监测单元除了包含本身的一些属性，如监测单元名称、编号外，还包含与监测单元相关的六类数据，即监测索引、导航数据、显示窗口信息、传感参数、传感数据和传感参数分组信息。数据管理模块还包含采集层信息、系统信息和数据库信息。

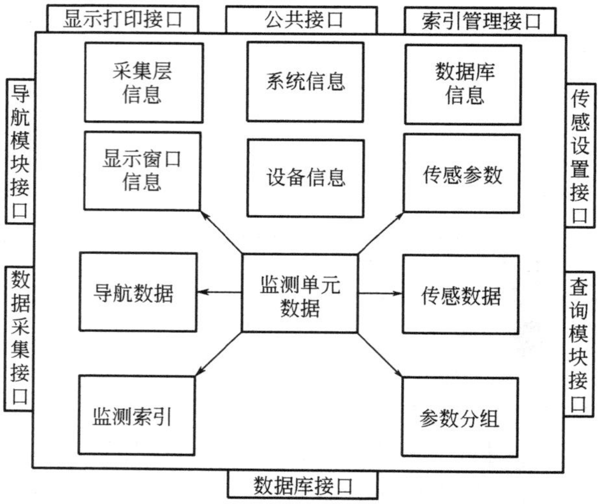

图 5-16
数据管理模块结构

为了减少软件模块之间的深度耦合，需提供多种接口供其他模块访问，这些接口分为公共接口和与各模块密切相关的独立接口两类。这些独立接口主要包括索引管理模块接口（简称索引管理接口）、传感器设置模块接口（简称传感器设置接口）、查询模块接口、导航模块接口、数据采集接口和数据库接口。其中数据采集接口主要负责和数据采集层软件交互。数据库接口和数据存储层进行交互，具有数据库直接交互和 Web Service 交互两种方式。下面分别对数据类型和各类接口进行阐述。

5.7.2 数据类型

根据图 5-16 所示内容，对其中的各种类型数据分别进行阐述。

1. 系统信息

系统信息主要用来存放软件的标识数据和与软件全局有关的数据，包括单机应用层客户端软件名称，使用单位名称，软件标识编码，监测单元的数量，使用传感器的数量，各个监测单元公用传感器的数量，软件使用语言类别（中文、英文），监测对象导航方式（列表、树形、地图），曲线显示时间最大跨度范围等。

2．采集层信息

数据管理模块与数据采集层软件的交互采用程序套接字（Socket）方式进行，因此需要存储采集层的 IP 地址和端口号信息。

3．数据库信息

数据管理模块与数据库之间的交互采用两种方式，包括直接数据库交互和 Web Service 交互。对于直接数据库交互，需要存储数据库连接字符串、用户名和密码等信息。若是 Web Service 交互方式，需要存储 IP 地址、端口号、用户名及密码等信息。

4．设备信息

传感设备的描述信息包括传感设备的名称、型号、编号等信息。在软件显示设备的通信状态或故障提示过程中使用。

5．监测单元数据

监测单元是物联网系统中，根据实际需求，把传感器系统划分成的一个应用分组，物联网系统的传感器集合由多个监测单元构成。 监测单元数据作为单机应用层客户端软件的数据管理单位，包括监测单元描述数据，以及显示窗口信息、传感参数描述信息等六类数据。监测单元描述数据包括监测单元名称、编号、监测数据的唯一标识号、所属导航父节点的标识号、监测开始时间、监测停止时间、目前监测状态（监测、暂停或停止）等。

1）监测索引

监测索引主要包括以下两类数据：

（1）监测对象描述数据。例如，若检测对象是一个人，该描述数据通常包括姓名、身份证号、性别、年龄和所在单位等；若监测对象是一个设备机房，则描述数据包括房间所在地址、建筑名称、房间号等信息。

（2）辅助描述数据。因应用场景不同，辅助描述数据内容不同。例如，对于人的医疗监护，辅助描述数据包括亲属姓名、联系电话等信息；对于有线设备机房，辅助描述数据包括机房负责人、维修人员姓名、联系方式等信息。

2）导航数据

监测对象的简短标识数据。用于在软件界面中同时显示多个监测对象的标识，以便用户在不同监测对象间切换查看。导航数据可采用数据列表、树形结构、地图标识等多种显示形式进行展现。

3）显示窗口信息

显示窗口信息主要包括窗口设置信息和相关的坐标系设置信息。其中窗口设置信息包括窗口名称，窗口显示的时间上限、时间下限。坐标系设置信息包括坐标系名称、编号，坐标最高上限、最低下限，坐标当前上限、当前下限，数值单位，是否可见等。

4）传感参数

传感参数描述数据是监测单元中的重要数据，这些数据涉及与传感设备传感器之间的对应关系、在监测单元内传感器的相对顺序关系，以及有关逻辑传感器的描述等内容，具体说明如下：

每个传感器包括参数的名称、数值单位、相对编号和全局编号、所属坐标系编号、所属参数分组编号、是否为逻辑传感参数、目前监测是否使用、曲线是否可见、曲线显示颜色等。其中相对编号用于确定监测单元内各传感参数的顺序关系，全局编号用于确定传感设备物理传感参数与该监测单元内物理传感参数的对应关系。数据管理模块在获取采集层数据后，根据此关系确定采集数据和监测单元内传感参数数据的对应关系。

逻辑传感参数是指通过该监测单元某一时刻物理传感参数数据计算所得到的新参数。逻辑传感参数数据与参与计算的物理传感参数数据具有相同的时间属性。引入逻辑传感参数的用处在于，处理逻辑传感参数可采用与处理物理传感参数相同的软件方法，如绘制参数曲线等，从而简化软件的设计与开发。没有特别说明，在后续叙述过程中，逻辑传感参数被认为是传感参数的组成部分。

5）传感数据

传感数据用于存放监测单元内每个传感参数的采集时间和传感参数数值。这些数据由数据管理模块周期性的从数据采集层获得。

6）参数分组

参数分组包括传感参数分组名称，分组编号，是否计算最大值、最小值、平均值及传感参数的类型。每个分组可以包含多种传感器类型，但这种类型需要在分组定义时指定。

7）其他信息

前面讲述的数据类型，是在大多数物联网系统中常用的数据类型，对于不同的具体应用需求，数据管理模块包含的数据类型不完全相同，如监测过程中静态图片信息、动态视频信息、监测报告信息和统计分析信息等数据，需要根据具体应用场景确定。

5.7.3　模块接口

单机应用层客户端软件的数据采用内存和数据库两级存储，一些频繁访问的核心数据在内存和数据库同时存储。同时存储的目的包括两方面，一方面在内存中存储是为了提高访问速度；另一方面存储在数据库，是为了在突然断电等情况发生时，软件重新启动可实现内存中数据的恢复，从而避免长时间的连续监测因断电等意外情况发生而终止，提高了软件的健壮性。

数据管理模块的所有接口，在实现涉及数据库中数据存储更新功能时，若更新的数据与内存中缓存的数据有关，应同步实现内存缓存数据的更新。此外，单机应用层客户端软件中的所有其他模块，在数据库访问时，都通过调用数据管理模块的相应接口完成。因此，数据管理模块实现了其他各模块和数据库之间的逻辑隔离。当数据库结构发生部分改变时，只要数据管理模块的接口不发生改变，将不会引起其他软件模块代码的改变，降低了软件内部的耦合复杂度。下面对各个接口的功能进行简要介绍。

1. 公共接口

公共接口用于提供系统信息，包括软件名称、用户单位，获取某个或全部监测单元信息；提供对单机应用层客户端软件的初始化接口，完成对软件各模块的初始化。

2. 索引管理接口

当录入或修改监测索引信息时，调用该接口实现监测索引信息的数据库存储或更新。当第一次存储录入完成数据时，调用该接口启动数据采集层软件采集相应传感器数据。录入模块通常带有停止监测按钮，当用户选择该功能时，录入模块通过此接口向数据采集层软件发送停止采集对应传感数据的命令。

3. 传感器设置接口

传感器管理模块调用此接口实现监测单元传感器的设置及修改，具有设置监测单元的每个传感器在本次监测时是否使用、传感器名称、曲线是否可见、传感器的分组设置、增加分组功能，以及该监测单元是否借用其他监测单元的传感器，所借用传感器的设置功能。

4. 查询模块接口

通过该接口可获取全部或根据查询条件选择的监测索引信息、符合查询条件的监测索引信息数据库记录数量，以及根据监测唯一标识码获取的传感参数数据信息。

5. 数据采集接口

数据采集接口具有开启周期性数据采集、停止数据采集层、关闭采集程序和设置采集层软件的采样周期等功能。数据管理模块与数据采集层软件之间可采用主从交互方式，即数据管理模块向数据采集层软件发送命令，数据采集层软件向数据管理模块反馈所需的数据。开启周期性采集是指数据管理模块打开定时器，周期性向数据采集层软件发送命令。停止周期性采集是指数据管理模块关闭定时器，不再向数据采集层软件发送数据采集命令。关闭采集程序是指让数据采集层软件控制模块清除内存中的通信模块程序，为重新启动数据采集层软件的通信模块做准备。通常是发现数据采集层软件出现死锁情况时使用该功能。

6．导航模块接口

导航模块接口获取所有导航方式及导航信息，导航方式包括列表、树形和地图标识。导航信息包括监测对象名称、树形节点父子关系、地图标识中节点的经纬度等。

7．显示打印接口

通过该接口可设置曲线显示的时间范围和纵坐标的显示范围。可以通过此接口选择曲线打印模板，每个打印模板定义了打印曲线、图例及参数特征值的布局格式。选定打印模板后，用户打印的曲线将按着模板规定的格式打印输出。

5.7.4 数据管理方法

1．存储结构

物联网应用系统的主要数据来自前端的传感器，由于物联网监测大都需长期进行，积累的数据量巨大，若数据放置内存中存储，计算机再大的内存也会溢出；若放置在硬盘中存储，因用户对监测应用需要较高的实时性和对界面操作的快速响应性，数据存取效率不能满足要求，为此提出如下存储结构，如图 5-17 所示。

其中，内存预留部分存储空间，其余内存平均分配给每个监测对象作为每个监测对象的最大可用内存，目前一段时间内所采集的数据存入监测对象的存储空间内，当某监测对象被分配的最大可用内存占满后，把这段内存中时间最早的数据移出内存，放入硬盘中的当前数据库，被移出数据占用的内存被用来存储对应监测对象的最新采集数据。

在物联网应用软件使用过程中，用户在某一时刻只能查询一个监测对象，该监测对象被称为当前监测对象。当用户访问该监测对象的数据在内存中时可直接访问；若不在内存中时，从硬盘当前数据库中把被访问数据调入预留分配的存储空间中，这样当用户后续频繁访问这些数据时，可直接从内存中获取，无需访问硬盘，从而可以提高数据访问效率，缩短软件对用户操作的响应时间。

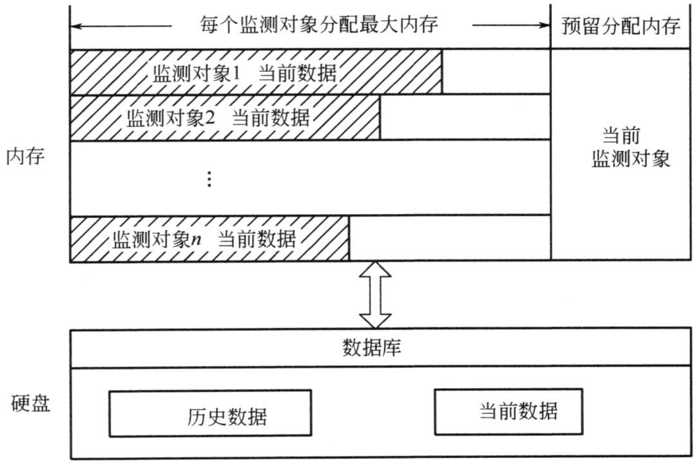

图 5-17
数据存储结构

2. 模块运行流程

数据管理模块运行流程如下：

```
1:读取系统数据,读取导航数据
2:读取监测单元物理及逻辑传感参数
3:接收录入模块的监测索引数据
4:接收传感器管理模块的传感器设置数据
5:向数据采集层软件发送数据采集请求
6:接收数据采集层的传感数据
7:进行逻辑传感参数数据计算
8:实现传感数据的内存及数据库存储
9:有其他模块请求数据?
10:若有,响应数据请求
11:判断监测是否结束
12:若未结束,返回步骤 5
13:监测过程结束
```

从以上运行流程中可以看出数据管理模块的主体逻辑和功能，详述如下：

步骤 1 和步骤 2：主要读取系统预先设置好的初始化数据。

步骤 3：当录入模块录入监测对象描述等监测索引数据后，把这些数据发送给数据管理模块管理。

步骤 4：每个监测单元配置的传感参数是监测对象所使用传感参数的最大集合，每次因监测目的不同而使用的传感参数不同。当用户选择本次监测所得物理和逻辑传感参数后，把这些数据发送给数据管理模块。

步骤 5：数据管理模块根据本次监测所使用的传感参数向数据采集层软件发送数据请求命令。

步骤 6：数据管理模块接收来自数据采集层的物理传感参数数据。

步骤 7：根据收到的物理传感参数数据和预先编程好的计算公式，计算逻辑传感参数数值。

步骤 8：根据前面提到的数据存储结构实现数据的存储管理。

步骤 9 和步骤 10：物联网应用软件系统中的所有数据都由数据管理模块统一管理，因此其他模块在使用相应数据时需向该模块请求，由该模块统一调度后提供给数据请求模块。

5.8 曲线显示

因传感数据都是时间序列化数据，大多数情况下需要显示随时间变化的曲线，且曲线显示应具有针对实时数据的延长刷新功能。由于物联网监测应用时间跨度大，可以从几小时甚至几年，随不同的应用需求而不同，不能把所有时间跨度的曲线都显示在一个屏幕内，只能显示一定时间范围的曲线。为了满足用户方便查询各个时间段的曲线，曲线显示软件需有曲线移动、放大等多种功能，下面进行详细叙述。

5.8.1 曲线界面

一种典型的曲线图形界面如图 5-18 所示。其中左半部分是曲线显示图例，右半部分是坐标系和传感参数随时间变化的曲线，下面对曲线的组成部分和界面操作进行介绍。

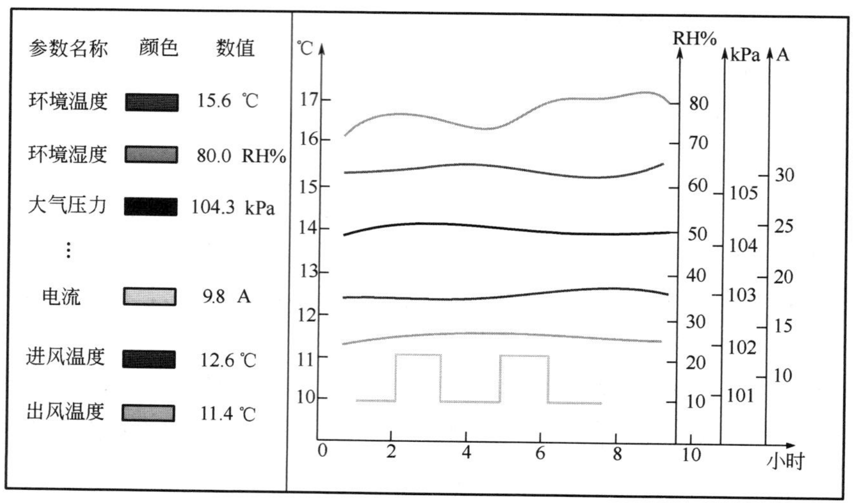

图 5-18 曲线图形界面

1．图例

为了便于用户对曲线图形进行查看和对不同曲线进行区分，需要在图形界面中显示图例，在图例中主要标明参数名称和曲线的颜色，以便使用户在查看曲线时根据不同的颜色能方便识别出不同传感参数的曲线。实际应用中表明，当参数名称多于 10 种时，由于颜色多导致不同颜色间差别小，用户区分曲线困难，因此经常 10 种颜色循环使用，当出现两种相同颜色的曲线时，用户可根据曲线的变化趋势进行区分。在图 5-18 中的数值有两种作用，一种是用于显示各传感参数对应的最新数值，一种是用于显示用户在进行界面操作时对应时刻的各传感参数数值。

2．坐标系

为使界面简化，横坐标可共用时间坐标轴。坐标系的时间标识可以是相对时间，即距监测时间起点的长度，单位可为小时、分钟或秒，也可以是绝对时间，即年月日时分秒，这些要根据具体用户需求而定。在数据采集过程中，由于不同传感参数采集的时间偏差较小，在多数情况下可近似为同一个采集时刻，这样一方面减少数据存储容量，另一方面可以简化曲线画图算法。

对于纵坐标系，因传感参数的数量较多，故在曲线界面中需要绘制的纵坐标系数量较多。如图 5-18 所示，界面中有四种类型的坐标，坐标系单位分别是℃、RH%（相对湿度）、kPa（压力）和 A（电流）。纵坐标系的绘制方法，通常是左面绘制一个最常用的坐标系，其余绘制在右边，并且根据用户查看曲线的需求，右边的某个坐标系可隐藏。

在不同的应用场景，坐标系的范围不同，即使在同一用户场景，用户查看曲线的目的不同，需要设置的坐标系范围经常发生变化，因此在软件中需要具有改变坐标范围的功能界面。

3．曲线绘制

对于每个传感参数的曲线绘制，方法较为简单，首先在坐标系中根据数据采集的数值和采集时刻找到对应的坐标点，根据先后顺序，依次把每一个坐标点（第一个坐标点除外）和前面的坐标点连成直线，这样把各个线段组成了我们所需的曲线。由于各采集时刻的间隔较小，曲线的视觉效果通常情况下较为平滑。

5.8.2 界面操作

由于用户对传感数据分析的需要，用户经常对曲线界面进行各种操作，如移动、放大、曲线对应数据查看、曲线标注等，下面针对这些常用的界面操作进行说明。

1. 曲线移动

物联网应用系统设计的时间跨度较大，计算机屏幕曲线对应的时间范围一般在几十小时以内。屏幕对应的时间范围过大，会导致曲线显示密集、视觉模糊，用户查看困难，因此，不应把长时间范围的曲线在一个屏幕范围内显示。通常情况下屏幕显示最近一段时间内的曲线，用户可根据需要，前后移动曲线进行查看。常用前后移动曲线的方法为用户按住左键不放，横向拖动曲线，曲线界面曲线即随之移动，横向坐标系的范围随之变化，当用户松开鼠标按键后曲线移动停止。

2. 曲线放大

当用户觉得曲线显示不够清晰，需局部仔细查看一定范围内的曲线时，可通过曲线放大操作进行。曲线放大通常包括两种方式。①横向放大：用户选定需要放大的时间范围，曲线显示软件把用户选择的时间横向放大到整个屏幕，纵向坐标范围不变。②局部范围放大：用户利用矩形框选定需要放大的范围，曲线显示软件把用户选定的范围在横纵两个方向同时放大到整个屏幕范围。

当利用上述方法把曲线界面进行放大后，可用同样方法继续进行放大。同样，当用户对曲线多次放大后经常需要回到放大前的初始曲线界面，因此曲线显示软件还需提供初始界面返回功能。

3. 数据查看

当用户发现特殊曲线变化趋势时，常常需要查看曲线变化过程中的准确数据，因此曲线界面需要提供根据曲线查看对应数据显示功能。当用户选择该功能后，如图 5-18 所示，可根据用户在屏幕中选择的时间位置，在左边图侧中的数值部分显示各传感参数对应的数值，当选择的时间位置发生变化时，这些数值也随之变化。

4. 曲线标注

为了对重要监测结果进行记录，用户需要对曲线的重要位置进行标注，标注通常包括三种方式。①瞬时数据标注：当用户在曲线中选定时间位置后，曲线界面在该时间位置显示一条竖线，在竖线旁边上下依次显示各传感参数名称及对应时间位置的数值。②单参数标注：用户在关注的时间位置单击某参数曲线，应用软件在用户单击曲线处显示一圆点，旁边显示对应的参数数值。③文本标注：用户在曲线界面中任意需要位置单击屏幕，应用软件提供文本输入框供用户输入文本，然后用户在曲线界面中单击屏幕位置显示标注圆点，旁边显示用户输入文本。

5.9　查询与输出

由于受到系统响应速度及内存等硬件资源的限制，物联网应用系统中当前显示的数据、曲线都是近一段时间的数据采集信息，时间长短由用户需求和计算机资源限制综合考虑确定。超出规定时间长度的数据，用户可通过信息查询模块进行检索查询。下面对该模块的主要功能进行简要叙述。

5.9.1　信息查询模块

如图 5-19 所示，该界面中上半部分是监测索引信息列表，列表中每一行对应一个监测对象的一次监测过程。当要查询的监测内容未出现在列表中时，可通过输入相应查询条件的内容，单击“筛选”按钮改变信息列表的内容。信息列表中的描述字段具体名称随不同应用场景的不同而不同。查询条件的选择，除了时间范围外，应是索引信息中的核心字段名称。当用户在监测描述信息列表中选中某行，单击下方的“确定”按钮，软件将根据用户选择的“数据查询”或“曲线查询”显示相应的监测数据或曲线等内容。

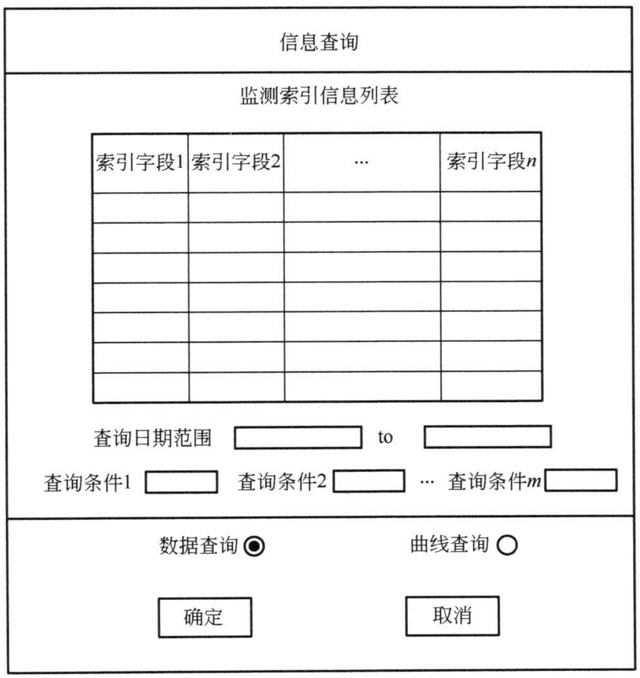

图 5-19
信息查询模块界面

5.9.2 数据导出

为满足用户数据交换和数据分析的需要，应用软件需具有数据导出功能。在数据导出时，用户需首先选择导出的时间范围，软件根据用户指定的时间范围，把传感数据导出到数据文件中，数据文件可采用普通的文本文件或 Excel 等文件格式。

5.9.3 曲线打印

在监测过程中，经常需要监测曲线的打印输出，特别是在工业领域，作为产品监测结果的记录形式，由于纸张尺寸和应用需求的不同，曲线打印格式与屏幕曲线显示格式略有不同。一种典型的曲线打印格式如图 5-20 所示。

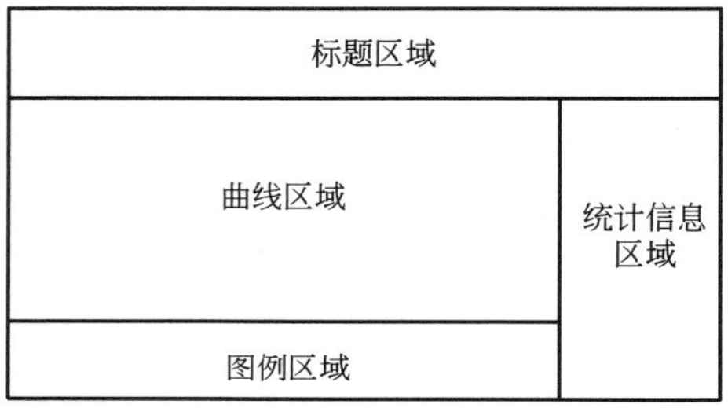

图 5-20 曲线打印格式

其中，标题区域通常需要打印曲线名称，以及监测索引信息的核心字段，这些核心字段包括监测对象的标识、监测开始时间等信息。统计信息区域显示关键传感参数的统计特征值，包括最大、最小、平均值等。图例区域与曲线显示类似，用来说明不同传感参数曲线的颜色。一种家电制造领域电冰箱测试打印曲线如图 5-21 所示。

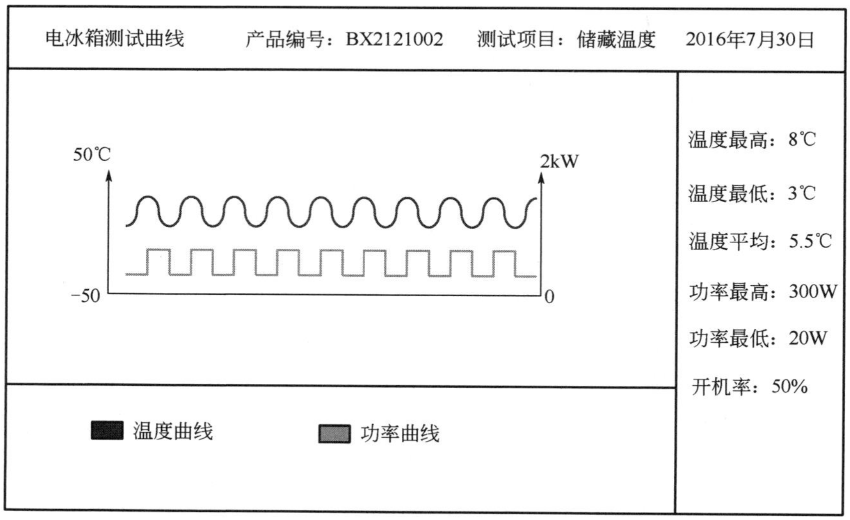

图 5-21 电冰箱测试打印曲线

5.10 数据分析

单机应用层客户端的主要功能，除了获取和显示监测对象传感数据外，还有相应传感数据的分析功能。不同的应用场景，监测目的不同，数据分析功能具有很大差异。同时，数据分析能力会随着统计分析方法、大数据处理和人工智能领域的研究进展不断向前发展。下面针对常用特征分析和几种典型应用场景的特征分析，分别进行阐述。

5.10.1 常用特征分析

单机应用层客户端处理的主要是时间序列化传感数据，常用的特征首先分为单参数特征、组参数特征和分段参数特征。每一类特征分析包括计算最大值、最小值和平均值等，下面进行简要介绍。

1．单参数特征

常用的单参数特征计算，主要包括计算每个参数的最大值、最小值、平均值、参数差值和时间差值。其中参数差值主要用于累计量参数，如耗水量、耗电量等。这类参数值通常情况下随着时间的增长不断累计，用户经常需要了解某一阶段的参数值变化量，如一类电器的每日耗电量，每个家庭每月的用水量等。时间差值主要指传感器感知的物理量，从一种状态值变化为另一种状态值时所需的时间差。例如，电冰箱从-18℃状态下断电，温度回升到+5℃的时间，表明了该电冰箱的保温性能。

2．组参数特征

对于监测对象的一个相同类型的感知物理量，如温度，经常用到多个传感器。在实际应用时，把感知相同类型物理量的部分或全部传感器分为一组，需要计算该组传感器的最大值、最小值和平均值等。该组传感器的最大值是指在该组中所有传感器的最大值中取最大值，同理，该组传感器的最小值是指在该组中所有传感器的最小值中取最小值。在进行组特征求解之前，用户需要指定计算的时间范围，或约定为整个监测时间范围。

3．分段参数特征

分段参数特征根据用户指定的固定时间长度把连续的时间监测范围分为多个监测时间段，计算每个时间段的参数特征。该类参数特征由每个时间段内的单参数特征组成，即主要包括最大值、最小值和平均值等。在进行分段参数特征计算时，需要用户指定分段的时间长度，如 10min，以及分段的起止时间范围。

4．逻辑参数计算

对于简单的监测参数，大多数情况下可通过传感器直接获得。对于逻辑传感参数，需根据从多个传感器获得的参数值，采用一定的数学方法进行计算。逻辑传感参数与物理传感参数具有相同的时间属性，即认为逻辑传感参数和参与计算的物理传感参数具有相同的数据采集时间点，其计算出的虚拟参数数值，可认为是在该时间点的数据采集数值，逻辑传感参数和物理传感参数一样，具有相应的参数单位。因此，在单机应用层客户端中，物理传感参数和逻辑传感参数数据的处理方法完全相同，在数据处理方法相关叙述中，物理传感参数和逻辑传感参数统称为传感参数或监测参数。

5．参数关联分析

在大多数情况下，用户需要观察单传感参数随时间的变化趋势，即软件通过显示单参数时间变化曲线辅助用户分析。在有些情况下，用户需要对同时刻采集的两个参数之间的关联关系进行查看和分析。在这种情况下，坐标系横纵坐标分别对应两个传感参数的刻度单位值，把两个传感参数不同时刻采集的数值作为不同的坐标点绘制在坐标系中，可辅助用户对两个参数关联关系进行直观分析。

5.10.2 格点数据分析

在与地理位置相关的监测中，由于受监测传感器数量的限制，通常把监测地理范围划分成一定范围的矩形网格，在每个网格内一点放置一组传感器，用该组传感器获得的监测参数数据代表该网格点的监测数据。这种监测数据的分析称为格点数据分析。格点数据分析可通过格点数据多种显示方式进行。

1．标量场显示

在物联网监测中，与地理位置信息有关，但与变化方向无关的传感参数，通过标量场进行显示，能够便于用户对监测环境的理解。标量场显示方式一般采用等值线和云图的展现形式，反映监测参数的特征。标量场显示可采用 Suffer 开发包、Matlab 工具箱及各种编程语言进行开发，提供友好的用户操作，包括基于按钮和鼠标滚轮的可视化结果缩放、拖动，实时显示鼠标指针处要素值和基于标尺的定位信息。同时，提供当前可视化结果的图像保存和监测数据的导出功能。以海水温度为例，图 5-22 为海水温度等值线表示方法，横坐标为经度，纵坐标为纬度，每一条线上标注等值线的海水温度值。图 5-23 为海水温度云图表示方法，横坐标为经度，纵坐标为纬度，右侧为表示海水温度值与颜色的对应标尺。

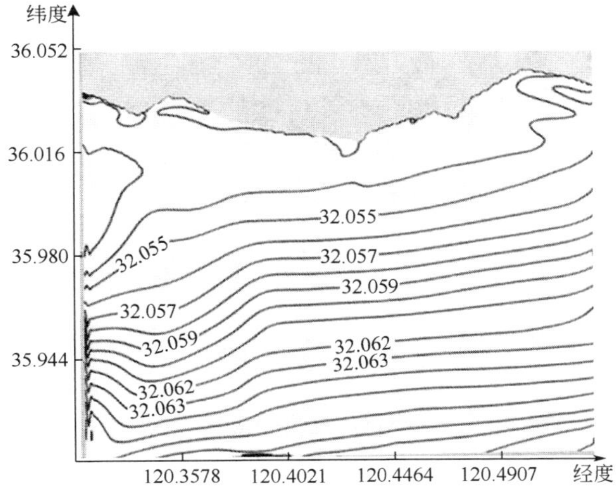

图 5-22 海水温度等值线表示方法

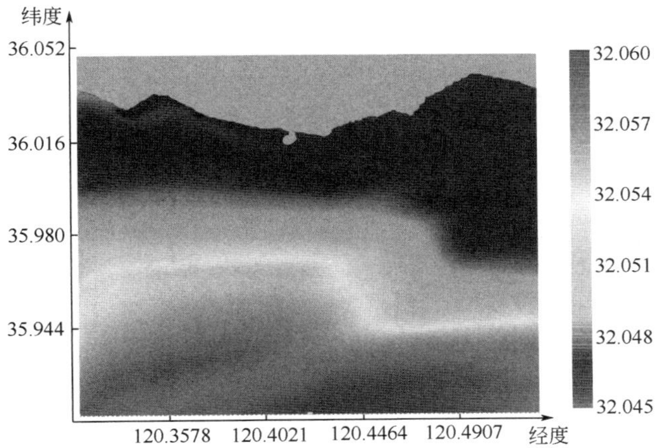

图 5-23 海水温度云图表示方法

2．矢量场显示

与变化方向相关的监测参数需要通过矢量场显示，以图形可视化的方式将矢量场数据动态、准确、直观地展现给用户。矢量场显示技术主要包括基于几何形状的矢量场映射方法和基于纹理的矢量场映射方法。矢量场显示提供利用鼠标滚轮进行缩放功能，通过该功能可实现矢量场按比例放大，以便用户查看局部矢量场信息；提供鼠标跟随功能，用来实时显示鼠标所在位置的监测参数相关信息；提供矢量场移动功能，当用户在右击的同时拖动鼠标时，能够使矢量图进行上下左右移动。以海流为例，图 5-24 为基于几何形状的矢量场对海流变化情况的显示，对每一个点的海流情况，用箭头的颜色及箭头长度来表示海流数值的大小，用箭头的方向来表示海流的变化方向，右侧为海流数值大小图例。图 5-25 为基于纹理的矢量场对海流变化情况的显示，采用纹理的变化来展现海流的方向变化信息，并且通过颜色的映射关系来表现海流大小信息，右侧为海流数值大小图例。

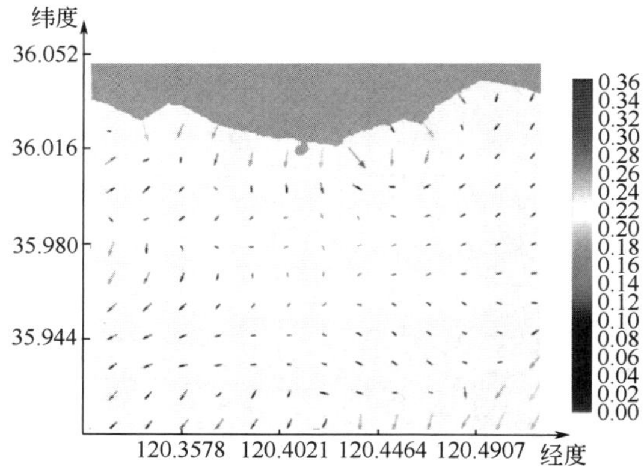

图 5-24
基于几何形状的矢量场对海流变化的显示

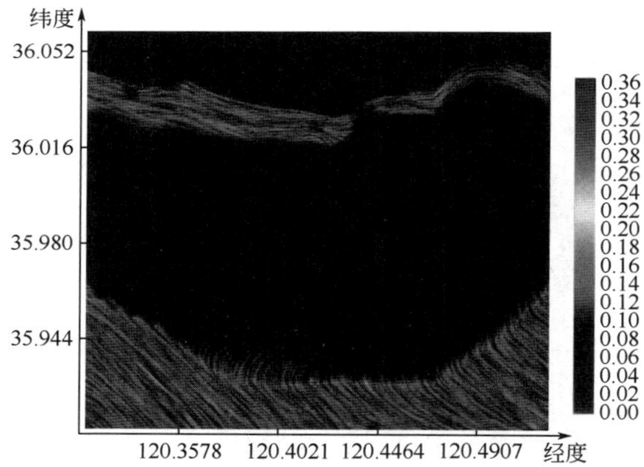

图 5-25
基于纹理的矢量场对海流变化的显示

3. 玫瑰图统计

在格点数据分析过程中，需要对某些传感监测参数在某一方向的平均值及出现的频率进行统计分析，需要使用玫瑰图统计功能。统计在规定的 16 个方向上监测参数的平均值和频率，采用玫瑰图的方式进行可视化。以展示海面风为例，如图 5-26 所示，玫瑰图统计功能将平均海面风和各个方向上出现的频率，绘制在极坐标系中，在每个方向上标注出当前方向上出现的频率与平均风速数值，通过极坐标系和列表形式进行可视化显示。其中列表中显示的为外侧圆周与 16 个方向交叉点的坐标值。

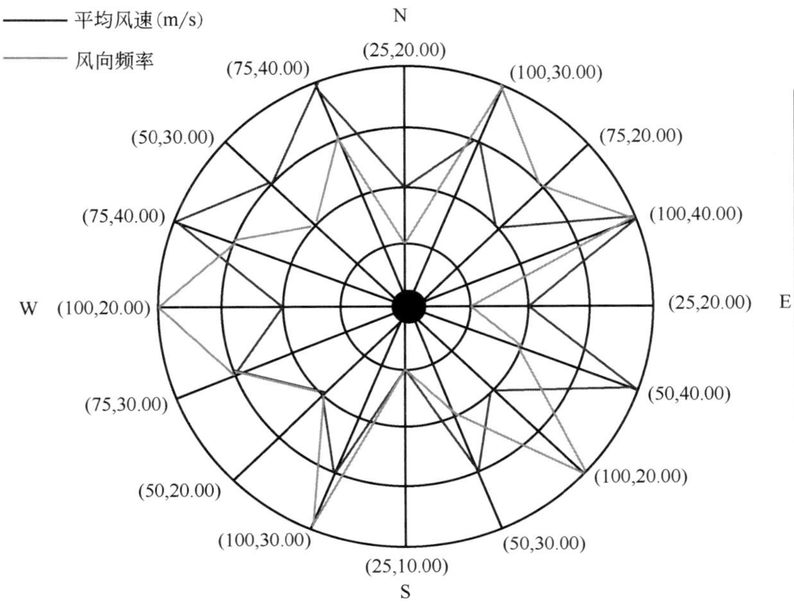

海面风玫瑰图数据列表

风向	风向频率	平均风速/(m/s)
N	25	20.00
NNE	100	30.00
NE	75	20.00
ENE	100	40.00
E	25	20.00
ESE	50	40.00
SE	100	20.00
SSE	50	30.00
S	25	10.00
SSW	100	30.00
SW	50	20.00
WSW	75	30.00
W	100	20.00
WNW	75	40.00
NW	50	30.00
NNW	75	40.00

图 5-26 海面风玫瑰图统计示意图

5.11 模块功能定制

对于单机应用层客户端软件设计，本章前述各节对软件的模块基本组成及功能进行了概括性阐述。但对于不同的应用需求，每个模块的具体界面和功能不尽相同，设计物联网系统领域完全通用的客户端软件非常困难。IoT 仪器模型中提到，所设计的软件应在细分领域具有通用性，为做到这一点，所设计的软件应具有针对细分领域需求进行定制的功能。这些定制功能需要在充分了解细分领域需求的基础上进行设计和开发。设计开发的方法是把软件模块开发成软件组件以增强其通用性，将组件在所属领域不同应用场景的特殊需求抽象为组件参数，在不同应用场景通过设置组件参数，使相应模块适应具体需求，无需修改软件代码，从而提高软件开发效率。下面以家电制造领域为例，阐述软件的定制开发方法。

5.11.1 系统信息定制

单机客户端软件功能主要由各分模块完成，与主控模块相关的设置参数较少，见表 5-4。

表 5-4　系统信息设置参数表

序号	参数名称	说明
1	软件标题	软件名称
2	软件编码	作为集成客户端访问的唯一标识
3	支持语言	可同时支持多种语言
4	物理传感器数量	用于系统配置校验

5.11.2　索引管理模块定制

对于不同应用场景，索引管理模块需要录入索引数据的条目名称及录入方式不同。对于索引管理模块功能定制，需要设置的内容如图 5-27 所示。

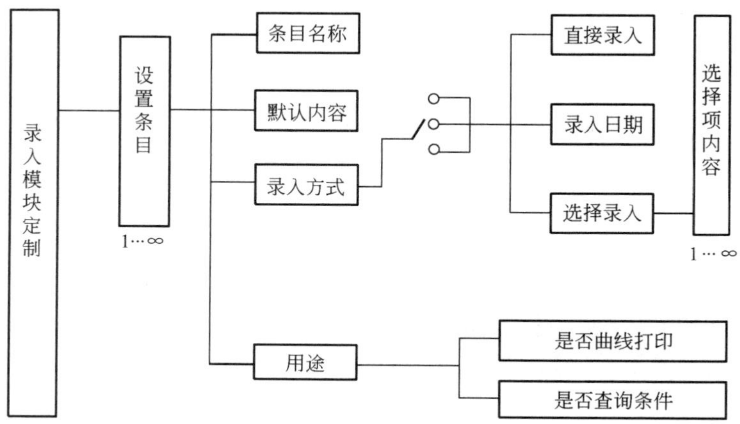

图 5-27
索引管理模块功能定制内容

其中“录入方式”中，若是“录入日期”，则索引管理模块组件可自动加载日期录入控件，以方便用户录入；若是“选择录入”，则在该组件中应设置对应的选择项内容，该组件运行时可在选择框中加载这些选择条目内容，供用户使用。“用途”中“是否曲线打印”表示该条目名称及内容是否出现在打印曲线的“标题区域”，“是否查询条件”表示该项目是否出现在历史查询模块中的查询条件中。该组件对应的设置参考界面如图 5-28 所示。

在该界面“条目名称”中录入相关内容，如“产品名称”，单击“添加”按钮，该内容出现在左边的“录入条目”中。同理，若依次录入“产品型号”“测试项目”和“测试标准”，则索引项内容将变成图 5-28 左半部分所示。如果在录入“产品型号”和“测试项目”时选择的输入方式为“选择”，其他为“普通”（直接录入），单击“下一步”按钮，可在图 5-29 所示界面中录入对应选择框中的内容。

若起初图 5-28 界面左边只有“产品型号”和“测试项目”两项，选择左边“产品型号”，在右边分别添加“电冰箱 A”“电冰箱 B”；选择左边“测试项目”，在右边分别添加“冷冻能力”和“耗电量”，最终出现图 5-29 左边目前的界面。配置完成后，录入模块组件运行界面如图 5-30 所示，从该图可以看出，“产品型号”和“测试项目”是下拉列表框选择输入。

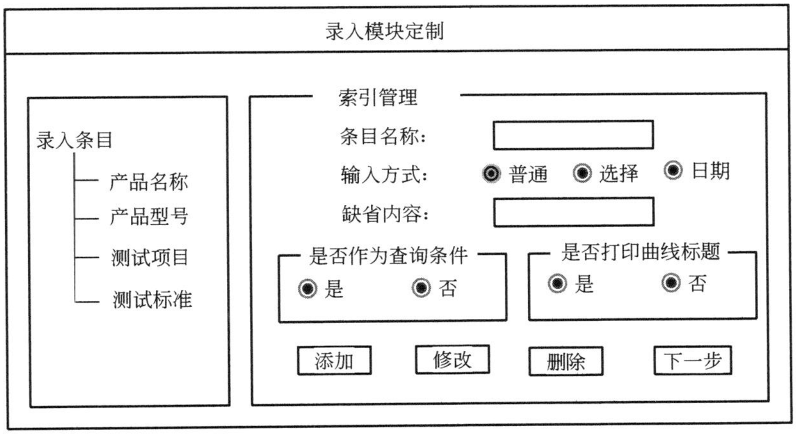

图 5-28
索引管理模块定制界面

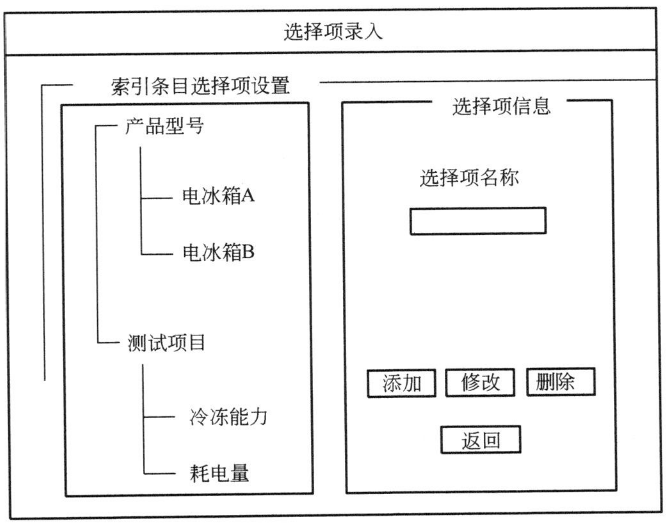

图 5-29
选择条目录入界面

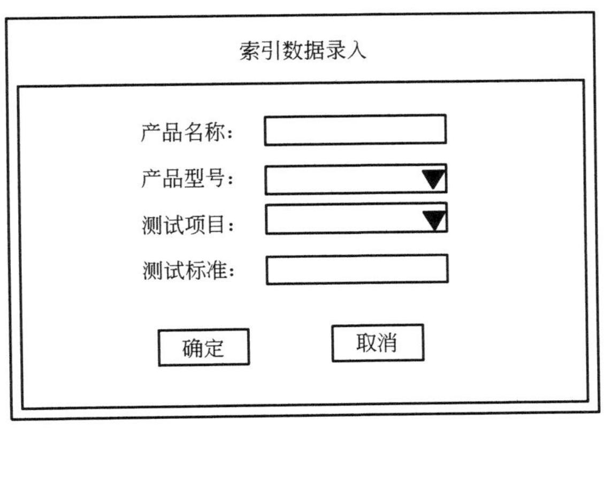

图 5-30
索引管理模块组件运行界面

5.11.3 导航模块—定制

本节针对树形导航、地图导航，以及地图和列表组合导航三种方式进行阐述。

1．树形导航

1）数据结构

树形导航数据结构如图 5-31 所示。从该图可以看出，该数据结构中定义了多个节点，每个节点包括节点名称、节点 ID 和父节点 ID。根据父、子节点关系确定该节点在树形结构中的层次关系，根据节点编号大小确定该节点在同层次节点中的顺序关系。

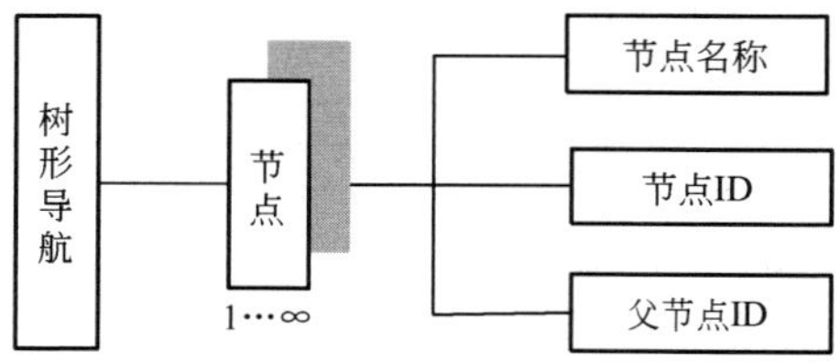

图 5-31
树形导航数据结构

在树形导航模块中，若显示固定的树形导航结构，当应用场景发生变化时，必然会导致软件代码的修改，通过开发具有定制功能的导航组件，可有效提高软件开发效率。

2）定制界面

树形导航功能定制界面如图 5-32 所示。第一步，在界面右侧“节点名称”输入框中输入“冰箱测试试验室”，单击“添加根节点”按钮；第二步，分别在“节点名称”输入框中输入“A 室”和“B 室”并单击“添加子节点”按钮，则在左侧“冰箱测试试验室”下面会出现“A 室”和“B 室”两个子节点；第三步，单击左侧“A 室”节点，在右侧“节点名称”输入框中输入“A1”，单击“添加子节点”按钮，以此类推，输入“A2”～“A6”，在“A 室”节点下方会出现 A1～A6 六个子节点。以同样方法输入“B1”～“B6”，将出现图 5-32 左侧所示的树形结构，定制完成后，当导航组件运行时会为用户提供同样的导航界面。

2．地图导航

地图导航是把代表监测对象的导航节点展现在地图平面上，因此每个节点除了包含名称和编号属性外，还需要节点出现在地图上的位置信息，下面说明其数据结构和功能定制界面。

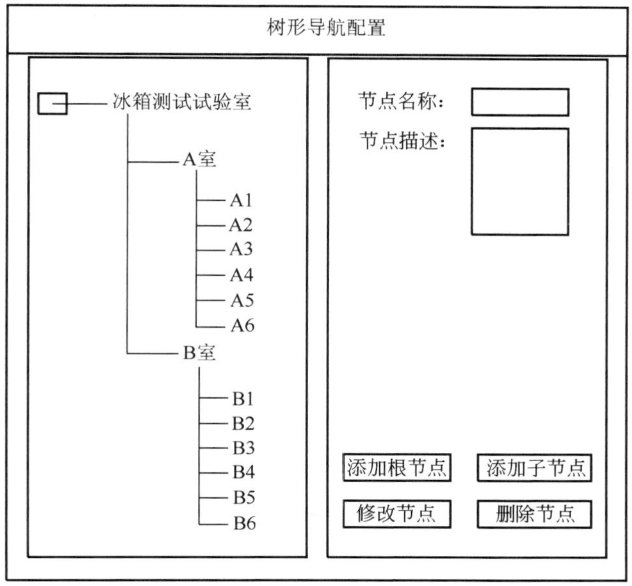

图 5-32
树形导航功能定制界面

1）数据结构

地图导航配置数据结构如图 5-33 所示，从该图中可以看出，数据结构中包含多个节点，每个节点包含“节点名称”“节点 ID”属性，同时包含表示在地图中地理位置的属性“节点经度”和“节点纬度”。为了在地图相应位置标注节点，需要一个形象的图标，因此还包含“图标文件”属性，该属性中可采用路径方式指出图标文件的存储位置。

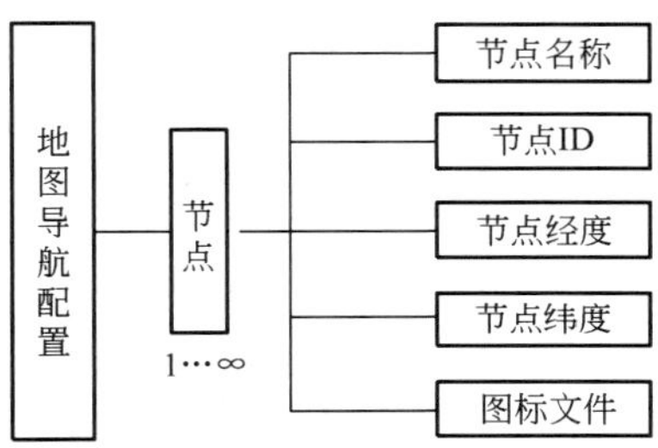

图 5-33
地图配置导航数据结构

2）定制界面

地图导航功能定制界面如图 5-34 所示，在该界面右侧输入框输入“节点编号”“节点名称”“节点经度”“节点纬度”和“节点图标”，单击“增加”按钮后，所输入的节点被存储，并且“节点编号”和“节点名称”出现在该界面左侧列表中，采用同样方法可输入多个节点。单击选择左侧某个节点后可单击“修改”或“删除”按钮对节点信息进行修改或删除。节点信息输入完成后，单击该界面左侧最下方的“地图加载”按钮，实现地图文件的加载。至此，地图导航组件配置完成，组件运行时会显示加载的地图，在地图相应经纬度位置显示输入的节点图标信息。

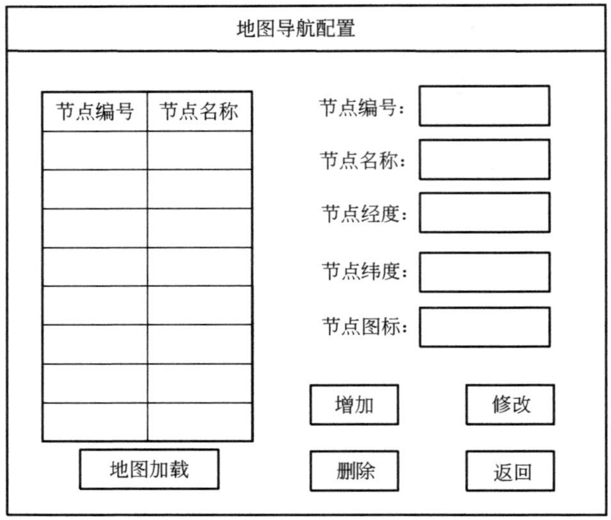

图 5-34
地图导航功能定制界面

3．组合导航配置

对于海洋观测领域，地图中图标通常表示一观测平台，而观测平台中会搭载多个传感设备，这种情况适合采用地图和列表组合导航方式。在这种方式中，节点与观测平台对应，相应列表中的每个列表项与观测设备对应。

1）数据结构

组合导航方式的数据结构如图 5-35 所示。从该图可以看出，除了包含的地图导航中多个节点信息外，每个节点还对应多个列表项。

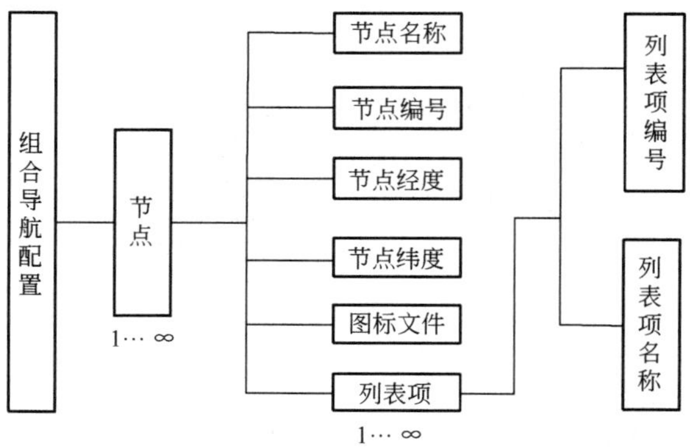

图 5-35
组合导航数据结构

2）配置界面

组合导航配置界面如图 5-36 所示，除了配置地图中显示节点信息外，还需要配置节点对应的列表项信息。该界面中配置了节点“浮标 A”和“浮标 B”。其中“浮标 B”搭载了三台海洋观测设备：海流计、气象仪和温湿仪，这三台设备被配置在对应节点“浮标 B”的列表项中。

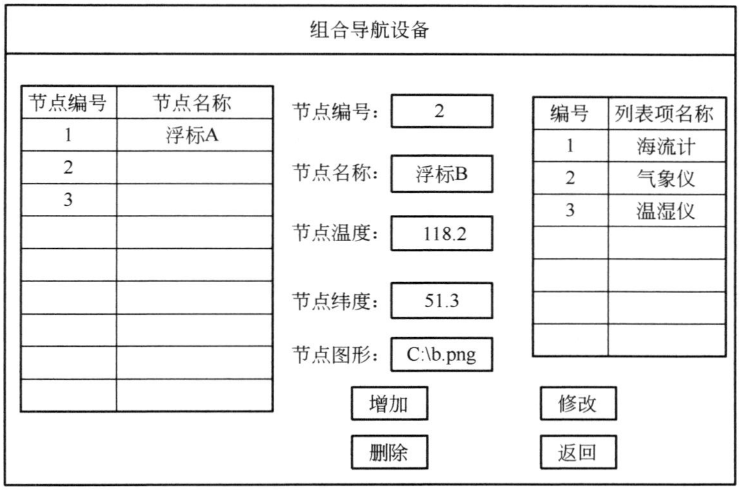

图 5-36
组合导航配置界面

5.11.4　传感参数设置

单机应用层客户端软件实现了多个传感器的信息处理，监测单元对应这些传感器所在集合的一个子集。该子集实现了监测对象传感参数属性与监测对象自身的松耦合，当监测对象发生变化时，该子集合的传感参数和变化后的监测对象自动关联，无需对新监测对象传感参数属性重新进行设置，简化了软件操作。下面以家电制造业中电冰箱测试系统为例阐述有关监测单元的定制开发模块。

1．数据结构

针对每个监测单元，需要对多个传感参数进行配置，数据结构如图 5-37 所示。其中对每个传感参数需要配置的内容包括传感参数的相对编号、全局编号、参数名称，以及坐标系类型。配置的主要目的包括两方面，一方面是传感参数的数量应适合同类应用的不同场景需求；另一方面是通过全局编号实现单机应用层客户端软件传感参数与传感设备层传感参数的对应，既实现了两层之间的逻辑隔离，又实现了两层之间对接的方法。

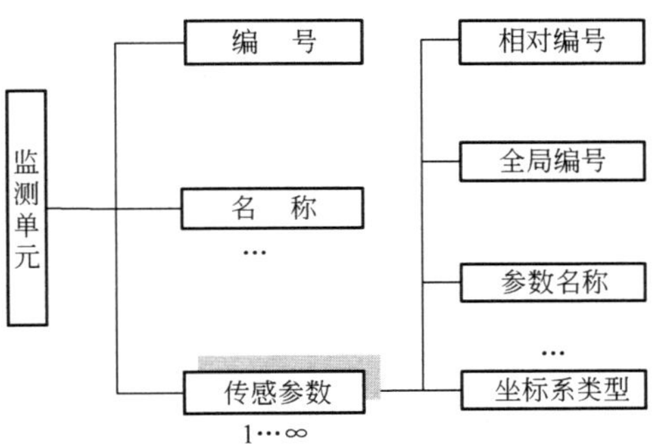

图 5-37
监测单元配置数据结构

2. 配置界面

实现传感参数配置的软件界面如图 5-38 所示。从该图中可以看出，在导航模块配置基础上，通过在界面左侧选择一监测单元，如“A1”，在界面右侧下方输入框分别输入“参数名称”“相对编号”和“全局编号”。其中坐标系类型的种类，在单机应用层客户端软件设计时，已根据实际需求确定，因此只能通过选择框输入。输入完成后，单击“添加”按钮，此时在上面表格增加了一行，表示刚输入的传感参数添加成功，以此类推直到把实际所需的传感参数添加完成为止。若输入有误，可在表格中选中相应的行直接修改，修改完成后单击“修改”或“删除”按钮实现传感参数的修改和删除。

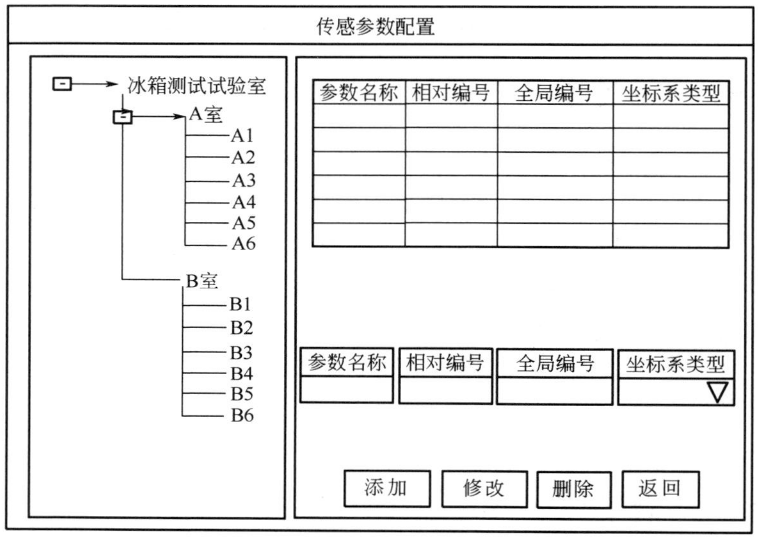

图 5-38
传感参数配置界面

本章小结

单机应用层客户端软件（以下简称客户端软件）属于物联网系统设计中较为复杂的一部分，因不同领域应用需求差别较大，开发过程复杂，工作量大。本章力求描述单机应用层客户端软件的设计规律和设计方法，总体思路是最大限度地追求软件的通用性和可扩展性。针对应用需求差别较大的问题，采取的策略是把应用领域细分成子领域，使得在该子领域内，软件的设计具有较多共性。在每个子领域内采用 IoT 仪器模型进行设计，使得软件在该子领域内具有适应性，从而保证软件在某个子领域内具有较强的通用性。

利用 IoT 仪器模型的思路，阐述了客户端软件的基本模块组成和各模块的主要功能。其中包括输入监测索引信息的录入模块、设置传感器使用信息的传感器管理模块、供用户选择监测对象的导航模块、用于实时信息显示的数据列表模块和曲线显示模块。用户获取监测对象各种传感数据后，需经常对这些信息进行查询和分析，因此阐述信息查询模块的设计方法，从该模块功能可以看出，查询条件都来自录入模块输入的监测索引信息，同时让我们理解了需要设置录入模块的原因。录入模块和信息查询模块的增加，是本书中提出的 IoT 仪器模型与传统虚拟仪器软件的主要区别之一，传统虚拟仪器与传统仪器一样，只存储传感信息，没有实现传感信息和监测对象信息的关联存储。

为说明 IoT 仪器模型在一个子领域内具有适应性的特点，在本章最后部分，以家电制造业电冰箱测试为背景，阐述了软件模块的定制开发，包括系统信息定制、导航定制和传感参数的配置三部分。因电冰箱测试的应用场合不同，软件的名称信息、使用部门不同，受测试试验室占地面积及企业需求限制，需要的监测单元数量不一样；另外企业应用目的不同，如研发测试或生产测试，导致监测单元的数量不同。因此通过对系统信息、导航和传感参数进行配置，使得该软件可应用不同企业的各种应用场景，实现了软件在细分领域的通用性。

第 6 章　互联与集成

对于目前的物联网系统，除了需研制功能更丰富的传感设备外，迫切需要解决的是各种单击应用系统之间的互联。随着近几年信息技术的迅速发展，基础网络设施几乎延伸到世界的每一个角落，网络互联已经不是问题。但这些年来积累了种类繁多、数量庞大的传感信息处理软件系统，这些系统之间的互联变成了较大难题。本章将针对物联网系统的组成和特点给出物联网应用软件之间的互联模型，以及作者主持制定的国际和国家标准案例。在此基础上给出集成客户端模型，为物联网系统设计提供重要参考。

6.1　互联参考模型

系统之间互联需要解决的主要问题，是在统一的体系架构中，找出软件之间容易衔接的共同接口。这些接口在能够为外部提供足够信息的前提下，尽量做到通用而且接口数量较少，尽量减少软件互联引起的软件开发工作量。下面以 IoT 七层模型和总体架构为基础，阐述系统互联参考模型。

6.1.1　互联接口模型

为实现系统间的互联，给出如下互联接口模型，如图 6-1 所示。

IoT 七层模型中层次结构的划分，一方面使物联网子系统软件易维护，避免了软件部分改动对整体软件的影响；另一方面通过图 6-1 中带阴影部分的**外部交换接口**，实现了物联网不同子系统之间的互联。目前的智能传感设备都配备了相应的硬件接口，如 RS-232、RS-485、GPIB 等，以及对应的软件协议，但这些协议因不同的设备类型和生产厂商而具有较大差异。采集层和互联服务层已经具有面向某些具体应用领域的接口协议，目前还没有适用各领域的通用接口协议。

在数据传输层、单机应用层及数据存储层没有提供外部访问接口，因为系统互联的目的是实现各物联网子系统间的信息交换，图 6-1 中预留的传感层接口、采集层接口和服务层接口已经能够满足这一需求，没有必要再预留更多的外部交换接口。

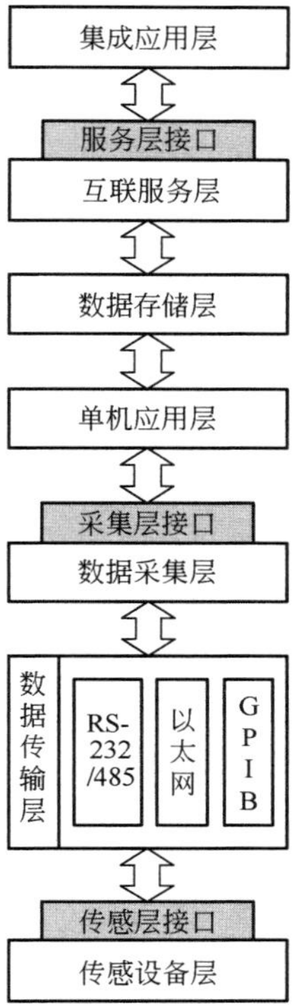

图 6-1
互联接口模型

6.1.2 理论互联模型

假设目前有三个采用 IoT 七层模型的物联网子系统，分别是物联网子系统 1～物联网子系统 3，每个物联网子系统都根据互联接口模型预留了外部交换接口。由于数据传输层实现的是透明传输，为便于说明问题，隐去了数据传输层。从理论上，这三个子系统可实现如图 6-2 所示的理论互联模型。在该模型中，每个提供外部交换接口层的上一层，理论上可实现与该层三个子系统的全连接。

这种理论互联模型的应用约束条件如下：

（1）每层软件实现和下层软件的全连接，要求该层软件对于互联的下层软件具有可复用性，即具有输入和处理下层软件所提供信息的能力。

（2）下层软件的外部交换接口支持多个上层软件的同时访问。

只有在满足以上这两个条件时，理论互联模型才可被完整应用。在图 6-2 中，数据采集层和传感设备层之间的互联采用虚线表示，是因为目前大部分传感设备提供的接口还不支持多个上层软件的同时访问，但这种情况正在逐渐发生改变。

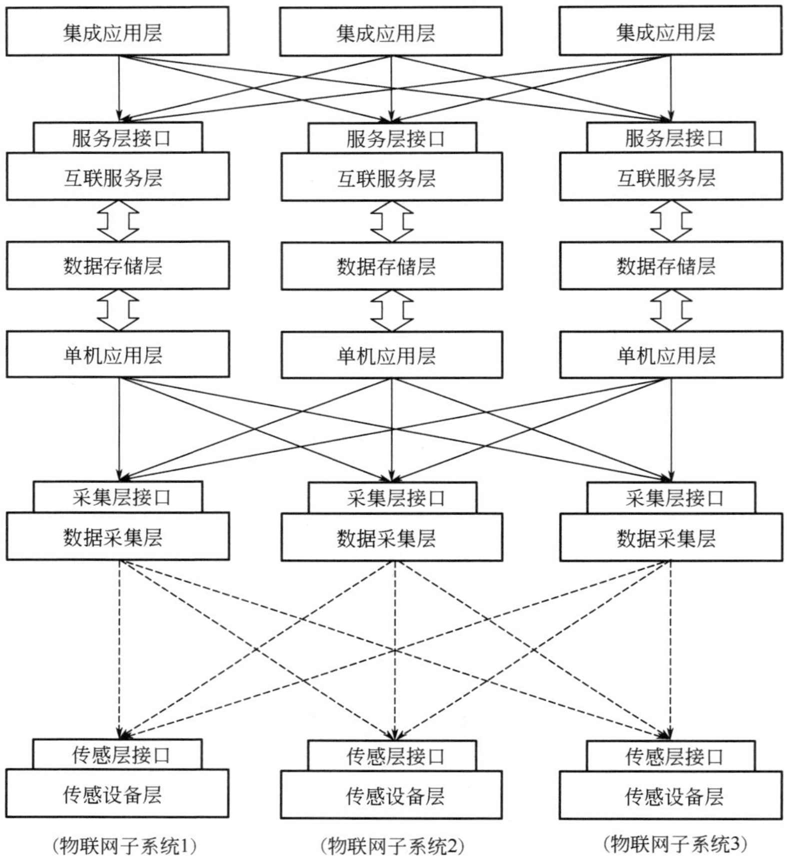

图 6-2
理论互联模型

6.1.3 互联应用模型 1

一种物联网系统互联应用模型如图 6-3 所示，该图中各组成部分已经在 1.5 节进行了介绍。其中带有阴影的部分是需要定义的互联接口，包括传感层接口、采集层接口和服务层接口三部分。

对于传感设备，目前存在多种标准化形式的接口，如 RS-232/RS-485、以太网、WiFi 等，但这些都是针对物理层面信号传输的标准化，没有实现软件系统层面之间交互协议的标准化。例如，对于 RS-232 接口，已经实现了接口形状、尺寸、引脚、定义和引脚传输信号的标准化，并未实现 RS-232 接口所传输信息内容的标准化，导致目前的各种传感设备，虽然都提供 RS-232 接口，但不同产品厂商，对于利用 RS-232 接口进行的交互命令和交互内容格式各不相同，使得针对不同厂商的产品需要编制不同的通信程序。

在实际应用系统中，目前的数据采集子系统和单机应用层客户端系统大多是紧密耦合的一体化软件系统，没有采集层接口，数据在数据库中进行存储，但没有互联服务子系统，更没有服务层接口。没有采集层接口，将会影响单机应用层客户端软件的复用，进而影响云服务模型的实现和应用。只提供采集层接口，还不能真正实现系统间的互联，因数据采集层只能提供传感数据，不能提供监测对象的信息，这些信息由单机应用层客户端存储在数据库中，只有通过互联服务子系统和服务层接口，提供物联网子系统的完整信息，才能实现真正意义的互联互通。

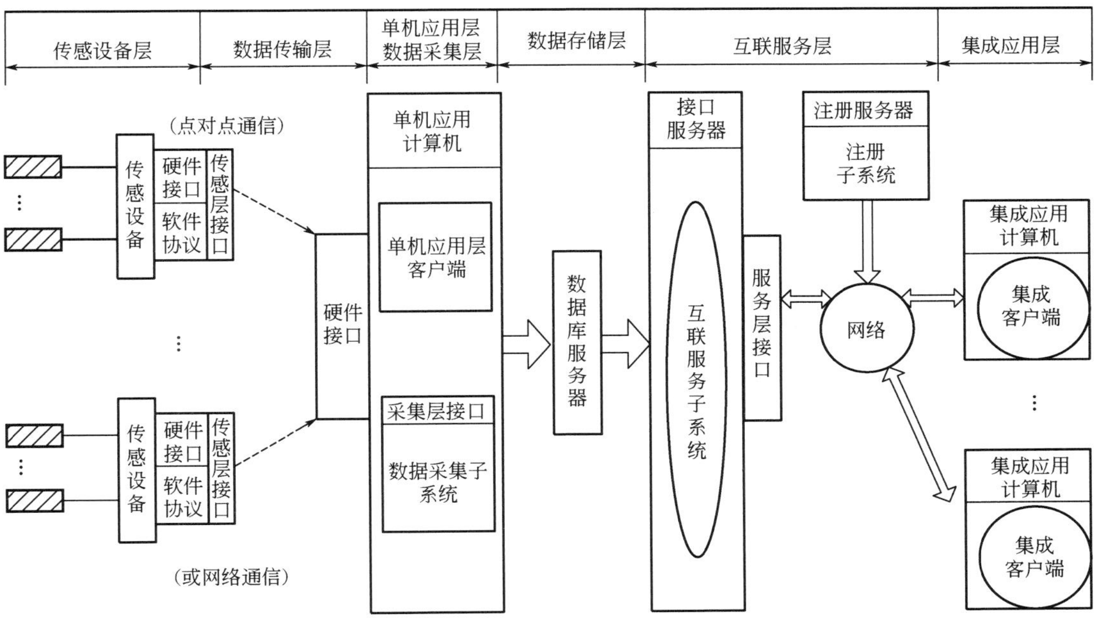

图 6-3　系统互联应用模型 1

6.1.4　互联应用模型 2

考虑到目前现实中存在大量与物联网相关的孤立系统，这些系统没有预留互联接口，如果采用系统互联接口模型 1 为系统增加接口，将因代码升级和调试，在一段时间内影响原有系统的稳定运行。在这种情况下可采用系统互联接口模型 2 进行互联，该模型结构如图 6-4 所示。在该模型中，通过对数据库结构进行标准化，在传统数据和标准化数据库之间增加了转换软件，转换软件功能是实现数据库结构的三元组映射，即传统数据库、数据表、数据库字段映射到标准数据库、数据表、数据库字段，根据映射对应关系进行传统数据库向标准数据库的数据导出。通过标准数据库的引入，增加了服务层的复用性，传统软件代码无需改变，以较小代价实现系统升级互联。

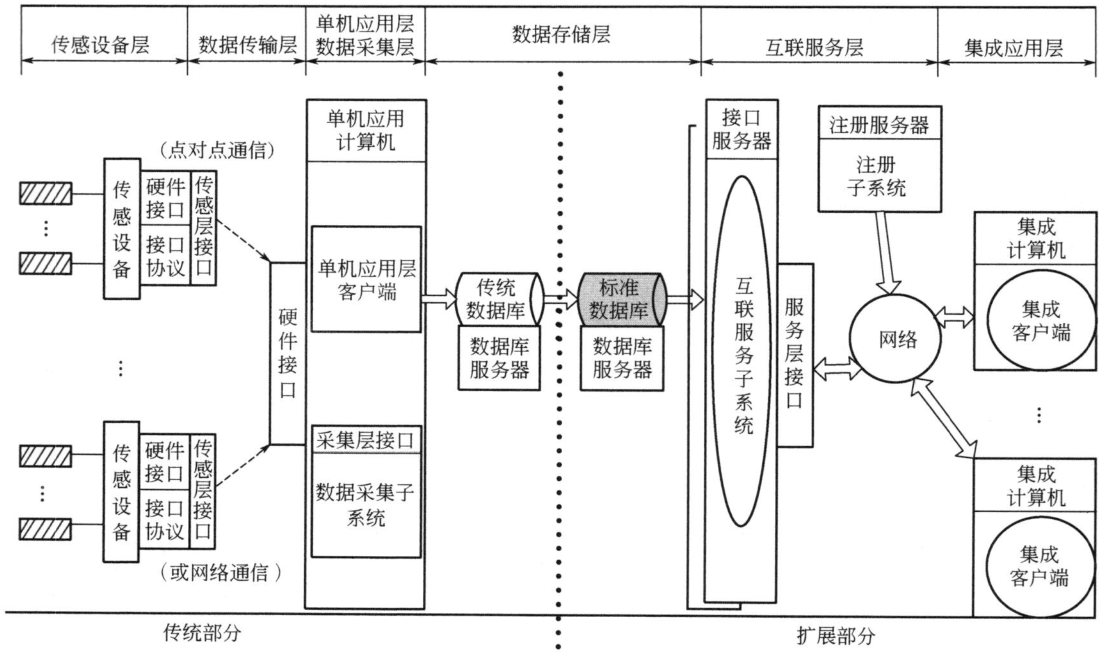

图 6-4　系统互联应用模型 2

6.2　接口标准化模型

通过 6.1 节阐述的内容可以看出，各层间接口标准化是系统间互联的关键和基础，对这些接口如何标准化，需要标准化哪些内容，本节将给出标准化模型，为接口标准化提供参考。

6.2.1　传感层接口

传感设备主要用于和数据采集层进行交互，为采集层提供传感数据等信息，下面从交互方式和数据类别两方面对需要标准化的内容进行描述。

1．交互方式

传感设备与数据采集层交互方式如图 6-5 所示，从该图可以看出数据采集层和传输设备进行交互主要包含两类信息，一类是数据采集层向传感设备发送获取各种信息的命令，另一类是传感设备根据命令要求向数据采集层提供数据。对于目前的实际状况，这些命令和数据都由传感设备生产厂商提供，不同厂商提供的命令和数据格式不同。对于数据采集软件开发者，每当使用一种类型的传感设备，首先需要查询该设备厂商提供的通信协议手册，根据要求编写通信程序，获取传感设备数据后再根据数据格式进行解析，转换得到所需要的数据。传感器的不同使得数据采集软件缺少复用性，开发者需要花费较多的编程和调试时间。

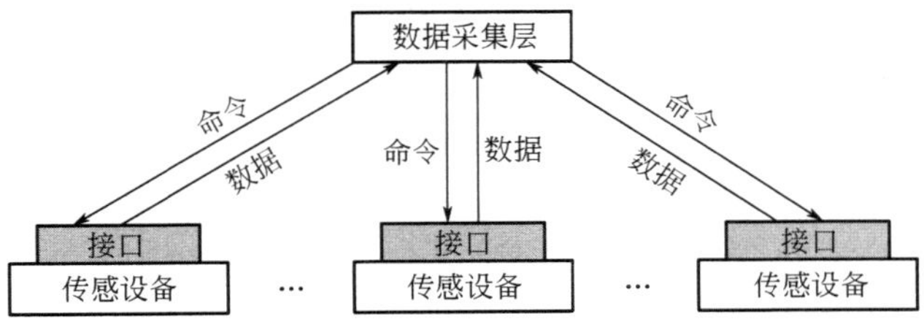

图 6-5
传感设备与数据采集层软件交互方式

2．命令及数据类型

1）命令类型

数据采集层与传感设备之间通信主要采用主从方式，数据采集层软件发送给传感设备的命令主要分为设备控制命令、数据获取命令和传感设备状态查询命令，命令类型如图 6-6 所示。

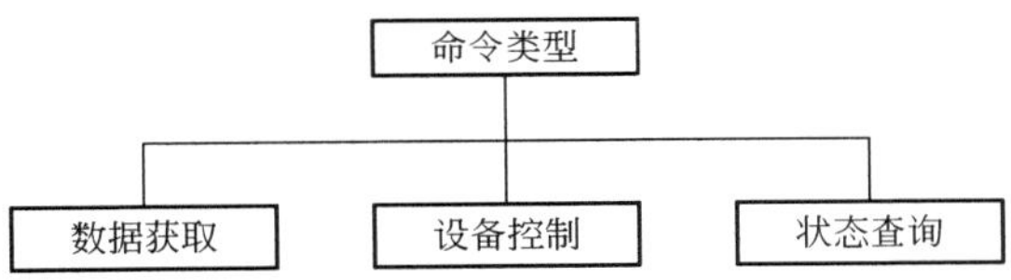

图 6-6
命令类型

其中数据获取命令是数据采集层使用频率最高的命令，在使用数据获取命令时，一般需要命令中提供所需获取的传感参数信息，因一个传感设备可以带有多个传感器，这些传感器可以是相同类型，也可以是不同类型。目前厂商约定表达传感参数的方式多种多样，有些采用字符串，有些是二进制或十进制。有些传感设备，数据采集层软件为获取传感设备数据需要通过相应接口发送多个命令。另外还有一些传感设备，编程者不能直接通过接口发送命令，需要通过调用开发厂商提供的软件进行发送。

随着信息技术的不断发展，传感设备在有些情况下已不再是单纯的感知设备，往往是一个具备综合功能的设备，不仅具有感知功能，还可执行相关的控制动作，简单的可执行设备开关控制，复杂的可利用智能控制算法实现目标控制，如环境温度、相对湿度控制。在这种情况下，为满足用户需求，采集层不仅需要从传感设备获取传感数据，还需要把用户的控制需求通过控制命令发送给传感设备。在发送控制命令时，往往需要先通过状态查询命令获取传感设备状态，如传感设备控制的其他设备的开启或关闭状态，把这样的状态呈现给用户，为用户提供控制参考。

2）数据类型

目前传感设备提供的数据主要包含模拟量传感数据、开关量传感数据、传感设备状态数据和传感设备报警数据，传感设备数据类型如图 6-7 所示。

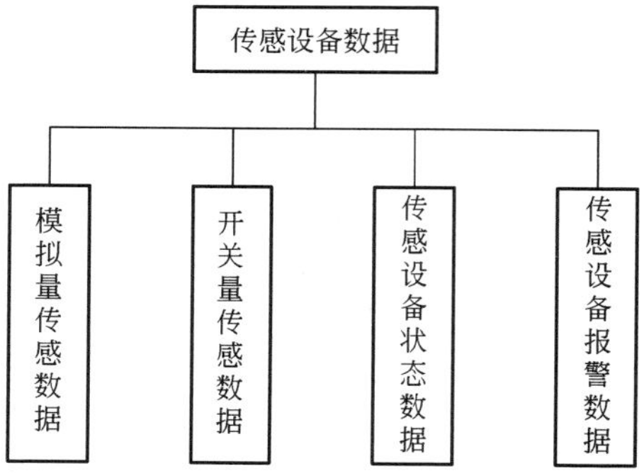

图 6-7
传感设备数据类型

对于传感数据，因不同厂商约定的数据格式不同，当数据采集层获取传感设备数据后，需根据约定的格式进行解析，转换成数据采集层需要的信息格式。传感参数数据分为两类，即模拟量传感数据和开关量传感数据，模拟量传感数据是指感知一种连续变化的参量的数据，如温度或压力；开关量传感数据是指传感设备所感知一种事件的两种状态，如门的“开”“关”，火焰的“有”“无”等。

传感设备状态数据一般指传感设备本身的状态，如传感设备电池“正常”“电压过低”等；也可是传感设备所控制设备的状态，如电灯“开”“关”“损坏”等。这些状态往往超出一位二进制“0”和“1”标识的范围，在较多状态下，需要更长的编码表示。传感设备报警数据是指当传感设备所监测参数超出了正常范围时产生的报警提示信息。这些信息因设备种类及生产厂商不同而具有很大差异。

3）命令参考格式

目前传感设备层接口存在的主要问题，是命令及数据格式不统一，导致数据采集层软件复用性差，为解决此问题，作者提出一种可供参考的命令格式，帮助理解接口标准化的思路和方法。

（1）发送命令。数据采集层软件向传感设备发送的命令格式见表 6-1。

表 6-1　发送命令格式

字段名	起始符	设备地址	命令类型码	命令参数	参数结束符	校验和	结束符
字节数	1	4	4	变长	1	2	1
命令格式	@	4 位十六进制字符	4 位十六进制字符	字符串，用“，”分隔	#	2 位十六进制字符	$

其中“设备地址”字段采用十六进制字符串表示，范围是“0000”～“FFFF”。“命令类型码”字段也采用十六进制字符串表示，命令类型码定义见表 6-2。

表 6-2　命令类型码定义

命令类型编码	功能	说明	备注
“0001”	读数据	读传感参数数据	
“0002”	读状态	读传感设备状态	
“0003”	读报警	读传感设备报警信息	
⋮			自由扩展
“FFFF”	读配置	读设备配置信息	

关于发送命令格式中的“命令参数”字段，传感设备会提供传感参数编号说明，以表 6-3 为例，若请求编号为 1、2、3 和 5 的传感参数数据，“命令参数”字段为“1，2，3，5”，也可采用范围表示法，“命令参数”字段表示为“1-3，5”。对于 “读状态”和“读报警”等命令可采用类似的形式。“校验和”字段的形成方法：将起始符字段至参数结束符字段组成一字符串 M，然后将 M 中每个字符的十进制代码值求和后除以 256 所得的余数，转换为两位十六进制数（不足两位前一位补 0），再把每一位转换为字符作为校验和。

表 6-3　传感参数编号

参数编号	参数类型	参数单位
1	温度	℃
2	温度	℃
3	压力	MPa
4	压力	MPa
5	流量	m^3/s
6	流量	m^3/s

“控制”命令对应的“命令参数”字段，可由传感设备生产厂商采用类似形式进行定义。

（2）命令响应。当数据采集层软件向传感设备发送命令后，传感设备返回数据的参考格式见表 6-4。

表 6-4　返回数据参考格式

字段名	起始符	命令类型码	返回数据	数据结束符	校验和	结束符
字符数	1	2	变长	1	2	1
返回格式	@	4 位十六进制数据字符	见命令说明	#	2 位十六进制字符	

返回数据格式与命令格式相比，只有“返回数据”字段不同，该字段对应“读数据”命令，返回的数据以十进制字符串方式表示，不同的传感数据以“，”隔开，传感数据的顺序和“读数据”命令中“参数列表”中出现的顺序相同。“校验和”字段的形成方法：将起始符字段至数据结束符字段组成一字符串 M，然

后将 M 中每个字符的十进制代码值求和后除以 256 所得的余数，转换为两位十六进制数（不足两位前一位补 0），再把每一位转换为字符作为校验和。

6.2.2 采集层接口

在标准化过程中，由于传感设备层受到传感设备硬件及生产厂商等多种原因的限制，标准制定和推广应用困难较大。采集层的接口不同，受到的制约因素较少，下面从交互方式、命令形式、交互命令和命令转换四个方面，对数据采集层标准化的思路和方法进行叙述。

1. 交互方式

单机应用层与数据采集层交互方式如图 6-8 所示。

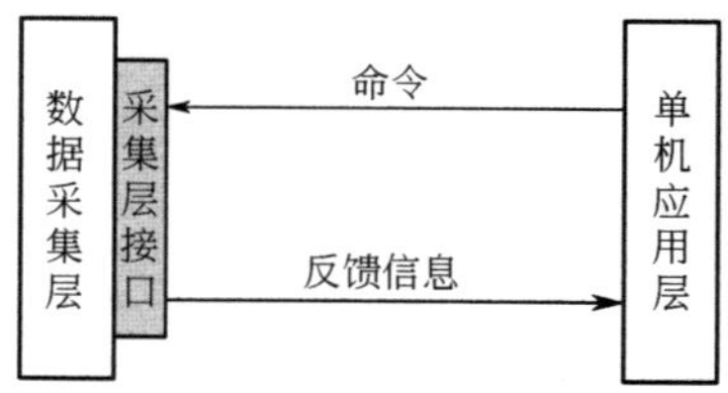

图 6-8
单机应用层与数据采集层交互方式

从该图可以看出，这种交互形式采用主从方式，即单机应用层作为“主方”，数据采集层接口作为“从方”，每进行一次交互，是单机应用层发送相应的命令，数据采集层接口收到命令后反馈相应的信息。由于单机应用层客户端运行的计算机和数据采集层运行的计算机距离现场较近，大多数情况两个计算机处于一个局域网内，因此软件交互可采用 Socket，利用 UDP 协议进行通信。

为避免传感设备层硬件变动对单机应用层的影响，双方交互命令通过采用与硬件无关的方式实现。交互命令为控制命令和读取数据命令，控制命令又分为采集层控制和传感设备层控制命令。

2. 命令形式

对于单机应用层，并不是所有时刻都需要数据采集层采集传感设备的所有传感数据，具体需要采集哪些数据，是由用户操作决定的。例如，有十台冷冻集装箱设备，其中两台没有储存物品，处于空闲状态。这时单机应用层客户端软件不需采集这两台集装箱的传感数据，因此单机应用层客户端向数据采集层发出的命令需要根据实际情况动态调整，下面叙述数据采集命令形成方法。此外，单机应用层客户端不用关心使用何种传感设备，只需关心监测对象对应的传感数据。

从以上叙述可以看出，动态形成数据采集命令，关键是根据单机应用层客户端的操作要求，形成表 6-1 中的“命令参数”字段，为此要为传感设备的每个传感参数分配一个唯一编号作为标识。为说明“命令参数”形成方法，以图 6-9 为例，假设单机应用层客户端需要监测对象 1 和监测对象 4 的数据，形成的“命令参数”字段为“1，4，5，8，9，12”。数据采集层软件收到单机客户端发送的命令后，会根据图 6-9 的对应关系，分别获取传感设备 1、传感设备 2 和传感设备 3 的监测对象 1 和监测对象 4 数据，发送给以上所述的单机应用层客户端软件。

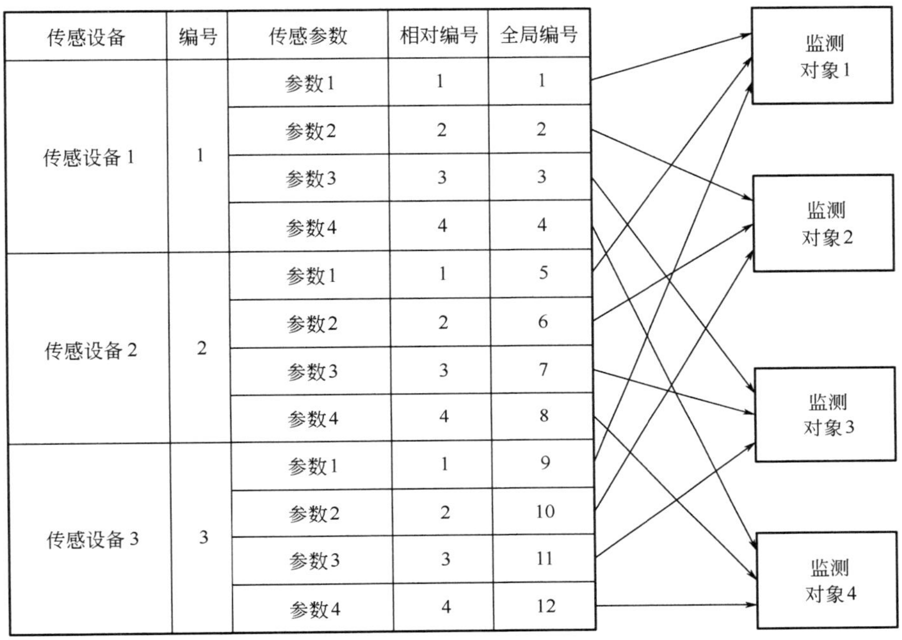

图 6-9
传感参数与监测对象对应关系

3．交互命令

交互命令分为读数据、读状态、读报警和控制四种命令。

1）读数据命令

单机应用层从数据采集层获取传感数据的读数据命令格式见表 6-5。

表 6-5　读数据命令格式

字段名	起始符	类型码	传感参数编号集	编号集结束符	校验和	结束符
字节数	1	1	变长	1	2	1
命令格式	@	“d”	参数编号集，“，”分隔	#	2 位十六进制字符	$

其中“传感参数编号集”字段是单机客户端所需采集的所有传感参数编号的集合，采用字符串表示，这些参数可包含多个传感设备的传感参数，因此这些传感参数的编号采用全局编号，即对应该单机客户端所有传感设备的每一个传感参数具有唯一编号。不同编号间用“，”隔开，也可用编号范围表示，如“1-5”，也可采用混合形式，如“1-5，7，9”。“校验和”字段产生规则：获取传感设备 1。将起始符字段至参数结束符字段组成一字符串 M，然后将 M 中每个字符

的十进制代码值求和后除以 256 所得的余数，转换为两位十六进制数（不足两位前一位补 0），再把每一位转换为字符作为校验和。

读数据命令的返回数据格式参见表 6-6。

表 6-6　返回数据格式

字段名	起始符	类型码	数据	数据结束符	校验和	结束符
字节数	1	1	变长	1	2	1
命令格式	@	d		#	2 位十六进制字符	$

其中只有“数据”字段与表 6-5 不同，该字段是获取的传感参数数值串，不同的传感参数数值间用“，”隔开，而表 6-5 是“传感参数编号集”字段。

2）读状态命令

读状态命令格式见表 6-7，从该表中可以看出，该命令每次可读取一台设备的多个状态。状态编码是数据采集层对传感设备所有状态进行的编码。当单机应用层客户端把这些编码通过读状态命令发送给数据采集层时，数据采集层需根据传感设备命令的具体格式转换后再发送给传感设备。

表 6-7　读状态命令格式

字段名	起始符	类型码	设备编号	设备编号结束符	状态编号集	状态编号集结束符	校验和	结束符
字节数	1	1	4	1	变长	1	4	1
命令格式	@	s	十进制字符串	%	十进制字符串，“，”分隔	#	4 位十六进制字符	$

3）读报警命令

读报警命令格式见表 6-8，与表 6-7 类似，该命令每次可读取一台设备的多个报警信息。报警编码是采集层对传感设备所有报警信息进行的编码。当单机应用层客户端把这些编码通过读报警命令发送给数据采集层时，数据采集层需根据传感设备命令的具体格式转换后再发送给传感设备。

表 6-8　读报警命令格式

字段名	起始符	类型码	设备编号	设备编号结束符	报警编号集	报警编号集结束符	校验和	结束符
字节数	1	1	4	1	变长	1	4	1
命令格式	@	a	十进制字符串	%	十进制字符串，“，”分隔	#	4 位十六进制字符	$

4）状态及报警信息返回格式

读状态命令和读报警命令返回数据格式分别见表 6-9 和表 6-10。这两种命令类似，返回的分别是状态信息和报警信息编码，通过查阅数据采集层定义的状态信息和报警信息编码表获得具体的信息内容。

表 6-9　读状态命令返回数据格式

字段名	起始符	类型码	设备编号	状态值集合	编号集结束符	校验和	结束符
字节数	1	1	4	变长	1	4	1
命令格式	@	s	十进制字符串	十进制字符串，“，”分隔	#	4 位十六进制字符	$

表 6-10　读报警命令返回数据格式

字段名	起始符	类型码	设备编号	状态值集合	编号集结束符	校验和	结束符
字节数	1	1	4	变长	1	4	1
命令格式	@	a	十进制字符串	十进制字符串，“，”分隔	#	4 位十六进制字符	$

5）控制命令

与读数据等命令相比，控制命令较为特殊，不同应用领域，控制的内容差别较大，因此控制命令难以统一。在某一细分领域，控制内容具有很多相同点，通常情况下可以定义统一的控制命令。

例如，对于智能家居领域，控制的主要对象包括电灯、电冰箱、空调、洗衣机、热水器、微波炉、电饭煲、燃气灶，是一个有规律的有限集合，可以针对这些对象定义标准化的控制命令集。控制命令格式可参见表 6-11。除了类型码字段和控制参数字段之外，其余各字段与本节定义的其他命令相同。类型码字段和控制参数字段针对应用细分领域进行定义。

表 6-11　控制命令格式

字段名	起始符	类型码	设备编号	控制参数集	编号集结束符	校验和	结束符
字节数	1	3	4	变长	1	4	1
命令格式	@	3 位十六进制字符编码，表示控制功能	十进制字符串	十进制字符串，“，”分隔	#	4 位十六进制字符	$

对于控制命令的返回数据格式，参见表 6-12。与控制命令字段不同的是“执行状态编码”，作为执行命令的反馈信息，针对应用细分领域进行定义。

表 6-12　控制命令的返回数据格式

字段名	起始符	类型码	设备编号	执行状态编码	编号集结束符	校验和	结束符
字节数	1	3	4	8	1	4	1
命令格式	@	3 位十六进制字符编码，表示控制功能	十进制字符串	8 位十六进制字符	#	4 位十六进制字符	$

4．命令转换

为减少传感设备层硬件与单机应用层客户端之间的耦合度，数据采集层与单机应用层客户端之间定义了与传感设备无关的命令。在传感设备层硬件接口命令没有标准化之前，当数据采集层收到来自单机应用层客户端命令时，需对这些命令进行分析和转化后，与不同的传感设备进行通信。当获取所有传感设备的反馈数据，解析汇总后发送给单机应用层客户端。

6.2.3 数据库转换

数据库转换是把一个数据库中的部分数据或全部数据复制到另外一个系统中，是计算机软件升级常用的方法之一。

1．应用背景

传统的单机客户端系统结构如图 6-10 所示。由于没有预留服务接口，为实现物联网系统，需要对这些系统进行升级改造。升级改造的方法之一，是在原有基础上改写代码，增加对外访问的各种接口。采用这种方法存在两方面的问题，一方面，原有的系统在生产及管理的各环节持续稳定运行，代码升级调试会影响企事业的生产、管理过程；另一方面，这样的系统数量众多，导致升级成本很高，企事业单位难以承受。因此，需要寻求一种低成本，对原有系统影响小的系统升级方法。

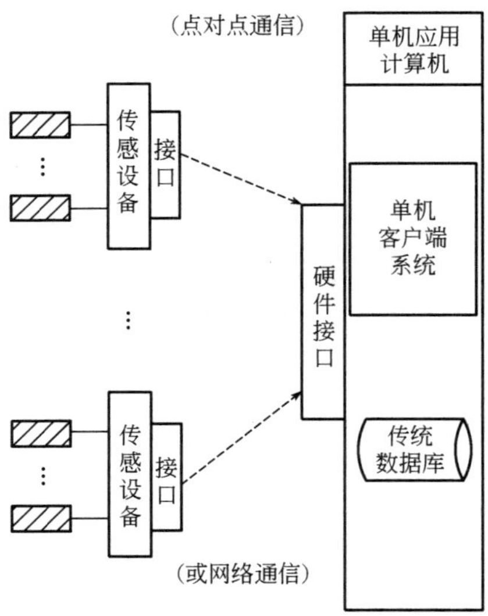

图 6-10 传统的单机客户端系统结构

2. 升级互联方法

单机应用系统平滑升级互联，可以采用图 6-11 所示的方法，首先设计在细分应用领域可以通用的标准化数据库。在该标准数据库基础上，利用互联服务子系统提供外部服务接口协议。利用转换软件，周期性的把传统数据库的数据导入标准数据库中。

这样一方面可以确保原有系统的稳定运行；另一方面，可使接口服务子系统、接口服务协议、物联网系统中的注册服务子系统以及集成客户端都复用，只需一次开发投资，显著降低软件升级互联的成本。

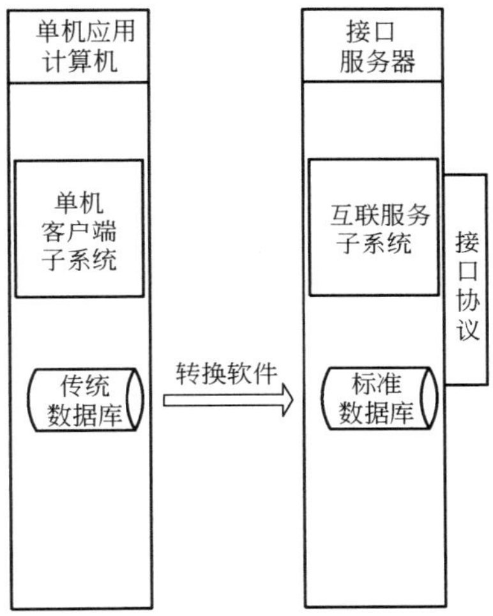

图 6-11
升级互联方法

3. 数据库转换

数据库转换过程中，在定义标准化的数据库结构后，首先需熟悉传统应用系统的数据库结构，找出数据库结构表中各字段之间的对应关系，如图 6-12 所示。为叙述方便，传统应用系统数据库称为源数据库，标准化数据库称为目标数据库。从图 6-12 中可以看出，源数据库和目标数据库存在多种字段对应关系，即两个字段之间是一一直接对应（称为直接对应），源数据库中多个字段组合成目标数据库中的一个字段（称为组合对应），以及源数据库中一个字段分解成目标数据库中的多个字段（称为分解对应）。在确定源数据库和目标数据库各字段之间的对应关系后，通过编写读写数据库软件，把源数据库中数据实时读取到目标数据库中，即可完成数据库转换任务。

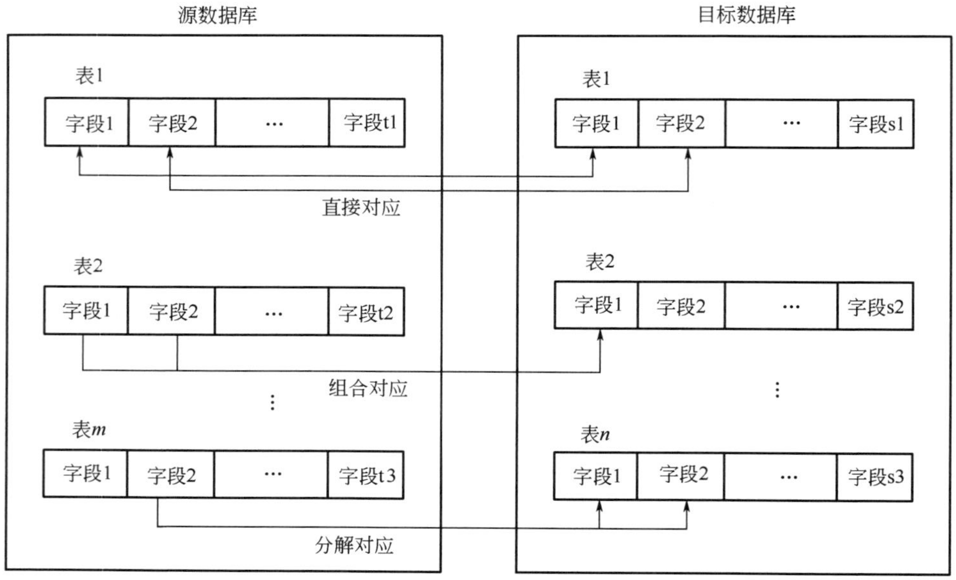

图 6-12　数据库转换方法

6.2.4　互联接口

物联网系统的关键是实现应用系统间的互联，应用系统间互联的基础是需各应用系统间提供标准化的服务接口。对于不同的应用系统，用户需求纷繁复杂，涉及的信息种类繁多，软件结构各异，要实现接口标准化，需要对各种应用系统进行细致了解和深入研究，针对这些问题，提出以下接口标准化的思路和基本方法。

1. 接口技术

为保证互联接口的通用性和实用性，首先需保证接口的使用应与所互联系统编程语言无关，其次根据不同应用领域需求的特点，可采用不同的方法。常用的互联接口技术包含如下三种。

1）Web Service

由于存在大量不同编程语言编写的应用程序，如 C++、Java、Visual Basic 和 COBOL 等，随着信息互联互通需求的不断增长，所有的应用程序都需要与运行在其他异构平台上的应用程序集成并进行数据交换，这样的任务通常都是采用特殊的方法，如文件传输、消息队列等完成，缺乏独立于平台和编程语言的应用程序统一通信标准。

Web Service 为解决这一问题，提供了较为完善的解决方案。该技术可使得运行在不同机器上的不同编程语言的应用程序，无需借助附加的、专门的第三方软件或硬件，即可方便地进行数据交换和数据集成。Web Service 为整个企业甚至多个组织之间的信息集成提供了一个通用机制。

实际上 Web Service 就是一个应用程序，它向外界暴露出一个能够通过 Web 进行调用的 API，使用开放的标准来描述、发布、发现、协调和配置这些应用程序。能够用编程的方法通过 Web 来调用这个应用程序，与调用软件的运行平台和编程语言无关。

2）MQ

MQ（Message Queue）与 Web Service 都是跨平台的通信方式。Web Service 通常用于处理实时性要求较高的请求，当客户端向服务器端发出请求后，处于等待状态，直到获取服务器端的返回结果。因此采用 Web Service 技术，客户端与服务器端需要同步工作，当需要处理的请求耗时较长时，降低了客户端的工作效率。MQ 作为企业级应用的中间件存在，当客户端请求发出后，可以继续去执行其他任务，当请求被处理完成后，MQ 再通知客户端接收返回结果。采用 MQ 技术，客户端与服务器端需要异步工作，在完成负荷较重的请求任务时，客户端无需等待，有效提高了客户端的运行效率，弥补了 Web Service 技术的不足。

3）FTP

FTP（File Transport Protocol）可让用户连接一台远程计算机（这台计算机上运行着 FTP 服务器程序）查看该计算机有哪些文件，然后把文件从远程计算机上复制至本地计算机，或把本地计算机的文件发送到远程计算机。FTP 工作原理为，当用户启动 FTP 从远程计算机复制文件时，事实上启动了两个程序：一个本地机上的 FTP 客户程序，它向 FTP 服务器提出复制文件请求；另一个是启动远程计算机上的 FTP 服务器程序，它响应用户的请求并把用户指定的文件传送到本地计算机中。FTP 采用“客户机/服务器”方式，用户端要在自己的本地计算机上安装 FTP 客户程序。FTP 客户程序有字符界面和图形界面两种，字符界面的 FTP 的命令复杂、繁多；图形界面的 FTP 客户程序，操作上要简洁方便。

2. 接口内容

对于单机应用系统，需要通过外部接口提供的数据类型如图 6-13 所示。其中包括导航数据、系统信息、设备信息、监测索引、监测结果、监测参数、参数分组和传感数据。导航数据、系统信息和设备信息用于在集成客户端再现现场的监测状态。另外几种数据类型用于实现以监测对象为核心的传感数据检索，监测对象信息包含在监测索引数据中。对于 FTP、Web Service 和 MQ 接口类型的选择，可根据具体应用场景的特点而定。

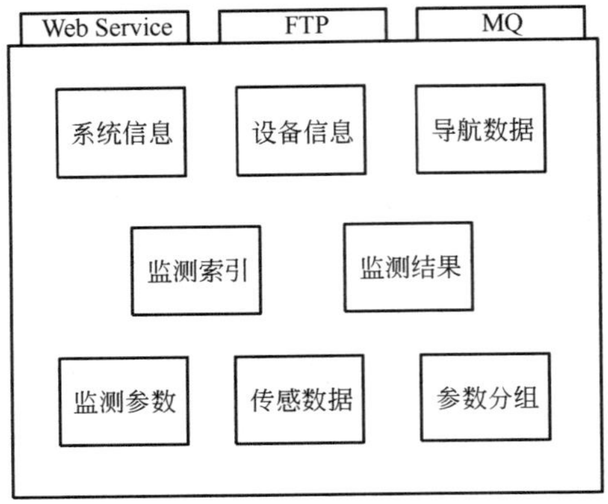

图 6-13
接口数据类型

6.3 国际标准案例

国际上有多个从事标准制定的组织，如 ITU（International Telecommunication Union）、IEC（International Electrotechnical Commission）和 ISO（International Organization for Standardization）。这些组织负责应用领域的侧重点不同。其中，ITU 是世界各国政府的电信主管部门之间，协调电信事务方面的组织，成立于 1865 年；IEC 成立于 1906 年，主要侧重于电器工程和电子工程领域的标准化工作；ISO 成立于 1946 年，主要从事 IEC 和 ITU 工作领域之外所有领域的标准化工作。目前这些国际组织在某些领域的工作也存在范围交叉的现象。历史上这些组织的领导岗位大都由西方国家的成员担任，大多数国际标准也由发达的西方国家完成。目前，ISO 组织的主席（任期 2015—2017 年）、IEC 组织的副主席（任期 2013—2015 年，2016—2018 年），以及 ITU 秘书长（任期 2015—2018 年）由我国专家担任，这是我国在国际标准化组织担任领导级别最高和人数最多的时期。我国近年来在国际标准化工作方面的进步显著，但是所完成国际标准的数量在这些组织中所占的比例还很小。

IEEE（Institute of Electrical and Electronics Engineers）是一个国际性的电子技术与信息科学工程师的学会，也是目前全球最大的非营利性专业学会，遍布 160 多个国家，该组织也从事相关国际标准的制定。ISO、ITU 和 IEC 制定国际标准具有一个共同的特点，在标准制定投票时，每个国家只能投一票。IEEE 投票方式则不同，可采用两种方式之一进行投票，一种是投票单位是以参加单位的方式进行投票，即参加标准制定的每个单位可以投一票；另一种是参加标准制定的每位人员可以投一票。这两种方式的选择需在标准立项时确定。IEEE 在计算机网络领域制定了 IEEE 802.3（以太网标准）、IEEE 802.11（WiFi）等非常有影响力的标准。下面以 IEEE 1851 国际标准为例介绍系统互联标准的原理。

6.3.1　标准背景

近些年来，利用计算机代替手工进行面向传感器的自动化数据采集有效提高了工作效率，数据存储、分析变得更为容易和便利。因此，这些系统的数量在短时期内急剧增长，目前在有些大型企业中已经非常庞大，有几百套甚至近千套。例如，在家电制造业，每一种家电产品在设计、小规模验证和大规模生产的每个阶段，都需要进行各种测试，存在大量基于传感器的测试系统，包括性能测试、可靠性测试、抽样测试等。这些系统采用的传感设备类型和数量各不相同，由于缺乏经验进行顶层规划设计，这些系统各自独立、结构各异。当企业相关人员在获取检测数据过程中，经常需要在不同的系统间进行切换。有时出于对异地信息频繁查询和分析的需要，需要企业人员跨地域进行操作。对于企业的高效率产品研发、设计、生产和管理形成了严重制约。

为解决上述问题，针对家电企业的特点，作者于 2008 年通过 IEEE 标准化委员会提出了标准立项申请并获得立项批准，标准名称为 Design Criteria of Integrated Sensor-based Test Applications for Household Appliances（基于传感器的家电测试软件集成设计规范），编号为 1851，简称为 IEEE 1851 国际标准。该标准于 2012 年 8 月获得批准发布，包括美国、日本、韩国和加拿大在内的多个国家的成员参与了该标准的制定。随着物联网和大数据时期的到来，人们对系统互联和信息互通提出了更高的要求，该标准随之得到越来越多的关注和重视，目前该标准应用于海尔、美的等大型家电企业，在电冰箱、空调、洗衣机、热水器、厨房电器等各种家用电器的各种测试系统，得到较为广泛的应用。

对于家电系统的测试，测试过程和方法依赖家电领域的各种检测标准，硬件主要采用各种智能仪表和数据采集器。这些仪表或数据采集器连接传感器进行测量，测量参数包括温度、相对湿度、电压、电流、功率、耗电量、压力、流量等，根据测试的产品类别和测试项目不同而不同。计算机通过通信接口与智能仪表和数据采集器相连，利用相应的通信协议从智能仪表和数据采集器获取传感数据，实现被测产品的数据存储、查询和分析处理。当然，在家电制造业中，由于受到智能设备和传感器的限制，仍然有一定数量手工测试项目。制定 IEEE 1851 国际标准的目的是解决各种家电自动化测试系统之间的互联和信息互通。

6.3.2　标准框架

IEEE 1851 国际标准中的系统框架包含两部分，第一部分约定了单机应用系统的框架，第二部分是单机应用系统互联框架。

1. 单机应用系统框架

单机应用系统框架如图 6-14 所示，描述了利用传感设备和计算机对各种家电进行测试的统一框架结构，包括如下几部分。

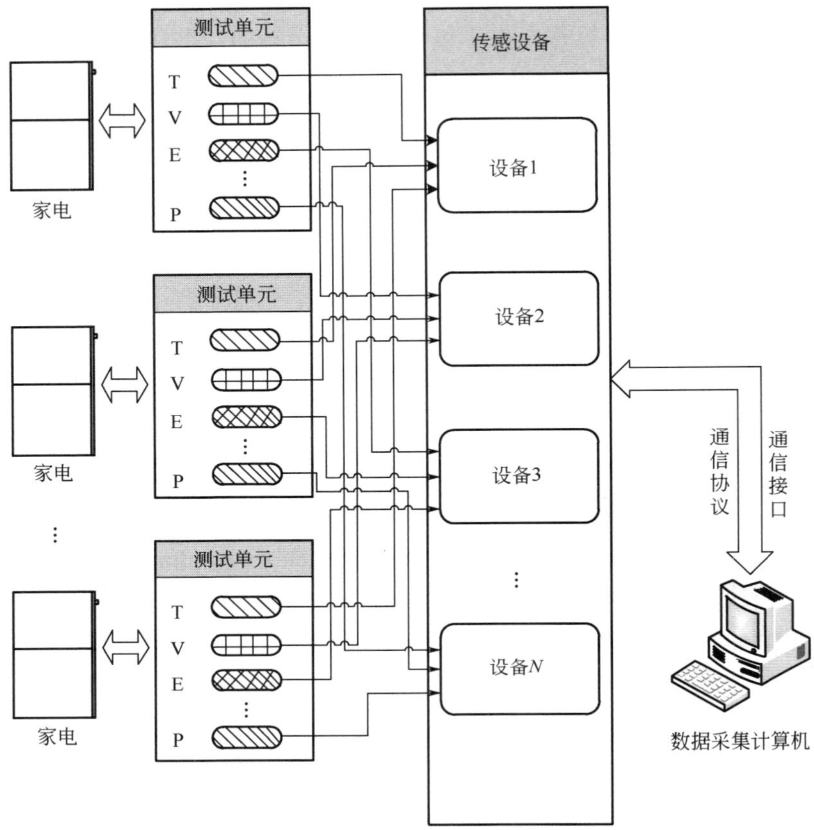

图 6-14
单机应用系统框架

1）被测产品

图 6-14 中最左边表示的是被测家电产品，在具体测试时，被测产品可以是电冰箱、洗衣机、空调、热水器等某一种家电类型。通常情况下，不同种类的家电产品不会放置在同一测试系统中进行测试。

2）测试单元

测试单元等同于本书中定义的监测单元。在企业中这种测试单元也俗称为“工位”或“台位”。测试单元包含用于放置被测产品的工作台、家电测试需使用的各种传感器，以及家用电器运行所需的电源。

3）传感设备

为完成家电测试，需使用多台相关的传感设备，这些传感设备分别和测试单元中对应的传感器相连。

4）计算机

计算机通过相应接口与传感设备进行硬件连接，该计算机所运行的测试软件通过计算机通信接口获取各种传感器的数据，实现传感及被测产品数据的存储、管理和分析。

2．系统互联框架

为实现多个单机应用系统的互联，IEEE 1851 国际标准确定的互联参考框架如图 6-15 所示。其中包括数据采集计算机、数据服务器、注册服务器和集成访问终端四部分。

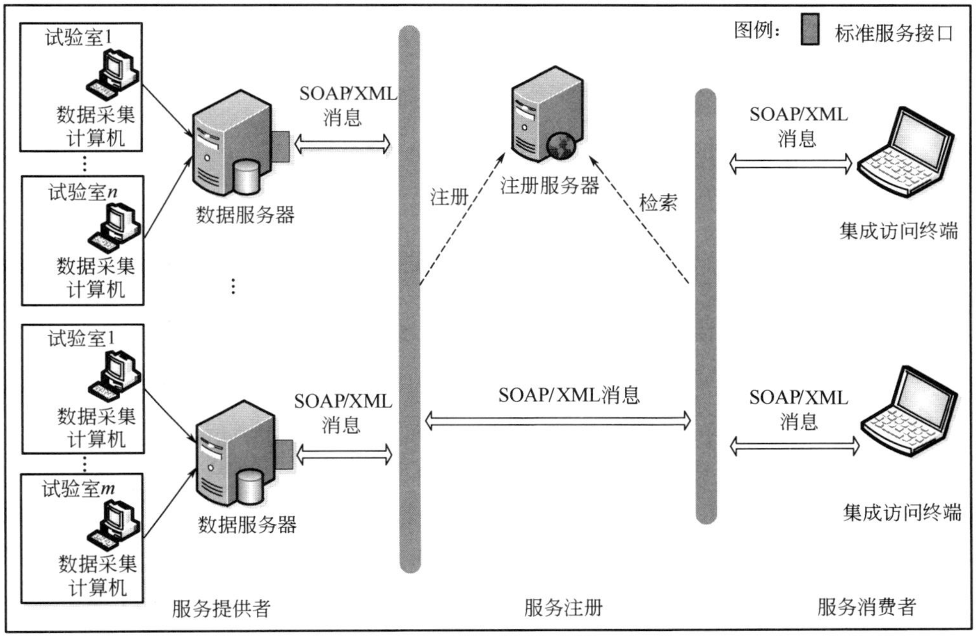

图 6-15　系统互联框架

1）数据采集计算机

与图 6-14 中定义的数据采集计算机相同，其连接传感设备，运行在该计算机的单机客户端系统软件负责把监测数据存储到数据服务器。

2）数据服务器

实现多个单机应用系统的数据存储，同时该服务器运行的互联服务子系统提供标准化的软件服务接口，该标准对该软件服务接口进行详细约定。

3）注册服务器

提供单机应用系统及服务接口的注册管理，为访问物联网系统的集成访问终端，提供单机应用系统及服务接口的索引查询服务。

4）集成访问终端

集成访问终端运行的集成客户端软件，通过注册服务器为用户提供单机应用系统列表，当用户选择需要访问的单机应用系统后，集成客户端软件根据注册服务器提供的单机应用系统服务接口索引，包括 IP 地址和端口号等，找到相应的数据服务器，通过调用数据库服务器的标准接口，实现所需数据的访问。

IEEE 1851 标准中，把系统互联框架的用户分为三类，即试验室用户、企业级用户和政府监管级用户。试验室用户主要操作对应试验室的单机应用系统。企业级用户可利用集成客户端访问任何试验室的测试数据。政府监管级用户的任务是抽查试验室数据，以确认产品质量的可靠性。由于受到企业内部网络和外部网络隔离的限制，本标准中采用了文件的方式进行数据交换，即在内部网中把政府监管级用户所需访问的数据导出到移动存储介质中，通过交付移动存储介质的方式传输数据。

6.3.3 服务接口

单机应用系统间互联，通过服务接口实现。IEEE 1851 国际标准中定义了多种服务接口，下面对这些服务接口进行简要介绍，以便更深入和具体地理解系统互联的原理和内容。关于这些服务接口的详细内容及异常处理，请参阅该标准文档。

1. 接口及数据类型

考虑到应用的具体需求，以及受当时技术发展现状的限制，IEEE 服务接口中，共提供了四种类型的数据，如图 6-16 中背景为灰色部分的内容，包括系统信息、监测索引、监测参数和传感数据。服务接口采用 Web Service 技术实现。

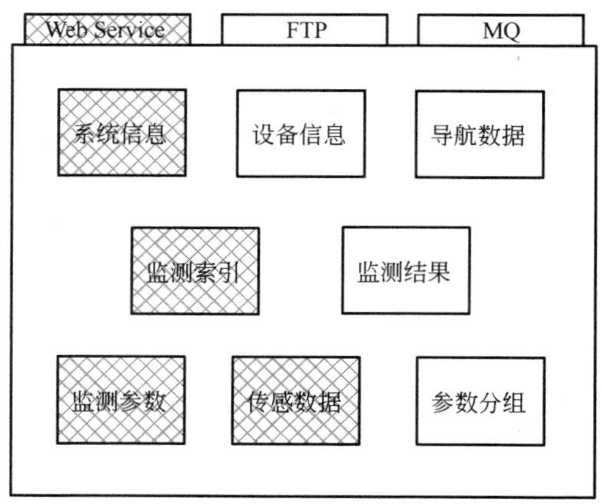

图 6-16
IEEE 1851 数据类型

2. 服务接口

1）系统信息

获取服务接口支持语言。

服务接口：getSupportedLanguage。

功能：返回服务提供者所支持的语言信息，服务提供者可以支持多种语言，如中文、英文等。所支持语言缩写按照 ISO 639-3 标准中的说明编写。

请求参数：无□。

2）监测索引

（1）试验室列表查询。

服务接口：getLaboratoryInfo。

功能：返回注册中心所注册的产品测试试验室名称列表。

请求参数：从 getSupportedLanguages 操作中返回的一个语言缩写。

（2）索引条目查询。

服务接口：getInputItem。

功能：返回索引数据所包含条目的最大集合。

请求参数：从 getSupportedLanguages 操作返回的一个语言缩写。

（3）索引数据数量查询。

服务接口：getTestMetaDataNum。

功能：返回满足特定条件的索引数据条数，被测家电产品的每个测试项目对应的索引数据组成一条索引数据。

请求参数：决定测试元数据条目的约束条件。

（4）索引数据查询。

服务接口：getTestMetaData。

功能：获取满足特定要求的测试元数据。

请求参数：包括要获取测试元数据的具体约束条件。

3）监测参数

（1）监测参数查询。

服务接口：getSensorMetaData。

功能：操作的目的是获取一次测试的监测参数，即对一次测试所使用监测参数的描述数据，包括每个监测参数的编号、名称、数值单位、数值范围等。

请求参数：包括语言缩写和用来指定一次测试标识的信息。

（2）获取关键参数。

服务接口：getSensorofKeyParameter。

功能：获取与关键参数对应的一次指定测试的传感器参数。关键参数用于软件对特殊参数数据进行识别，标准中定义了关键参数编号及名称列表。

请求参数：包括试验室编号和一次测试的标识信息。

4）传感数据

（1）最大数据查询量。

服务接口：getMaxDataQuantity。

功能：返回每次传感数据查询所允许的最大数据量，用查询的时间跨度表示，单位 min。

请求参数：无。

（2）获取测试数据。

服务接口：getTestData。

功能：获取一次测试的测试数据。

请求参数：包括指定一次测试的标识信息和测试数据的时间范围。

6.4 国家标准案例

我国的标准分为国家标准、行业标准、地方标准和企业标准。需要在全国范围内统一的技术标准，应该制定国家标准。国家标准化委员会是标准管理的最高组织机构。根据技术领域划分，国家标准委员会下设近 300 个专业标准化技术委员会（TC），每个技术委员会通常又下设多个分技术委员会（SC）或专业标准化工作组。计算机专业领域的标准属于全国信息技术标准化技术委员会（TC28）。标准制定过程中，需要向相应的分技术委员会或工作组提出标准申请，达成一致后，经过专业标准化技术委员会向国家标准委员会提出立项申请，立项后正式开始标准的起草和制定工作。下面介绍国家标准 GB/T 33137—2016《基于传感器的产品监测软件集成接口规范》的背景和主要内容。

6.4.1 标准背景

IEEE 1851 国际标准主要针对家电产品测试，通过增加服务接口实现单机测试系统之间的互联。该国家标准在 IEEE 1851 国际标准基础上，把应用范围从家电测试拓展到了各种产品测试。对于物联网的七层结构模型，IEEE 1851 国际标准只是在系统互联服务层提供了服务接口。为提高单机应用系统的复用性，降低软件开发成本，该国家标准不仅在互联服务层定义了标准接口，还在数据采集层定义了标准接口，这些接口实现了单机应用层和传感设备层硬件的逻辑隔离，可有效提高单机应用层软件的可复用性。

面对工业 4.0 及信息互联互通的需要，产品测试信息化系统不仅需要各单机测试系统之间的互联，还涉及监测管理系统。监测管理系统的主要功能包括测试计划下达、测试样机登记、测试标准及测试设备管理和测试报告发布等。监测管理系统需要获取测试报告对应单机测试系统中的测试数据，反过来单机测试系统需要监测管理系统中对应的测试计划信息，因此在国家标准中增加了这两个系统间的互联接口。

6.4.2 标准框架

该标准定义了产品监测系统的体系结构参考框架，该框架结构如图 6-17 所示。总体分为产品监测子系统、数据服务子系统和监测管理子系统三部分。图 6-17 中黑色部分指明了基于传感器的产品监测软件集成需要标准化的部分，每一部分所完成功能相对独立。

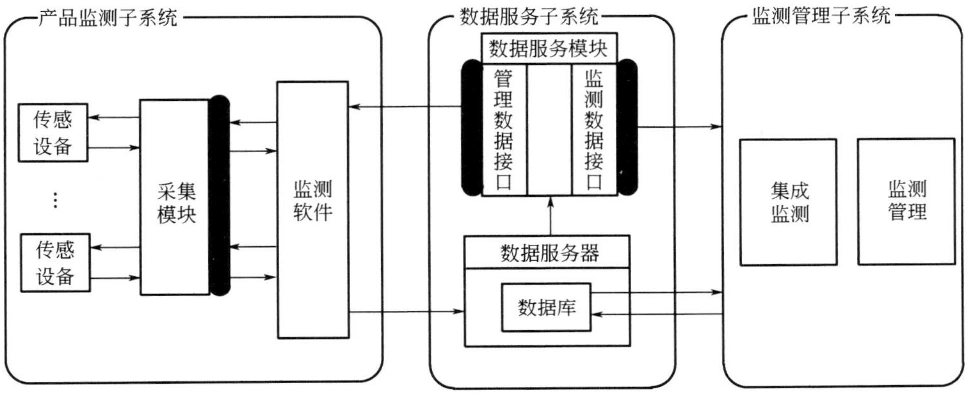

图 6-17　总体框架

1．产品监测子系统

产品监测子系统由传感设备、采集模块和监测软件组成，通过传感设备获得被测量对象的测试数据，并为用户提供数据存储和分析处理功能。采集模块属于 IoT 七层模型中的数据采集层，监测软件属于该模型中的单机应用层。

2．数据服务子系统

（1）数据服务器：由硬件存储设备和数据库管理系统组成，实现了异构产品监测软件系统数据的集中存储。

（2）数据服务模块：负责提供外部数据访问服务，由测试数据接口和管理数据接口组成，采用 Web Service 技术实现。其数据来源于数据服务器。测试数据接口主要提供产品安全、可靠性、性能等原始测试数据，管理数据接口主要提供产品属性的描述性信息。

3．监测管理子系统

监测管理子系统由集成监测软件和监测管理软件两部分组成。用户可利用集成监测软件实现任意一个产品监测子系统的实时和历史数据访问。监测管理软件主要实现产品测试的过程管理，包括测试标准、测试设备管理、测试样机管理、测试任务下达、执行进度管理和测试报告发布功能。

6.4.3 标准接口

根据 IoT 七层结构模型，把该国家标准中定义的结构分为数据采集层接口和互联服务层接口。下面简要介绍该接口的组成，详细说明可查阅该国家标准文档。

1．数据采集层接口

数据采集层接口利用采集模块从传感设备获取有关信息并提供给监测软件。下面从数据采集层提供的数据类型和接口功能两方面进行叙述。

1）数据类型

数据采集层接口共提供三种类型的数据，如图 6-18 中背景为灰色部分的内容，包括设备信息、监测参数和传感数据。接口采用 Socket 技术实现。其中监测参数和传感数据分别只包含传感设备的传感参数和传感参数对应的传感数据。

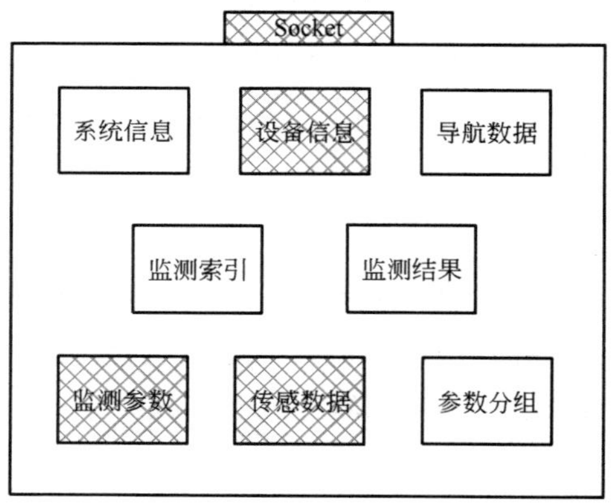

图 6-18 数据采集层数据类型

2）接口功能

数据采集层接口指图 6-17 中，采集模块为监测软件提供的调用接口，该接口具有如下主要功能。

（1）获取传感设备文件：用来读取传感设备文件，与监测软件之间采用 TCP/IP 协议进行通信。该传感设备文件主要包括传感设备类型、厂商，测量的传感参数，对应的编号等信息。监测软件依据该文件信息确定被测家电产品和各传感设备及测量参数之间的对应关系。

（2）控制接口：用来控制通信子模块的启动和停止，采用 UDP 协议。采集模块软件包括通信和控制两个子模块。通信子模块负责与传感设备通信，获取传感数据。由于通信子模块软件可靠性受到传感设备硬件运行稳定性和通信干扰因素的影响，有些情况下会出现非受控状态。为提高软件运行稳定性，在采集模块中增加了控制子模块，该模块负荷较轻，运行稳定。监测软件通过向控制子模块发送命令，控制子模块根据监测软件发送的命令对通信子模块进行控制，实现通信子模块的启动、停止和内存清除等功能。以启动命令为例，说明控制方法，该命令格式见表 6-13。

表 6-13　启动采集模块的通信命令格式

编号	(a)	(b)	(c)	(d)	(e)	(f)
命令内容	#	APC*	APStart	&	校验码	!
字节数	1	4	7	1	2	1

该命令分为 6 部分：(a) 表示命令开始符；(b) 表示控制命令；(c) 表示本命令用来启动采集模块；(d) 表示分割符；(e) 表示校验码。计算方法是将 (a) ～ (d) 组成字符串 M，然后将 M 中每个字符 ASCII 码的十进制代码值求和后除以 256 所得的余数，转换为两位十六进制数（不足两位前一位补 0），再把每一位转换为字符作为校验码；(f) 表示命令结束符。

启动采集模块的通信命令响应数据格式见表 6-14。

表 6-14　启动采集模块的通信命令响应数据格式

编号	(a)	(b)	(c)	(d)	(e)	(f)	(g)	(h)	(i)
命令内容	#	R	APC*	APStart	&	结果	&	校验码	!
字节数	1	1	4	7	1	1	1	2	1

该命令分为 9 部分：(a) 表示命令开始符；(b) 表示返回结果；(c) 表示控制命令；(d) 表示本命令为启动采集模块；(e) 表示分割符；(f) 表示命令是否启动成功，字符 0 表示启动失败，字符 1 表示启动成功；(g) 表示分割符；(h) 表示校验码。计算方法是将 (a) ～ (g) 组成字符串 M，然后将 M 中每个字符按照在 GB/T 1988—1998 中第 10 部分表 4 中规定的十进制代码值求和后除以 256 所得的余数，转换为两位十六进制数（不足两位前一位补 0），再把每一位转换为字符作为校验码；(i) 表示命令结束符。

(3) 获取采集数据：本接口用来获取传感参数的采集数据，包括模拟值和状态量，请求采集数据的通信命令格式见表 6-15。

表 6-15　请求采集数据的通信命令格式

编号	(a)	(b)	(c)	(d)	(e)	(f)
命令内容	#	DR*	SensorList	&	校验码	!
字节数	1	3	N	1	2	1

该命令分为 6 部分：(a) 表示命令开始符；(b) 表示获取传感参数数据命令；(c) 表示请求的传感参数列表，SensorList 格式为“传感参数 1ID，传感参数 2ID，…”，N 不大于 65535；(d) 表示分割符；(e) 表示校验码。计算方

法是将（a）～（d）组成字符串 M，然后将 M 中每个字符 ASCII 十进制代码值求和后除以 256 所得的余数，转换为两位十六进制数（不足两位前一位补 0），再把每一位转换为字符作为校验码；（f）表示命令结束符。

响应：请求采集数据的通信命令响应数据格式见表 6-16。

表 6-16　请求采集数据的通信命令响应数据格式

编号	（a）	（b）	（c）	（d）	（e）	（f）	（g）	（h）
命令内容	#	d	yyyy-MM-ddHH：mm：ss.fff	&	DataList	$	校验码	!
字节数	1	1	23	1	N	1	2	1

该命令分为 8 部分：（a）表示命令开始符；（b）表示返回结果为测试数据；（c）表示标准化时间，格式为“yyyy-MM-ddHH：mm：ss.fff”，即“年年年年-月月-日日小时：分钟：秒.毫秒”，可参考标准 GB/T 7408—2005；（d）表示分割符；（e）表示返回的采集数据，DataList 格式为“传感参数 1ID，值 1@传感参数 2ID，值 2@…”，其中“值 1”“值 2”为十进制数据，如果为无效值，则用字符串 NULL 表示，N 不大于 65535；（f）表示分割符；（g）表示校验码。计算方法是将（a）～（h）组成字符串 M，将 M 中每个字符按照 ASCII 十进制代码值求和后除以 256 所得的余数，转换为两位十六进制数（不足两位前一位补 0），再把每一位转换为字符作为校验码；（h）表示命令结束符。

（4）控制设备参数接口：本接口用来控制设备参数，包括设置模拟数值和状态量，控制设备参数的通信命令格式见表 6-17。

表 6-17　控制设备参数的通信命令格式

编号	（a）	（b）	（c）	（d）	（e）	（f）
命令内容	#	SET*	SensorValueList	&	校验码	!
字节数	1	4	N	1	2	1

该命令分为 6 部分：（a）表示命令开始符；（b）表示本命令用来控制设备参数；（c）表示需要设置的设备参数列表，SensorValueList 格式为“传感参数 1ID，值 1@传感参数 2ID，值 2@…”，N 不大于 65535；（d）表示分割符；（e）表示校验码。计算方法是将（a）～（d）组成字符串 M，然后将 M 中每个字符按照在 GB/T 1988—1998 中第 10 部分表 4 中规定的十进制代码值求和后除以 256 所得的余数，转换为两位十六进制数（不足两位前一位补 0），再把每一位转换为字符作为校验码；（f）表示命令结束符。

控制设备参数的通信命令响应数据格式见表 6-18。

表 6-18　控制设备参数的通信命令响应数据格式

编号	（a）	（b）	（c）	（d）	（e）	（f）	（g）	（h）
命令内容	#	SET*	YYYY-MM -DDhh：mm：ss.fff	&	ResultList	&	校验码	!
字节数	1	4	23	1	N	1	2	1

该命令分为 8 部分：（a）表示命令开始符；（b）表示返回值为控制设备参数的结果；（c）表示标准化时间，格式为“YYYY-MM-DDhh：mm：ss.fff”，即“年年年年-月月-日日小时：分钟：秒.毫秒”，可参考标准 GB/T 7408—2005；（d）表示分割符；（e）表示返回控制设备参数的结果，ResultList 格式为“传感参数 1ID，值 1@传感参数 2ID，值 2@…”，其中“值 1”“值 2”只有两种值，字符 0 或者字符 1，其中值为字符 1 表示设置成功，值为字符 0 表示设置失败；（f）表示分割符；（g）表示校验码。计算方法是将（a）～（f）组成字符串 M，然后将 M 中每个字符按照 ASCII 的十进制代码值求和后除以 256 所得的余数，转换为两位十六进制数（不足两位前一位补 0），再把每一位转换为字符作为校验码；（h）表示命令结束符。

2．互联服务层接口

1）接口数据类型

互联服务层共提供五种类型的数据，如图 6-19 中背景为灰色部分的内容，包括系统信息、监测索引、监测参数、监测结果和传感数据。接口采用 Web Service 技术实现。

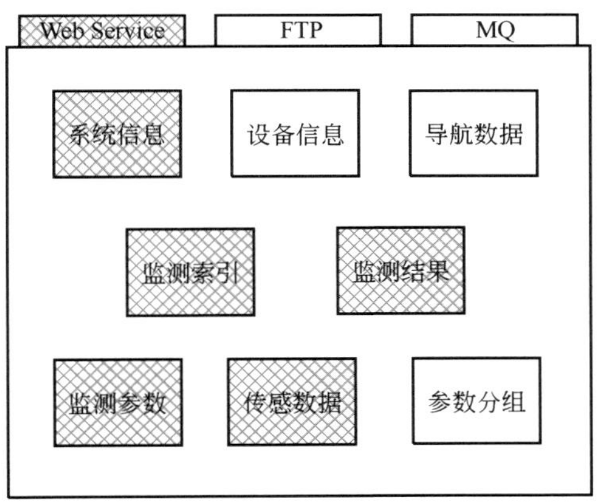

图 6-19
互联服务层数据类型

2）服务接口

（1）获取监测参数。

服务接口：getParameterInfo。

功能：获取某个测试任务中的监测参数集合。

请求参数：测试任务编号。

（2）获取测试数据。

服务接口：getTestData。

功能：获取某个测试任务中的测试数据。

请求参数：测试任务编号、时间范围起点、时间范围止点。

（3）获取指定测试任务集合。

服务接口：getUnstartedTask。

功能：查询已分配给指定用户的测试任务集合。

请求参数：用户名、测试任务时间下限、测试任务时间上限。

（4）获取已完成的测试任务集合。

服务接口：getFinishedTask。

功能：获取指定用户已完成的测试任务集合。

请求参数：用户名、测试任务时间下限、测试任务时间上限。

（5）获取测试任务元数据。

服务接口：getTaskMetaData。

功能：获取测试任务元数据集合。

请求参数：测试任务编号。

（6）获取待测项目。

服务接口：getTestItem。

功能：获取待测试产品的测试项目集合。

请求参数：测试任务编号。

（7）获取测试任务信息。

服务接口：getTaskInfo。

功能：获取测试任务描述信息。

请求参数：测试任务编号。

（8）获取测试报告。

服务接口：getTaskReport。

功能：获取测试任务对应的测试报告。

请求参数：测试任务编号。

6.5 集成客户端

系统互联服务层提供服务接口的目的之一，是供集成客户端调用，满足用户全局信息访问的需求。用户利用集成客户端软件，可以访问任一单机应用层客户端的数据，并能以单机应用层客户端相同的方式，显示传感数据列表和参数变化曲线等信息，从而可以实现全局信息的综合查询。集成客户端软件可通过两种方式实现，一种是以 IoT 仪器模型为核心的设计开发模式，另一种是在互联服务层接口基础上，针对用户具体需求单独开发。采用第一种方式的优点是所开发的 IoT 仪器代码得到了最大程度的共享利用，缺点是全局大数据分析功能难以集成。第二种方式的缺点是代码开发工作量大，开发过程复杂，优点是全局大数据可以得到更加有效地利用。

本书主要讲述以 IoT 仪器为核心的设计开发模式，在这种模式中，单机应用层客户端采用采集层 IoT 仪器模型开发，集成客户端采用服务层 IoT 仪器模型开发，两类客户端软件处理的数据类型基本相同，都包括监测索引、传感参数描述和传感参数数据等信息。不同点一方面是数据来源不同；另一方面是处理的数据范围不同，单机客户端只处理本客户端相关的传感数据，而集成客户端处理的是多个单机客户端对应的传感数据。下面从软件结构和运行过程两方面对集成客户端的原理进行说明。

6.5.1　软件结构

集成客户端的应用架构如图 6-20 所示，该架构是以第 2 章提出的“云服务模型”为基础进行构建的。从该图中可以看出，云服务中心中的数据中心存储了来自物联网节点 1～节点 n 的多个物联网节点数据。注册中心存储了各物联网节点的名称及服务接口的索引信息，接口索引主要包括接口的 IP 地址和端口号。软件中心包含了 IoT 仪器软件代码库，其中分为采集层 IoT 仪器软件代码和服务层 IoT 仪器软件代码两类。为便于叙述，假设对应物联网节点 1 客户端功能的采集层 IoT 仪器和服务层 IoT 仪器软件代码，分别为采集层 IoT 仪器代码 1 和服务层 IoT 仪器代码 1。集成客户端通过标准服务接口访问云服务中心。当集成客户端启动时，从云服务中心的注册中心加载物联网节点名称，界面如图 6-21 所示。

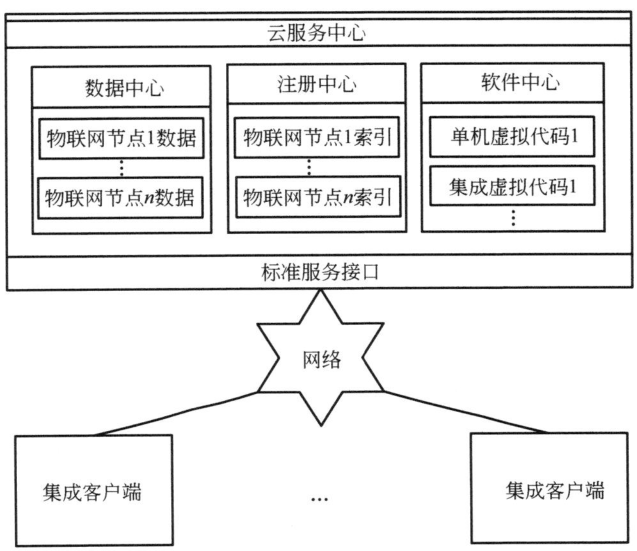

图 6-20
集成客户端应用架构

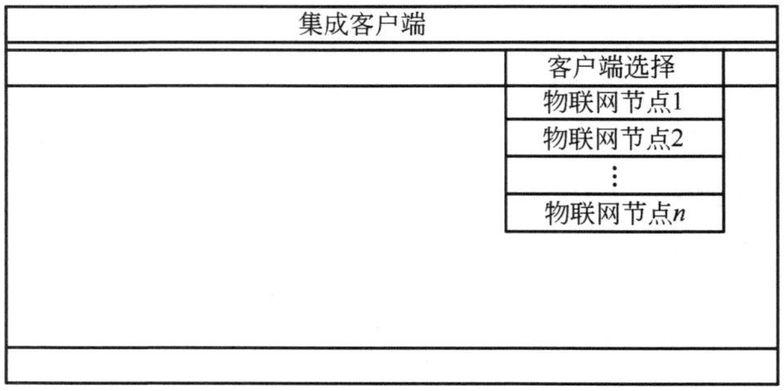

图 6-21
集成客户端初始界

6.5.2 运行过程

集成客户端运行主要过程如下所示：

```
1：从注册中心加载物联网节点列表
2：等待用户选择某一物联网节点
3：从数据中心获取集成 IoT 仪器代码配置参数
4：IF 本地不存在所需集成 IoT 仪器代码
5：THEN 从软件中心获取所需集成 IoT 仪器代码
6：ENDIF
7：执行集成 IoT 仪器代码
8：转到步骤 2
```

从以上过程可以看出，集成客户端是根据用户选测的物联网节点，从云服务中心调用相应类别的集成 IoT 仪器代码，通过配置对应该物联网节点的参数，实现自动运行。单机客户端采用对应类别的单机 IoT 仪器代码，通过参数配置，实现具体需求软件功能，单机 IoT 仪器代码和集成 IoT 仪器代码的主要区别在于数据管理模块，单机 IoT 仪器代码通过采集层和用户输入获取物联网数据，集成 IoT 仪器代码从互联服务层获取数据，其他功能基本相同。因此采用这种方法，可有效减少代码开发量。

本章小结

本章主要介绍了物联网节点之间的互联方法，这是物联网系统的核心内容。在 IoT 七层结构模型基础上，给出了系统互联参考模型，指出了需要标准化的接口，同时针对传感设备层、数据采集层和互联服务层接口，阐述了接口标准化的思路和方法，通过国际和国家标准案例，对这些方法进行了进一步说明。用云服务模型和 IoT 仪器模型，说明了物联网系统集成客户端的实现方法，利用集成客户端实现了物联网系统的集成互联应用。

第 7 章　自动监测应用

7.1　智能农业大棚

在农作物的非自然生长期内，普遍利用农业大棚进行种苗繁育、农作物种植和名贵珍稀花卉的培育。在农业大棚中，温度、相对湿度、光照及土壤的养分和含水量等因素，对农作物的生长具有重要作用。传统的农业温室大棚采用人工采集数据的方式，存在工作效率低、数据量小且不准确等缺点。随着温室大棚的规模不断扩大，传统的大棚管理模式已经不能满足农业生产需要。

随着物联网技术的不断发展，物联网技术在智能农业中的应用越来越广泛。采用物联网技术，可实现农业大棚各项环境参数的准确测量，对其中的环境状况进行自动调节，进而实现农业大棚环境的自动保温、保湿和历史数据的记录功能。用户可通过计算机远程访问大棚内的相关数据，实时观察植物的生长状况，对于农业增收、提高劳动效率和农作物质量具有积极的促进作用。

7.1.1　监控设备

本应用案例中，监测的农业大棚参数包括空气环境的温度、相对湿度、光照强度以及土壤的温度和相对湿度。同时用户可以通过控制系统远程实现大棚内的浇水、补光、补充 CO_2 等操作。温室大棚分为环境监测设备、物联网网关和控制模块三个模块。

1. 环境监测设备

数据采集器如图 7-1 所示，其连接五种传感器，分别获取大棚中空气温度、湿度、照度，土壤温度、湿度和 CO_2 浓度六个参数。数据采集器将传感数据，通过采用 ZigBee 协议的无线网络传输到物联网网关中。数据采集器使用前，需要利用串口连接至计算机进行参数配置，设置与网关相同的网络频点，这是数据采集器与网关进行 ZigBee 通信的必要条件。

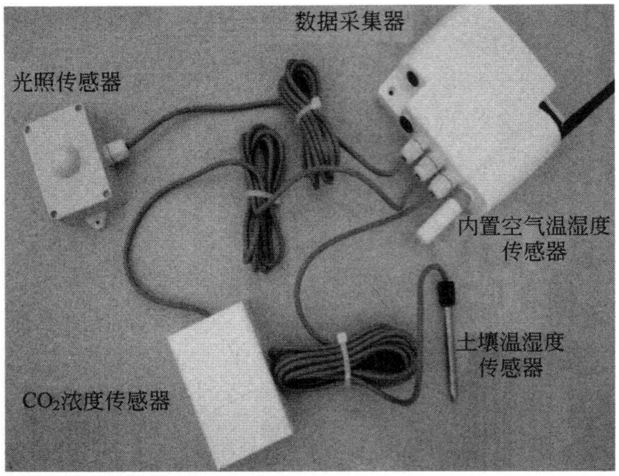

图 7-1
数据采集器

2．物联网网关

一种典型的物联网网关如图 7-2 所示，它是基于 ZigBee 技术的数据通信模块，它的以太网接口和计算机的网络接口相连，物联网网关通过 ZigBee 协议与控制模块和数据采集器之间进行通信。物联网网关是连接计算机、数据采集器和控制器设备的桥梁。它接收来自数据采集器收集的温室大棚数据信息，一旦接收到来自计算机的查询指令，便向计算机返回从数据采集器获得的大棚数据信息。同时网关也会接收来自计算机的控制指令，并向控制模块发送控制命令。

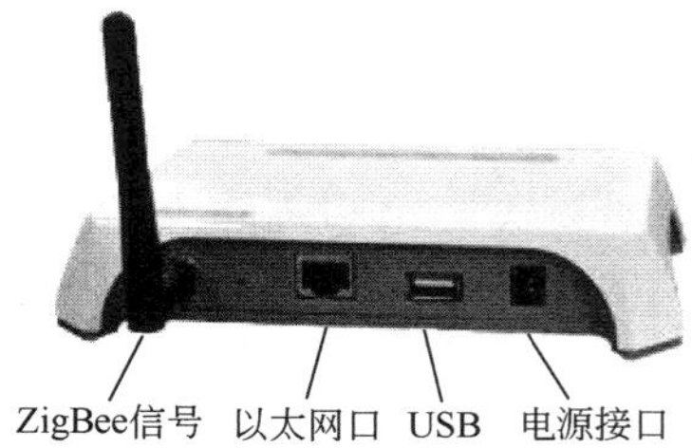

图 7-2
物联网网关

3．控制模块

控制模块如图 7-3 所示，控制模块和网关之间使用 ZigBee 无线通信方式，可实现继电器的开关控制。使用前首先将控制模块的 RS-232 接口和计算机的 RS-232 接口相连，通过配置工具设置与网关相同的网络频点。

控制模块的作用是接收来自网关的 ZigBee 控制指令，然后向连接的继电器发送“开”或“关”信号，完成后向网关返回一条表示控制成功的信息。

7.1.2 大棚监控

一种大棚监控 IoT 仪器客户端结构如图 7-4 所示，控制模块向数据采集层输出的信息包括补光、浇水、通风和增加 CO_2 控制命令。采集模块通过数据采集层软件获取大棚的空气温度、空气相对湿度、土壤相对湿度、CO_2 浓度和照度传感数据。数据采集层软件通过网络接口从物联网网关采集对应的传感参数数据。大棚监控 IoT 仪器的输出接口，以约定的数据格式和服务接口函数供外部使用。

图 7-3
控制模块

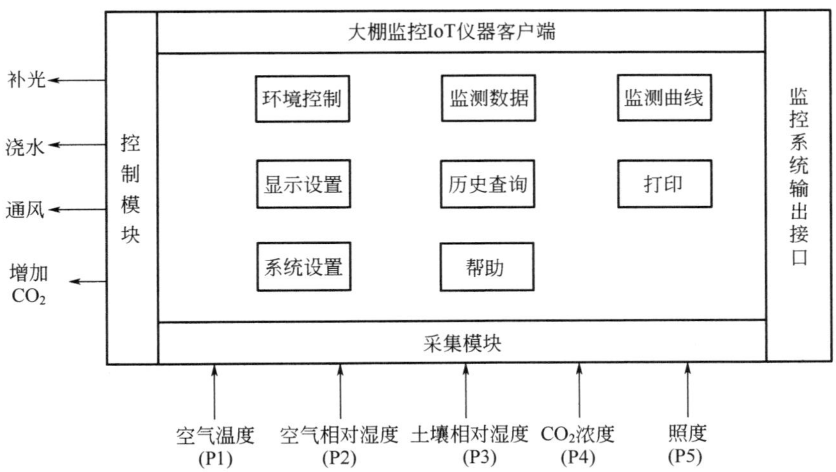

图 7-4
大棚监控 IoT 仪器客户端结构

大棚监控 IoT 仪器客户端软件主要包括环境控制、监测数据、监测曲线、显示设置、历史查询、打印、系统设置和帮助八个模块。

（1）环境控制：根据植物生长环境目标要求，控制农业大棚的补光、浇水、通风和补充 CO_2。

（2）监测数据：以数据列表的形式动态显示或静态查询农业大棚的空气温度、空气相对湿度、土壤相对湿度、CO_2 浓度及照度传感数据。

（3）监测曲线：以各传感参数随时间变化曲线的形式显示采集数据的变化趋势，具有曲线移动、放大及缩小等操作功能。

（4）显示设置：设置曲线显示的横、纵坐标范围。

（5）历史查询：查看某一时间段内采集的数据。

（6）打印：打印某一时间段内的监测数据或监测曲线。

（7）系统设置：设置大棚各控制参数的目标值。

（8）帮助：提供软件使用的操作说明，以及常见问题的解决方法。

7.1.3 传感参数传递

不同的农业大棚监控使用的传感设备可能不同，采用 IoT 仪器模型进行软件设计的原因之一在于：无论采用何种传感设备，无论数据采集层软件从传感设备得到的传感参数是何种顺序，数据采集层软件只要把这些参数转换成 IoT 仪器要求的 P1～P5 传感参数顺序进行输入，该 IoT 仪器软件代码即可复用，传感参数传递对应关系见表 7-1。

表 7-1 传感参数传递对应关系

传感设备	传感参数	采集层软件	IoT 仪器输入参数	IoT 仪器输入参数说明
数据采集器	土壤相对湿度	对应关系转换	P1	空气温度
	CO_2浓度		P2	空气相对湿度
	照度		P3	土壤相对湿度
	空气温度		P4	CO_2浓度
	空气相对湿度		P5	照度

7.1.4 软件界面

1．主界面

大棚监控软件主界面如图 7-5 所示，该软件主要功能在 7.1.2 小节中已进行了简要说明，下面介绍软件运行的主要过程。大棚监控 IoT 仪器的采集模块，根据软件中约定的数据采集周期，定期向数据采集层软件发送获取数据的命令，数据采集层软件收到命令后，根据物联网网关规定的通信协议，向物联网网关发送数据获取命令，物联网网关收到命令后，从数据采集器获取传感数据，物联网网关把收到的数据发送给数据采集层软件。数据采集层软件根据物联网网关通信协议约定的数据格式对物联网网关发的数据进行解析，解析完成后，根据要求的输入参数顺序，把空气温度、空气相对湿度、土壤相对湿度、CO_2浓度和光照照度数据发送给大棚监控 IoT 仪器。大棚监控 IoT 仪器实现数据采集层软件发送数据的接收，调用数据存储层软件实现数据存储。

2．环境控制界面

环境控制界面如图 7-6 所示。该界面中形象显示了大棚及传感设备部署的模拟环境，其中控制模块与补光灯、浇水喷头、风扇及 CO_2 发生器的继电器控制开关连接，数据采集器连接空气温度、湿度，土壤温度、湿度，CO_2 浓度和光照照度传感器。实现控制动作只需单击相应的控制对象，如补光灯、浇水喷头、风扇等。单击浇水喷头，会执行喷水动作，再次单击喷水停止，其他控制对象操作方法相同。

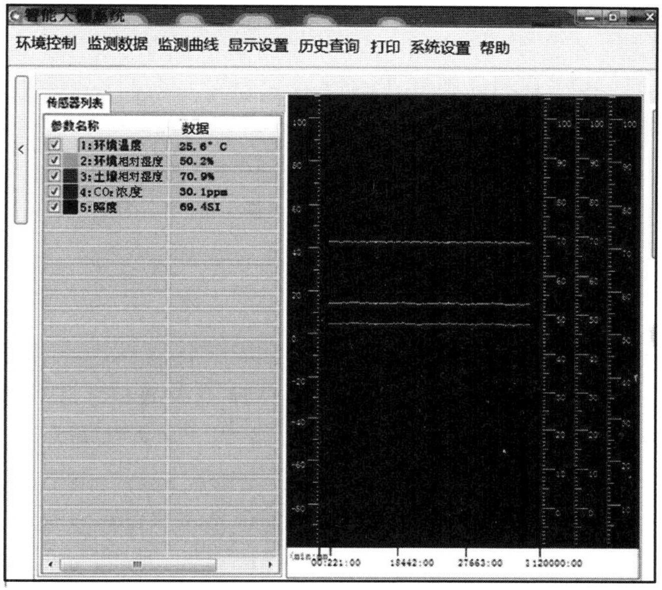

图 7-5

大棚监控软件主界面

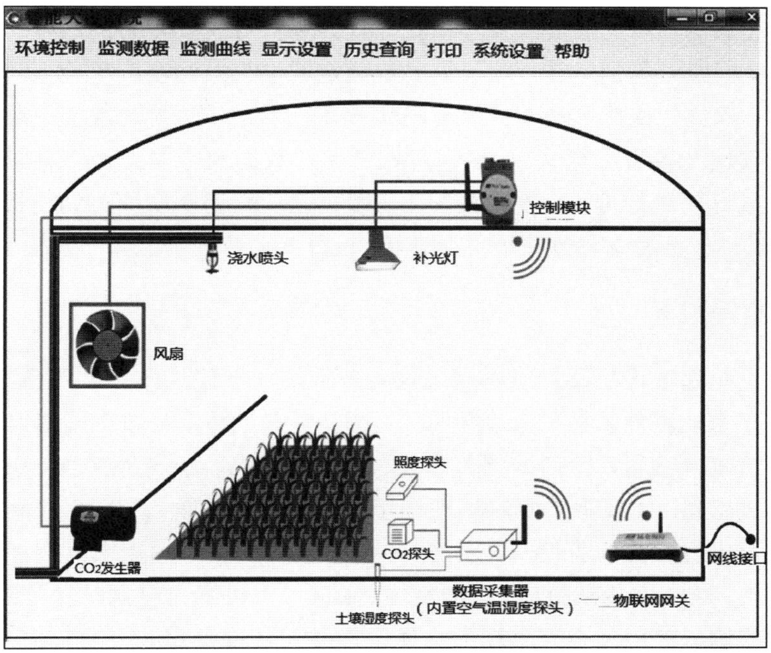

图 7-6

环境控制界面

7.2 机房安全监控

公司、企业、政府机构等往往拥有独立的数据服务机房，这些机房往往用来保存重要的信息或者提供重要的服务，因而机房安全的重要性不言而喻，机房监控也应运而生。机房监控是指利用多种传感器对公司、企业、政府机构等信息与服务机房进行长期、实时的监控，并利用软件系统的部署与运行，更全面、详细、方便地了解各机房的环境及设备的运行状态，并能及时发现出现问题的设备，及时排除故障，保证其稳定、长期正常运行。

7.2.1 机房环境

机房作为重要设备运行场所，房间内除了安放计算机、通信设备外，为增加设备运行的稳定性和可靠性，还安装了多种辅助设备，主要包括不间断电源（UPS）、精密空调及电力监控仪表等设备。不间断电源主要用于在非正常断电情况下，为机房设备及时输送电力，为设备正常关机或短时间的电力抢修期间提供持续稳定的电源输出。为应付较长时间的断电情况，有些重要机房安装有柴油发电机，当不间断电源即将用完时，柴油发电机自动启动进行发电。电力监控设备用于监视电力波动情况，在超出波动范围时及时报警。

精密空调主要用于控制机房房间内的温度及相对湿度范围。因大型计算机等设备散热量较大，房间温度过高，极易导致计算机等重要设备的故障。为了保证整个机房的长期、稳定运转，除了需要较稳定的电力及温湿度环境保障外，还需防范火灾、水灾，以及不法人员的偷盗和破坏行为，可通过安装监控系统实时监测机房的环境及设备运行状态。房间内设备运行数据及环境监测传感器数据由数据采集器进行采集处理，大多数情况下，数据采集器通常安放在弱电机柜中，设备通过 RS-485 通信线与数据采集器连接。

7.2.2 监控设备

监控系统通过传感器及设备中的电力参数等获取监控的各项传感数据，一种典型的监控系统硬件结构如图 7-7 所示。图 7-7 左半部分是数据采集器及采集需要的环境监测传感器，包括烟感传感器、火感传感器、水浸传感器、温湿度传感器及红外传感器，主要用来监测机房环境及机房内实时动态。烟感和火感用来监测机房是否出现明火或者烟雾，通常安装在机房顶部。水浸用来监测机房内是否有漏水发生，通常安装在门口、空调周围的地面。红外通常使用被动红外传感器，主要用来监测机房内是否有移动的物体，通常安装在主要入口处。温/湿度传感器主要用来监测机房的温度和相对湿度，保证机房的设备处在正常的环境下，通常安装在重要设备周围。温/湿度环境监测传感器通过两芯线连接到数据采集器的模拟量接口。图 7-7 右半部分是网络/RS-485 接口转换器及需要监控的设备，包括不间断电源、精密空调、三相电力表等设备，采集的参数主要包括设备运行的电力参数（电压、电流、功率等）、不间断电源的开关控制状态、空调的温湿度等。图 7-7 下半部分是视频监控，包括网络视频录像机（NVR）及网络摄像机，NVR 主要用来存储摄像机采集的视频信息，具有存储、回放、管理多个摄像头的功能。

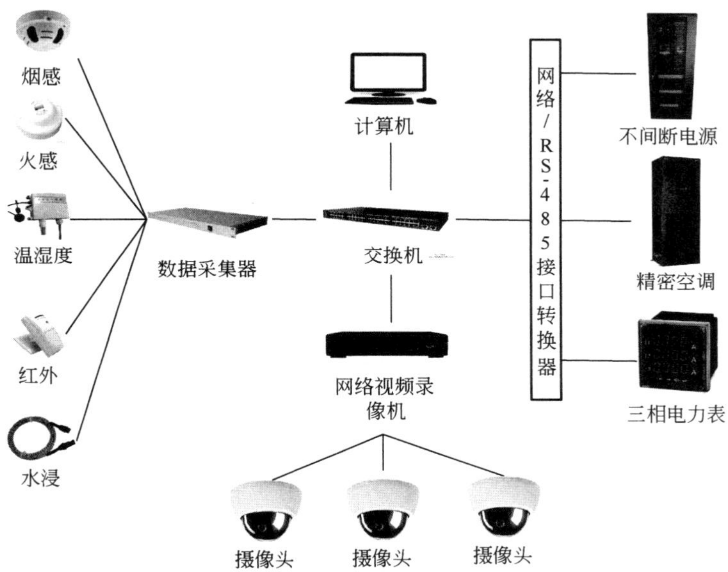

图 7-7
监控系统硬件结构

计算机可以通过网络与数据采集器、NVR 和网络/RS-485 接口转换器连接。数据采集器采集温/湿度传感器的模拟信号及烟感、火感、红外、水浸的开关量信号，转换为数字量信息，与计算机进行数据通信。不间断电源、精密空调、三相电力表等设备通过内置的传感器获取电压、电流、功率等电力参数，通过网络/RS-485 接口转换器与计算计进行数据通信；网络视频监控用来观察机房内的动态画面，网络摄像头获取的画面通过网络传送到 NVR 进行管理存储，计算机通过 NVR 获取视频数据，实现视频图像实时查看、历史查询等功能。

7.2.3　机房监控

为了实现对监控系统获取的数据进行存储、分析、处理，需要设计开发相应的机房监控软件，通过机房监控软件用户可及时了解机房环境及各设备运行状态。传统的机房监控系统大多是针对一个机房或者是同一厂家的设备进行监控，对于大型企业或部门，如电信或广电领域，机房分布在地域广阔的不同位置，并且机房中的监控设备来自多个厂商，需要一种可连接多种传感设备的机房监控系统，适用多地区、多厂家的机房监控。针对这种实际问题，采用 IoT 仪器模型，开发了一种机房监控软件。机房监控 IoT 仪器客户端结构如图 7-8 所示，控制模块向数据采集层输出的信息包括机房所需控制的环境温度和环境相对湿度，供用户通过精密空调实现机房的温/湿度控制。采集模块通过数据采集层软件获取各机房的传感数据。数据采集层软件通过网络/RS-485 接口转换器获取各机房传感设备的传感参数数据。机房监控 IoT 仪器的输出接口，以约定的数据格式和服务接口函数供外部使用。

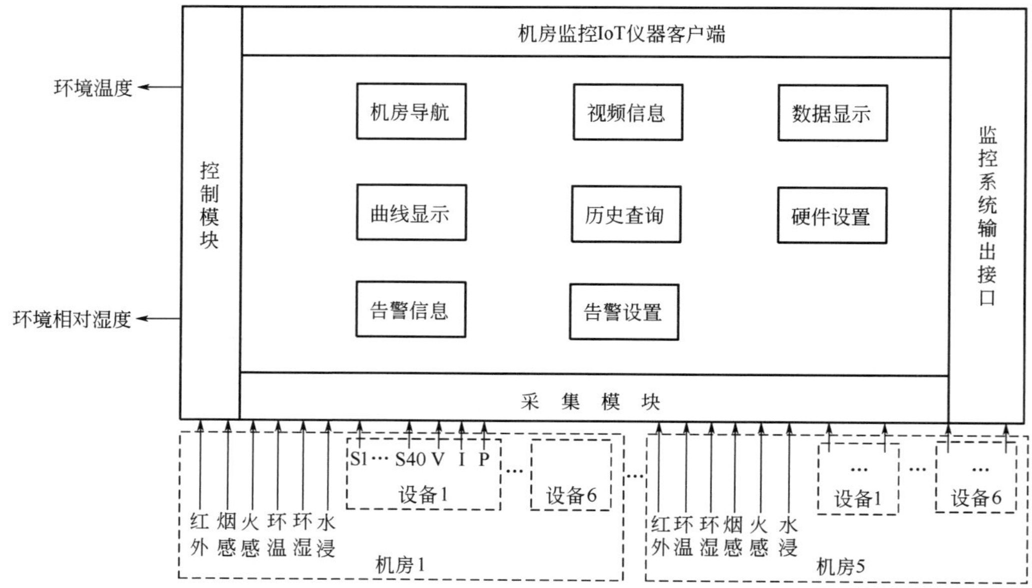

图 7-8 机房监控 IoT 仪器客户端结构

从图 7-8 中可以看出，采集模块可以同时输入多个机房的设备的传感参数，每个机房内通常包括环境监测传感器及各类设备，环境监测传感器根据机房的大小、设备的排放位置安装，需要达到对机房完全监控的要求，而每个机房中的设备根据实际情况的不同个数会有差异，图 7-8 中每个机房中有六个设备，每个设备包括传感参数 S1～S40 及电压（V）、电流（I）、功率（P）等电参数，不同类型的设备参数会有一定的差异。

机房监控 IoT 仪器软件模块主要包括机房导航、视频信息、数据显示、曲线显示、历史查询、硬件设置、告警信息和告警设置几个模块。

（1）机房导航：地图导航是所有站点机房的分布图，地图上的锚点代表各站点机房，将鼠标指针放在锚点上可以显示该站点的经纬度信息。

（2）视频信息：可以查看所有机房的实时监控视频，并可以设置视频显示的布局及顺序，还可以进行历史视频查询。

（3）数据显示：以数据列表的形式实时显示采集的数据，包括设备运行数据及环境监测传感器数据。

（4）曲线显示：以二维曲线的形式显示采集数据的变化趋势及各数据参数之间的对比。

（5）历史查询：查看某一时间段内采集的数据或曲线。

（6）硬件设置：修改、添加、删除硬件设备，包括设备的基本信息、接口设置及传感器设置。

（7）告警信息：对设备及环境监测传感器实时动态监测，显示设备及传感器的告警信息，并进行处理。

（8）告警设置：设置告警的内容及告警的级别。

7.2.4　传感参数传递

机房监控往往面临比较复杂的监控场景，机房不同，设备的类型、生产厂商、安放位置及个数不同。为了解决这一问题，以机房 1 为例，给出了一种传感参数传递对应关系，见表 7-2，数据采集层软件把所有传感设备的传感参数进行统一编号，从 P1～P264，每一个传感参数和设备的输入参数对应。当传感设备的类型发生变化时，只要数据采集层和 IoT 仪器之间参数的对应关系不变，IoT 仪器软件仍然可以复用，不需修改软件代码。

表 7-2　传感参数传递对应关系

传感设备	传感参数	采集层软件传感参数	IoT 仪器输入参数	IoT 仪器输入参数说明
数据采集器	S1	P1	环境温度 A	机房 A 环境温度
	S2	P2	环境相对湿度 A	机房 A 环境相对湿度
	S3	P3	火感 A	机房 A 火感
	S4	P4	烟感 A	机房 A 烟感
	S5	P5	水浸 A	机房 A 水浸
	S6	P6	红外 A	机房 A 红外
设备 A1	S1	P7	A1-S1	设备 A1 参数 1
	S2	P8	A1-S2	设备 A1 参数 2
	⋮	⋮	⋮	⋮
	S40	P46	A1-S40	设备 A1 参数 40
	V	P47	A1-V	设备 A1 电压
	I	P48	A1-I	设备 A1 电流
	P	P49	A1-P	设备 A1 功率
⋮	⋮	⋮	⋮	⋮
设备 A6	S1	P222	A6-S1	设备 A6 参数 1

续表

传感设备	传感参数	采集层软件传感参数	IoT 仪器输入参数	IoT 仪器输入参数说明
设备 A6	S2	P223	A6-S2	设备 A6 参数 2
	⋮	⋮	⋮	⋮
	S40	P261	A6-S40	设备 A6 参数 40
	V	P262	A6-电压	设备 A6 电压
	I	P263	A6-电流	设备 A6 电流
	P	P264	A6-功率	设备 A6 功率

7.2.5 主要软件界面

7.2.4 节概括地介绍了机房监控系统的各模块，本节将详细介绍系统的各个界面及功能。机房监控系统主界面如图 7-9 所示，下面对主界面及主要子界面功能进行介绍。

图 7-9
机房监控系统主界面

1. 主界面功能

主界面的菜单功能见表 7-3。

表 7-3　主界面的菜单功能

序号	菜单	功能
1	首页	地图导航页面，在地图中选择某个机房，可查看该机房的相关监测信息
2	多路视频	实时查看每个机房的监控视频信息
3	视频查询	查看某一时间段内某一个摄像头的历史视频信息
4	视频设置	设置视频监控画面的显示布局及顺序
5	站点数据	查看机房内采集的数据，包括二维曲线、数据列表、开关量列表及数据下载信息，并可以查询某一时间内的设备运行状态信息
6	告警查询	查看机房内所有的告警信息
7	告警设置	对所有设备的告警进行设置，包括告警级别、告警参数以及告警方式设置
8	硬件配置	配置需要进行采集的设备信息，包括设备的属性信息、接口信息及传感器信息
9	用户管理	管理员对所有的用户进行管理，包括查看用户信息、添加用户、删除用户及修改用户信息
10	日志查询	查看用户的操作记录

注：因受图片大小限制，部分菜单名称在图 7-9 中未显示。

2．主要子界面

1）多路视频

在导航菜单单击“多路视频”按钮之后，弹出图 7-10 所示的界面，即可看到站点机房的实时视频。如果用户着重查看某一个摄像头的实时视频，可以在画面的右下方找到摄像头的名字，查看即可。在画面的左上方也显示实时视频播放的具体时间，包括年、月、日、时、分、秒，双击视频画面可以全屏显示。

图 7-10
多路视频界面

2）视频查询

在导航菜单上单击“视频查询”按钮即可进入历史视频查看界面，主要包括两个部分：查询条件部分和视频控制部分。

查询条件部分：用户给出本地视频服务器的 IP 地址及需要查询的视频的时刻。若输入的视频服务器的 IP 地址为空，则会提示用户重新输入设备 IP。若这几个条件都满足，单击“查找”按钮即可显示需要的视频。

视频控制部分：在视频画面的左上方有视频播放的时间，右下方有摄像机的名称。在界面的最下方是视频的控制部分，控制按钮包括暂停、慢放、快放、恢复正常速度等。用户可以根据自己的需要对视频进行调节。

3）视频设置

视频设置界面用来配置视频显示模块的视频显示顺序。用户在主界面上单击“视频设置”按钮即可进入视频设置界面。该模块的用户操作如下：下拉列表中将显示所有站点摄像头的显示顺序，用户可以根据自己的需要设置不同的站点摄像机显示顺序。用户可以选择某个摄像机进行“移到最上”“上移”“下移”和“移到最下”等操作。用户调整完各站点摄像机视频显示顺序后单击“提交”按钮，系统将按照用户调整的视频显示顺序进行显示。

4）机房数据

机房监控 IoT 仪器对采集的各种传感数据，采用多种方式进行可视化显示，便于用户查看机房监控信息。

（1）设备状态数据。采用模拟机房环境的方式显示设备状态数据，如图 7-11 所示，该图背景是机房中各设备的放置情况，背景左侧的两个子窗口用于显示关键设备重要传感参数的最新数据，右侧的子窗口采用树形结构显示该机房内所有设备传感参数的最新数据。

（2）曲线显示。通过传感参数曲线，显示一定时间范围内传感参数数据随时间的变化趋势，一种曲线显示界面如图 7-12 所示。其中传感器名称下面的图例表示曲线颜色和传感参数之间的对应关系。图例左侧用于选择该机房内的传感设备和所需显示曲线的时间范围。

（3）数据列表。根据数据采集的时间和前后顺序显示传感数据，如图 7-13 所示。其中数据显示采用实时和静态两种显示方式。实时状态下，数据每隔一个采集周期，显示的数据刷新一次，以便数据列表显示最新的采集数据。在静态方式下，用户可利用滚动条向前或向后查询所需的数据。

（4）开关量数据。在自动监测系统中，常包含多种开关量数据，表示监测对象的两种不同状态，如烟感传感器监测得到的开关量数据表示机房是否有烟雾，火感传感器监测得到的开关量数据表示机房是否有火焰等，因此在软件中可采用单独页面显示开关量数据，如图 7-14 所示。

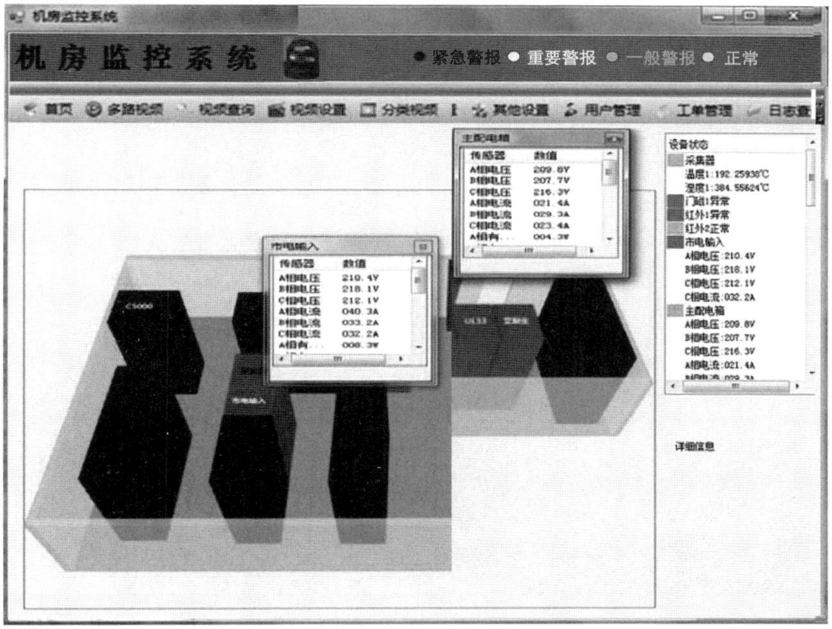

图 7-11
设备状态数据

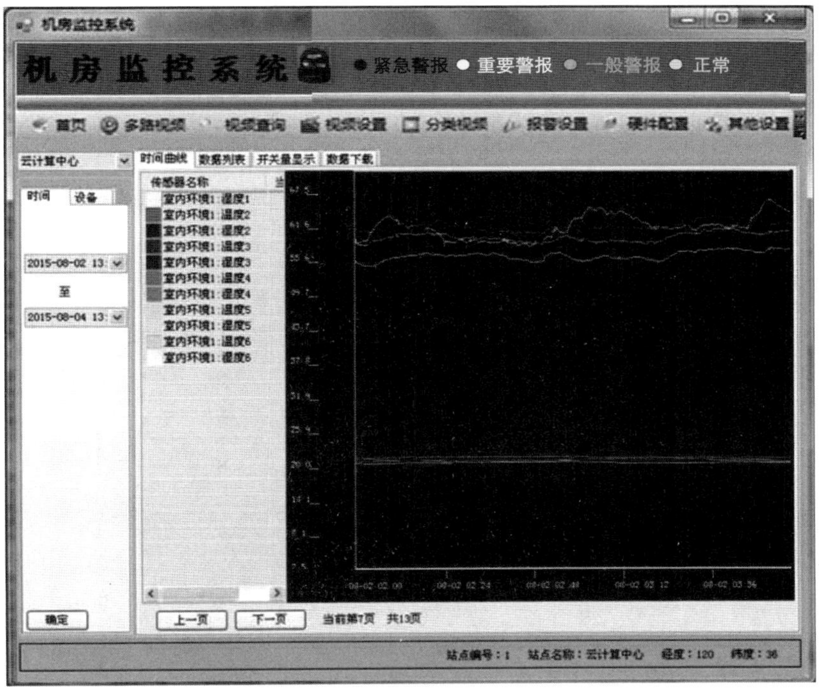

图 7-12
曲线显示界面

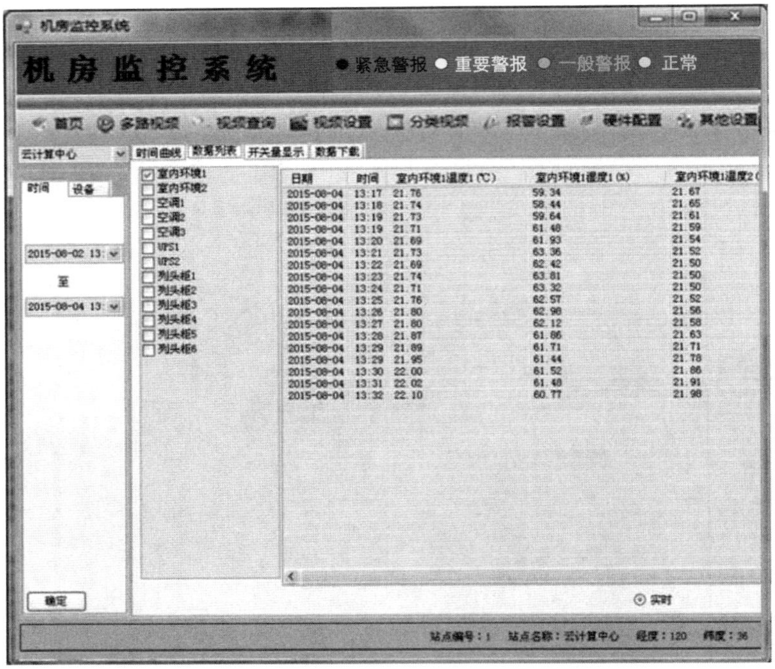

图 7-13
数据列表界面

此外，数据下载可以下载一段时间内的数据，下载格式采用 Excel 表格，并且可以通过选择不同的时间段查看和下载对应的历史监测数据。

图 7-14
开关量数据显示

5）告警查询

告警查询用于设备或仪器发生故障，以及有人侵入时发出告警信息，进行查看，以便用户及时发现安全威胁并及时应对和处理。告警信息以数据列表的形式展示，列表中的表项包括站点名称、设备名称、报警时间、报警级别、报警原因、报警处理和备注等。设备就是指各种传感器，如烟感传感器、火感传感器、红外传感器、水浸传感器等。报警级别包括正常、一般警报、重要警报和紧急警报四种。对于重要警报和紧急警报一定要及时处理，以免出现设备损坏的现象，并且可以通过筛选条件查看相应的告警信息。

6）告警设置

告警设置主要是针对告警级别进行设置，把系统发出的告警分成不同等级，不同等级的告警采用不同颜色显示。系统正常运行，则界面上“告警信息”按钮上方警示灯的颜色为绿色；若为一般警报，则警示灯为蓝色；若为重要报警，则警示灯为黄色；若为紧急报警，则警示灯为红色。系统除了告警显示功能之外，还具有自动拨号和短信告警功能，紧急告警的情况下会通过电话和短信通知用户及时处理。

7）硬件配置

硬件配置主要是用来添加、修改、删除需要进行采集的设备。通过选择机房，获取机房对应的设备信息，可以对设备的属性信息、接口信息及传感器信息进行添加、修改。在属性信息配置过程中，设备 ID 对应设备的全局 ID 编号，型号对应设备类型，设备名称根据需求进行命名，位置对应设备的排放位置；针对接口配置，接口类型对应需要进行采集设备的通信接口，通常为 RS-485 或者 RS-232 通信接口，串口号对应接口的序号，串口地址对应设备的通信地址，波特率对应设备的通信数据传输速率；对于传感器配置，传感器标识对应全局编号，传感器类型从配置好的类型中选取，通道号对应采集器上连接的接口号，传感器名称根据需要命名，数量对应同一类型传感器的个数。

8）用户管理

普通用户利用此功能完成用户注册，注册信息包括用户登录名、密码、用户姓名、联系方式、所属站点等信息。管理员负责注册用户的审核，也可进行用户信息修改和删除等操作。

9）日志查询

日志查询用于查看本系统的运行日志和人员的操作日志。运行日志会记录系统运行的常见故障，如数据采集故障出现的时间和故障类型，帮助用户进行故障诊断。通过人员操作日志，管理员可以查看每个用户的操作记录，并可以对本系统的用户数量进行控制。人员操作日志信息，包括用户登录名、姓名、操作时间及操作类型等。

7.3 海洋环境观测

21 世纪以来，随着人口增长、资源紧缺等问题日益严重，海洋资源的开发及海洋经济的发展逐渐受到人们的关注。各个国家相继提出了各自的海洋发展规划，推动海洋科学技术的发展。开发海洋资源、保护海洋生态和维护海洋权益已经成为我国“十三五”规划和“一带一路”建设中的重要组成部分。“十三五”规划要求我国的信息技术建设不仅要在陆地上得到提升，而且要加快突破海洋中的相关技术。海洋观测系统作为人类认识和研究海洋的重要手段，一直以来都受到各国海洋从业人员的广泛关注，其在科学研究、资源开发、灾害预防和国防安全等领域起到了重要作用。

近几年国家开始加大对海洋观测领域的投入。国家海洋局、中国科学院、中国气象局和交通部等单位共部署海洋观测研究站近 300 个、雷达站 50 余个，用来观测流场、风场和浪场等要素。国家海洋局和中国气象局在我国重要海域内部署大型浮标站位 50 余个，用来观测水面和水下的物理、化学和生物要素，如波高、浪流、水温、盐度和叶绿素等。

随着海洋科学技术的发展，用户对海洋观测数据的实时性、准确性、立体性和观测范围有更高的要求，异构海洋观测物联网系统的大规模集成对人类全面认识海洋有重要意义。本章以各种类型的海面观测平台和海底观测平台物联网系统建设为背景，阐述物联网应用系统的构建方法。后续对该系统的软硬件结构和功能进行详细说明，使读者对物联网系统的建立具有更加直观的了解，进一步深入理解前序各章的理论和方法。

7.3.1 需求概述

海洋观测正在向大范围、大尺度立体化综合观测转变。各类海洋观测设备以平台为载体，对不同空间、不同尺度的海洋进行观测和研究。消除信息孤岛，集成各类观测平台所获得的数据进行统一管理，将数据产品等信息提供给广大用户群，更好地满足海洋经济发展和海洋管理的需求。一种典型的海洋观测网络拓扑结构如图 7-15 所示，这种集成化的观测系统需具有对海洋环境监测数据进行实时、持续的采集、处理和信息发布的能力，为政府管理、科研、教育、企业等各部门及大众提供信息服务。物联网和标准化技术的快速发展为大规模海洋观测系统的互联提供了技术保障。

海洋观测系统具有如下特点：①海洋观测系统的观测设备种类多，通常包括流速剖面仪（ADCP）、温盐深仪（CTD）、风速仪、气压计、叶绿素监测仪、水下机器人（AUV）、船舶拖曳等设备。对于同种类仪器，由于制造商不同，采用的通信方式、通信协议和数据格式也不同，网络拓扑结构复杂，系统集成难度高。②海洋观测正在由静态观测向动态交互式观测转变，由单一参数观测向多维度参数观测转变，由短期观测向长期观测转变，由宏观参数向微观参数转变。此外，海洋观测涉及多个不同的学科，主要包括物理海洋学、生物学、化学、地质学和港航工程等。不同学科之间的数据相互关联、相互联系，在一定程度上增加了数据的复杂度。③各区域涉海部门为了海洋研究和海洋业务运营已经部署了多个海洋观测网络系统。系统针对各类业务需求进行开发，系统间相互独立且结构各异。此外，用户需求的多样性也加剧了系统的异构性，使得异构系统之间的数据互操作、互访问性差。以上因素制约了海洋信息化水平的快速发展和提高。

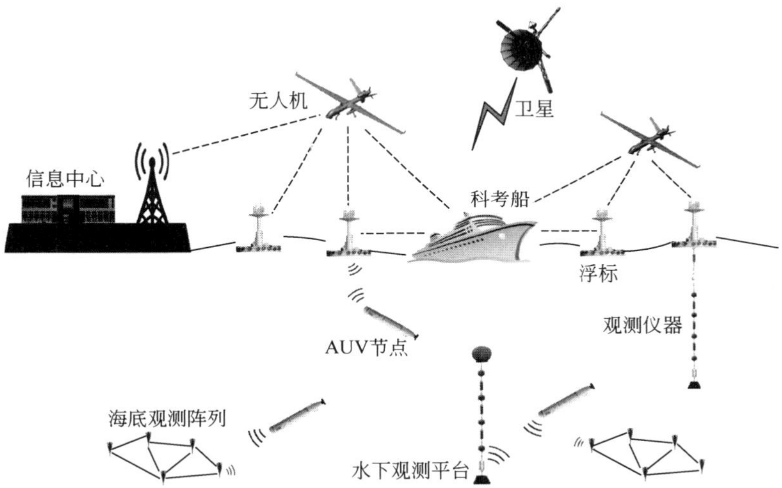

图 7-15
海洋观测网络拓扑结构

对于各种类型的海洋观测仪器，首先根据 IEEE P2402 国际标准对采集数据进行标准化格式存储，该标准规定了通信接口协议、数据格式和通信方式。其次，要根据接口规范发布标准化数据共享接口，共享元数据、测试数据和相关观测对象数据。最后，根据可视化需求设计多种数据组件以满足各类数据的可视化需求，如数据列表、曲线、玫瑰图和风浪场矢量图等。下面以各种类型的海面观测平台和海底观测平台建设为背景，阐述物联网应用系统的构建方法。后续对该系统的软硬件结构和功能进行详细说明。

7.3.2　监测原理及设备

海洋环境观测呈现“多元化、立体化、实时化”的发展趋势，按照地区和国家区域划分的海洋环境观测系统在关键海域发挥着重要作用。随着技术的发展和理念的创新，区域海洋观测系统被广泛应用并得到不断完善。海洋环境观测系统主要实现对海洋气候、海洋水文的观测，在海洋环境与海洋资源调查及国防建设中有着重要用途。

1．海面观测

1）观测原理

海面观测系统通过海上部署的观测设备完成对海洋气象、水文等观测对象数据的获取，通过以太网，无线电、GPS、北斗卫星等通信手段，以数据文件等方式，完成观测数据的传输，并通过对观测数据的处理与分析，实现对海面观测数据的可视化显示。同时，系统预留标准化数据接口，实现后期系统互联。

2）观测平台

海面环境观测平台主要包括浮标、波浪浮标、平台站、船舶、地波雷达等。根据海面观测需求，不同的观测平台观测不同的观测参数，下面对各类海面观测平台进行详细介绍。

（1）浮标。浮标是锚定在指定海面的综合观测平台。浮标可搭载 CTD、ADCP、叶绿素监测仪、气压计、风速仪、湿度传感器等传感设备，主要用来观测风向、风速、气压、气温、相对湿度、波浪、表层海水温度、表层海水盐度、剖面海流等观测参数。

（2）波浪浮标。波浪浮标是能自动、定点、定时（或连续）地对海面波浪的高度、波浪周期及波浪传播方向等要素进行观测的小型浮标，主要用来观测波向、有效波高、有效波周期、1/10 波高、1/10 波周期、平均波高、平均波周期、最大波高、最大波周期等观测参数。

（3）平台站。平台站是固定在海面的海洋观测平台，由桩或扩大基脚支撑并固定于海底。其主要包括固定式、浮动式和半固定式，可根据海面气候状况进行升降。平台可搭载多种海洋观测仪器，如 CTD、ADCP、叶绿素监测仪、气压计、风速仪、湿度传感器等，主要用来观测风向、风速、气压、气温、相对湿度、波浪、表层海水温度、表层海水盐度、剖面海流等要素。其观测能力和观测周期都要长于普通浮标。

（4）船舶。通过对船舶加装气象、水文观测仪器、拖曳式多参数剖面测量仪等，实现对海洋时空要素的观测。

（5）地波雷达。地波雷达是一种新兴的海洋监测技术，具有超视距、大范围、全天候及低成本等优点。地波雷达利用海洋表面对高频电磁波的一阶散射和二阶散射机制，可以从雷达回波中提取风场、浪场、流场等海况信息，实现对海面环境大范围、高精度和全天候的实时监测。其主要用于观测风浪流等海洋动力参数。

2．海底观测

1）观测原理

在海洋环境观测领域，为了实现对海洋环境立体式、全方位的了解，需要对海底环境情况进行观测。海底观测能够长期、实时、连续地获取所观测海区的海底海洋环境信息，为人类认识海洋变化规律，提高对海洋环境和气候变化的预测能力提供支撑。系统对海洋减灾防灾、海洋生态系统保护、气候变化应对、资源能源可持续开发利用、海洋权益维护、海上航运和国防安全等具有重大的战略意义。

海底观测主要对海底水温、盐度、浊度、叶绿素和水压等参数进行数据获取。水下接驳盒完成数据采集，通过海底观测网实现数据的传输，并对获取的数据进行分析、处理、存储和显示。海底环境观测系统拓扑图如图 7-16 所示。

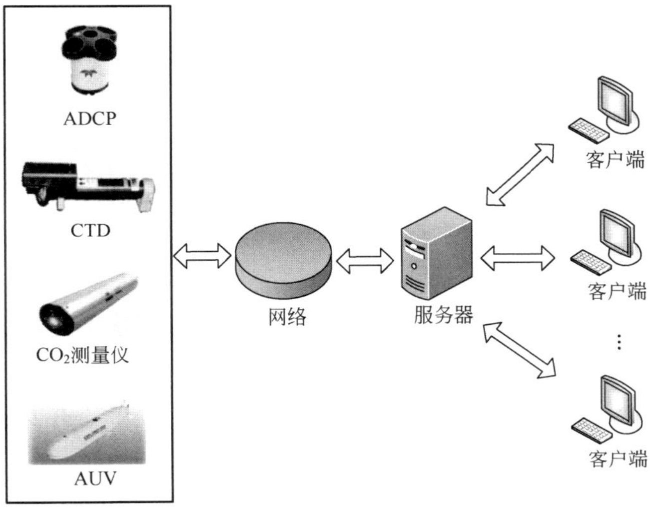

图 7-16
海底环境观测系统拓扑图

2）观测平台

海底环境观测平台主要包括海底观测节点、Argo 浮标、自主式水下潜水器、遥控潜水器等，下面对各类海底观测平台进行详细介绍。

（1）海底观测节点。海底观测节点主要由接驳盒和水下观测仪器组成，用于观测海底环境要素。针对不同观测项目，接驳盒可搭载多种观测仪器，如 CTD、ADCP、浊度计、压力计和地震仪等。岸基通过光电复合缆连接接驳盒，为水下节点提供电力支持和数据传输服务。

（2）Argo 浮标。Argo 浮标如图 7-17 所示，是一种自沉浮式剖面探测浮标，专用于海洋次表层温、盐、深剖面测量。该种浮标在自身重力不变的条件下，通过改变下方油囊体积大小，实现下潜和上浮。Argo 浮标布放后，在海表面自由漂移，完成浮标初始信息发射和浮标定位后，启动液压系统并开始下潜。到达预定深度时，浮标在该深度实现中性漂移。浮标完成预定的水下漂移时间后，浮标开始上浮。当浮标接近海表面时，通过卫星天线将本次剖面测量数据发送给卫星后，再次下潜。

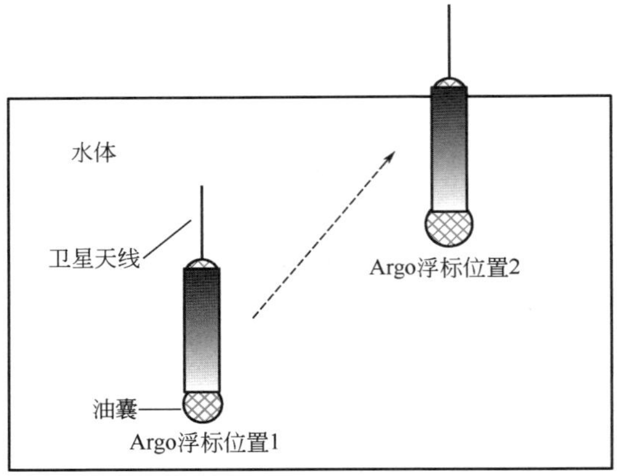

图 7-17
Argo 浮标运动示意图

（3）自主式水下潜水器（AUV）。AUV 如图 7-18 所示，该潜水器是一种无缆水下机器人，具有活动范围大、机动性好、安全、智能化等优点，是完成各种水下观测任务的重要工具。AUV 可搭载 CTD、ADCP、浊度计和 CO_2 测量仪等设备，用来观测海水温度、表层海水盐度、剖面海流等观测参数。AUV 通常搭载陀螺仪、加速计和压力计辅助导航。

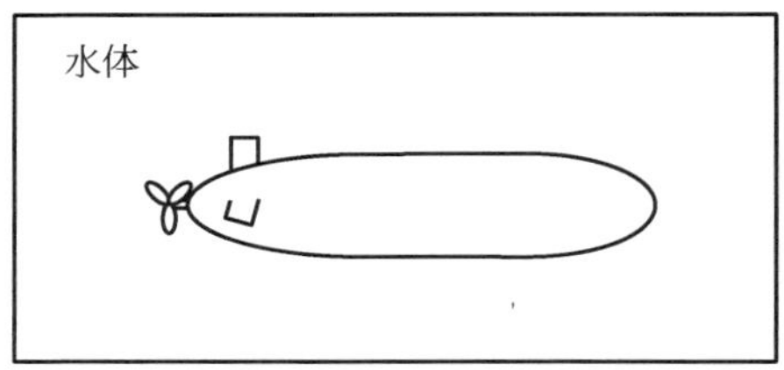

图 7-18
AUV 示意图

（4）遥控潜水器（ROV）。ROV 是一种有缆水下机器人，其功能与 AUV 类似，可搭载多种水下观测设备完成各种水下观测任务。通常情况下，由船只（母船）搭载 ROV 出海，到达观测地点后，观测人员把 ROV 放入海中，在母船中通过线缆控制 ROV 在水中作业。

7.3.3 海洋观测

海洋观测系统采用 IoT 仪器模型进行设计，所设计开发的软件称为海洋观测 IoT 仪器，下面对该观测软件的方法和软件功能界面进行阐述。

海洋观测 IoT 仪器客户端结构如图 7-19 所示，其实现对海洋观测平台观测数据的获取、处理、存储、分析和显示，并预留数据共享标准化接口。该 IoT 仪器主要涉及单机应用层和互联服务层。其中质量控制模块和采集模块属于单机应用层，实现与数据采集层软件之间的衔接。互联服务层采用 IEEE P2402 标准实现。

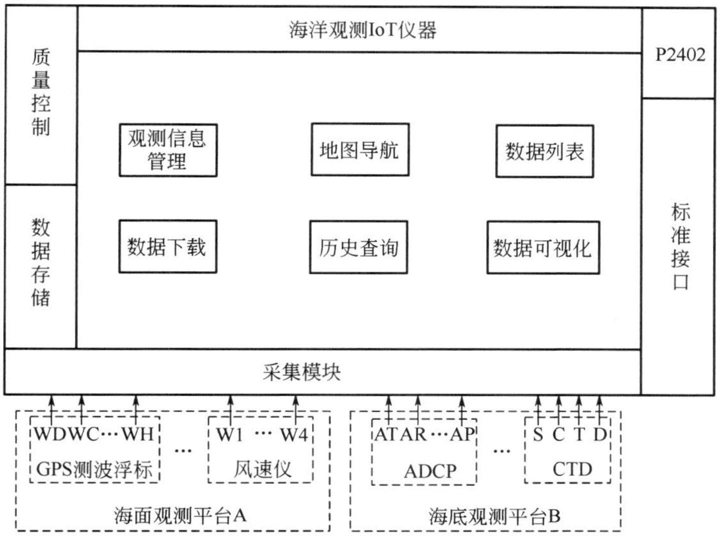

图 7-19
海洋观测 IoT 仪器客户端结

海洋观测 IoT 仪器中的软件模块主要包括采集模块、质量控制模块、标准接口、观测信息管理、地图导航、数据列表、数据下载、历史查询、数据可视化等。

1. 采集模块

采集模块从数据采集层获取各种传感参数数据。数据采集层软件从指定海区部署的浮标、船舶和海洋观测平台中通过无线电、卫星和有线网络等通信方式，完成数据获取。数据获取方式包括实时获取和离线获取两种类型。实时数据获取是指采集模块按照一定的采集周期向数据采集层发送读取数据命令，数据采集层软件根据采集模块的命令要求，从海洋观测设备获取传感数据。离线数据获取方式是指观测设备对获取的数据先进行本地存储，通过人工辅助的方式把数据存入数据库，数据采集层软件从数据库获取观测数据。

2. 质量控制模块

根据数据验证规则（如某一时间段内数据的取值范围、连续采集数据的波动范围）对采集数据进行基本的质量控制，并按照一定的规则对数据进行标识，然后对数据进行处理，主要包括数据抽取、数据转换和数据质量分类。

3. 标准接口模块

标准接口模块提供综合数据的访问检索，为各类异构系统提供跨平台的统一标准化数据共享接口。通过建立数据服务中心，将所有数据服务接口在服务中心进行注册，并提供数据服务接口发现服务。用户可通过该服务查找所需数据服务接口，并向服务中心相应接口发送请求获取所需数据。标准化数据接口包括获取观测仪器信息、观测元数据信息、观测数据、观测仪器状态信息等功能。

4．观测信息管理模块

观测信息管理模块实现部署在试验场海区的浮标、船舶和海洋观测平台的信息管理，管理的信息包括平台信息、平台搭载仪器信息及仪器所观测参数信息。

5．地图导航模块

地图导航模块通过地图的方式显示不同观测平台在试验场海区的部署位置，用户通过单击不同平台，进入该平台下数据可视化及实测数据查询显示界面。

6．数据列表模块

数据列表模块通过列表的形式显示平台下不同观测仪器的实测数据，列表每一行数据包括观测时间及不同观测参数数据值，对历史数据进行分页显示，对实时数据进行实时刷新列表。

7．数据下载模块

数据下载模块向用户提供数据下载功能，用户选择要下载的数据及时间范围，选定保存文件目录，数据以 CSV 文件格式保存至目录。

8．历史查询

历史查询模块提供对历史观测数据的筛选、查询等功能。

9．数据可视化模块

数据可视化模块对获得的观测数据，通过二维和三维等图形进行显示，用户操作简单，数据显示更加直观，便于数据分析。为了向用户直观地展示观测数据，对不同类型的观测数据采用不同的可视化方法，具体方法如下。

（1）时间序列数据。对时间序列数据以时间曲线的方式进行可视化，横轴为观测数据对应的时间，纵轴为不同参数的坐标系，对同一仪器所测参数或相互关联的数据进行集中显示。同时，曲线操作功能包括曲线移动、放大、缩小等操作，以及对时间范围、坐标系范围设置和对特征点进行标注功能。

（2）矢量数据。通过矢量场的方式将矢量数据直观地展现给用户。矢量场中每个地理位置坐标的矢量参数，可采用不同长度和方向的箭头表示，也可采用更加直观的平面纹理图形进行展示。

（3）矢量统计数据。通过极坐标系的方式显示矢量观测参数（如海风或海流）的统计数据。通常情况下，把极坐标系分成 16 个方向，在每个方向统计一段时期内，矢量观测参数在该方向上的出现的频率和大小平均值，并在极坐标系中进行坐标点标注，把各坐标点通过线段进行连接。通过这种方式显示矢量观测参数的统计值变化情况，该显示方式的图形被称为玫瑰图。

（4）关联数据。对关联数据（如温度、盐度）采用关联点的方式进行可视化，两个关联参数分别为横轴和纵轴坐标，通过不同时刻采集的参数对，在坐标系中进行坐标点标注，通过这种显示方式辅助用户分析两个参数之间的关联关系。

（5）等值线。等值线直观地反映了区域某要素的分布特征，如温度或盐度等值线。

7.3.4 传感参数传递

对于不同的海洋观测应用场景，使用的传感设备类型、厂商不同。本小节将阐述海洋观测 IoT 仪器如何适应这些变化，从而保证软件的可复用性。为使海洋观测 IoT 仪器不受传感设备硬件的影响，采用如表 7-4 所示的传感参数传递方式。从表 7-4 中可以看出，数据采集层软件把所有传感设备的传感参数进行了统一编号，从 P1～P28，每一个传感参数和海洋观测 IoT 仪器的输入参数对应。当采集模块获得数据采集层带有全局编号的传感参数数据后，根据传感参数之间的对应关系，赋予海洋观测 IoT 仪器的传感参数输入，海洋观测 IoT 仪器可在代码不变的情况下，正确实现原有的逻辑功能。

表 7-4　传感参数传递对应关系

传感设备	传感参数	采集层软件传感参数	IoT 仪器输入参数	IoT 仪器输入参数说明
风速仪	S1	P1	A-W1	A 平台海面风速
	S2	P2	A-W2	A 平台海面风向
	S3	P3	A-W3	A 平台海面日最大风速
	S4	P4	A-W4	A 平台海面日最大风速对应风向
	S5	P5	A-W5	A 平台海面日最大风速对应风向时间
温湿仪	S1	P6	A-AT	A 平台海面大气温度
	S2	P7	A-AH	A 平台海面大气相对湿度
GPS 测波浮标	S1	P8	A-WD	A 平台波向
	S2	P9	A-WH	A 平台有效波高
	S3	P10	A-WC	A 平台有效波周期
	S4	P11	A-WH1	A 平台 1/10 波高
	S5	P12	A-WC1	A 平台 1/10 波周期
GPS 测波浮标	S6	P13	A-AWH	A 平台平均波高
	S7	P14	A-AWC	A 平台平均波周期
	S8	P15	A-MWH	A 平台最大波高
	S9	P16	A-MWC	A 平台最大波周期

续表

传感设备	传感参数	采集层软件传感参数	IoT 仪器输入参数	IoT 仪器输入参数说明
ADCP	S1	P17	B-AT	B 平台海水温度
	S2	P18	B-AR	B 平台横摇
	S3	P19	B-AP	B 平台纵摇
	S4	P20	B-AD	B 平台方向
	S5	P21	B-AN	B 平台海水北向流速
	S6	P22	B-AE	B 平台海水东向流速
	S7	P23	B-AV	B 平台海水垂直流速
	S8	P24	B-AO	B 平台偏差
CTD	S1	P25	B-T	B 平台海水温度
	S2	P26	B-D	B 平台海水深度
	S3	P27	B-C	B 平台海水电导率
	S4	P28	B-S	B 平台海水盐度

7.3.5 软件界面

1．地图导航

以地图为基础，按照浮标、平台投放的位置（一般为经纬度）动态、形象地在地图上显示其标识；单击不同浮标、平台，就可对相应的数据进行查看。导航功能通过直观的二维地图的方式显示不同观测平台在试验场海区的部署位置，用户通过单击不同平台，进入该平台下数据可视化及实测数据查询显示，其功能界面如图 7-20 和图 7-21 所示。

2．曲线显示

对于不同的观测设备显示的观测信息内容及显示方式不同。通常情况下，对二维关联数据以平面曲线的方式进行可视化，横轴和纵轴对应不同参数。对同一仪器所测参数或相互关联的数据应集中显示，能够对曲线进行移动、放大、缩小等操作，可对时间范围、坐标系范围进行设置，对特征点能够进行标注。测波浮标观测信息显示界面如图 7-22 所示，其中横轴表示时间，纵轴表示各参数的具体数值。流速剖面仪的垂直剖面曲线显示界面如图 7-23 所示，其中横轴表示流速和流向，纵轴表示水深。

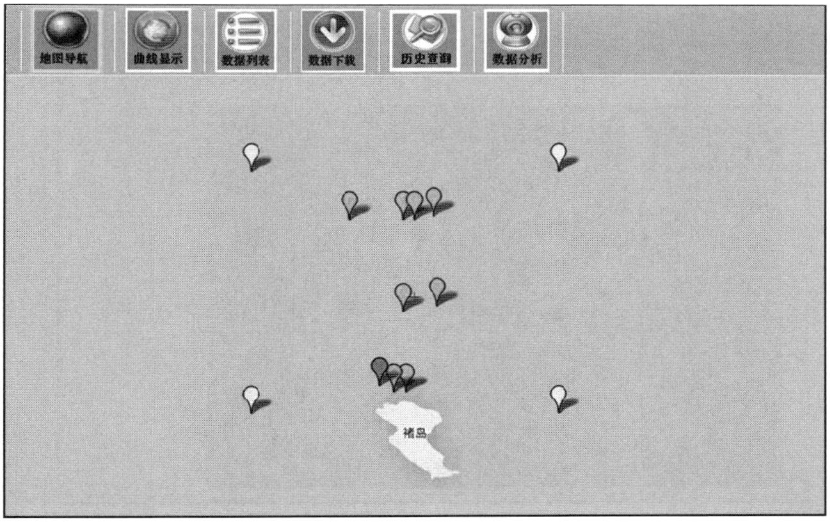

图 7-20
地图导航

图 7-21
锚点信息

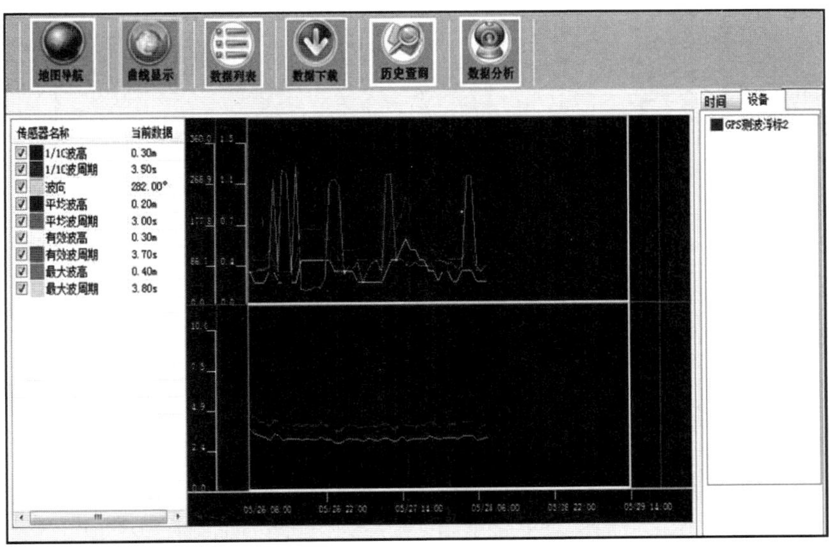

图 7-22
测波浮标观测信息
显示界面

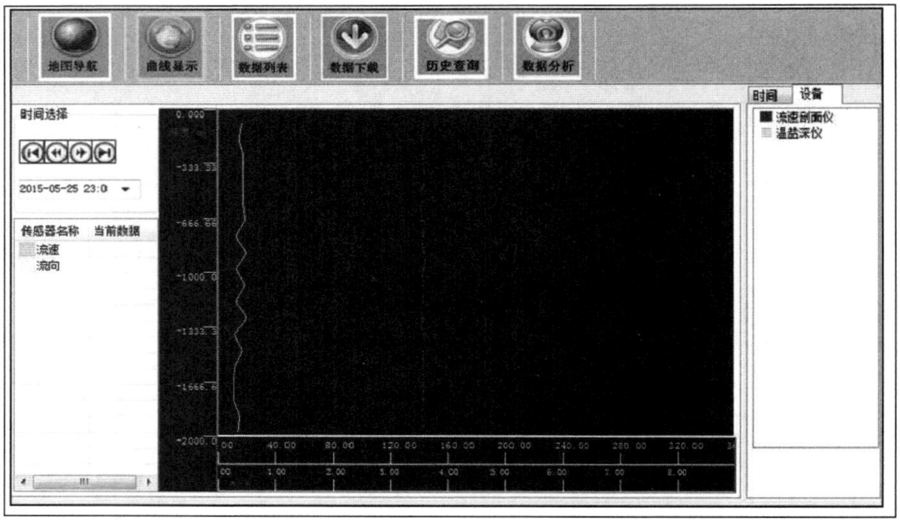

图 7-23
垂直剖面曲线显示界面

3．数据列表

通过列表的形式显示平台下不同仪器的实测数据，列表每一行数据包括观测时间及不同观测参数数据值，对实时数据实时刷新列表，其功能界面如图 7-24 所示。

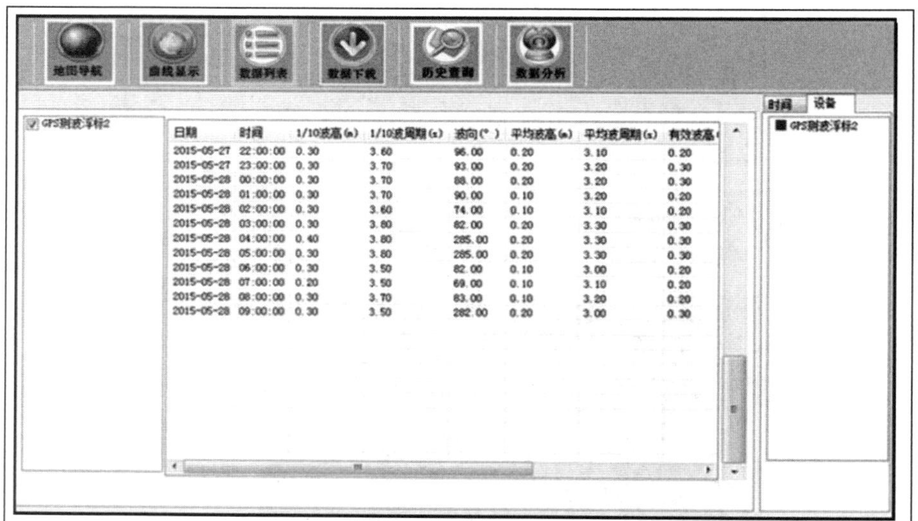

图 7-24
数据列表

4．数据下载

向用户提供数据下载功能，用户选择要下载的参数数据及时间范围，选定保存文件目录，数据以 CSV 文件格式保存至目录，其功能界面如图 7-25 所示。

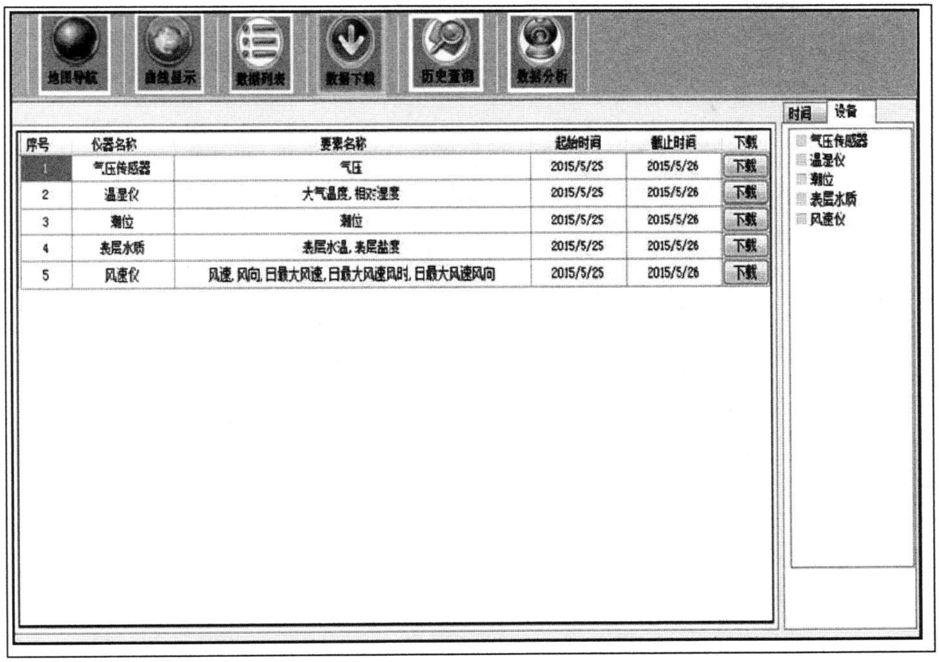

图 7-25
数据下载

5．历史查询

按照特定条件进行筛选，查看符合某些特定条件的采集数据。用户可根据时间范围、地理位置、观测负责人、观测单位等信息进行历史数据查询。

6．数据分析

数据分析包括相应的数据分析显示功能，主要包括数据关联分析和玫瑰图分析。对关联数据（如温度、盐度）采用关联点的方式进行可视化，两个关联参数分别为横轴和纵轴，能够进行数据时间范围的选择，以及选择不同的相互关联的参数组，其功能界面如图 7-26 所示。在对海洋观测数据进行分析过程中，需要对某一时间段，某些观测参数在某一方向出现的频率进行统计分析，需要使用玫瑰图统计功能。玫瑰图统计对观测参数在规定 16 个方向上的出现频率和速度进行统计，对观测参数采用玫瑰图的方式进行可视化。如图 7-27 所示，玫瑰图统计分析显示由四个同心圆组成，包括 16 个方向，每一个方向上都对观测数据在该方向上的平均数据进行标识，左上角为由不同颜色的线条组成的图例，中间为观测参数在各个方向数值的平均值的连线。边栏显示的内容包括 16 个方向每一方向出现的频率和平均值。

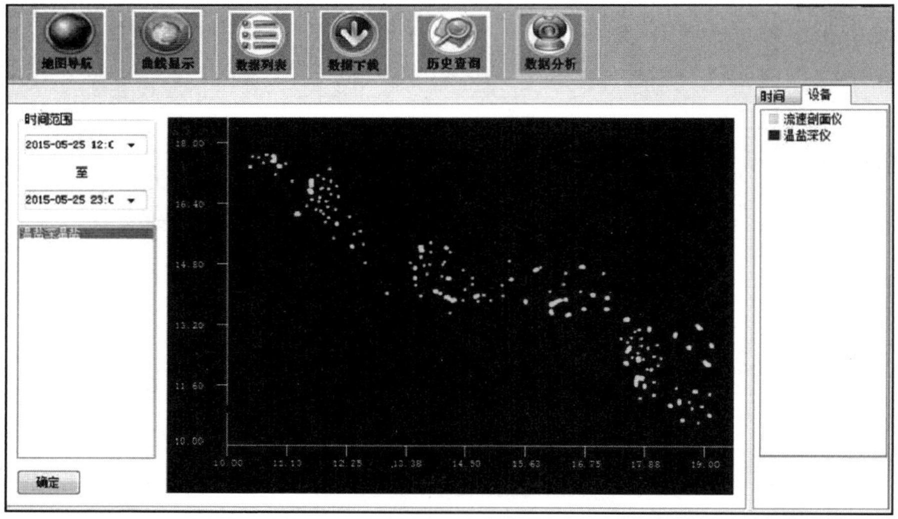

图 7-26
参数关联

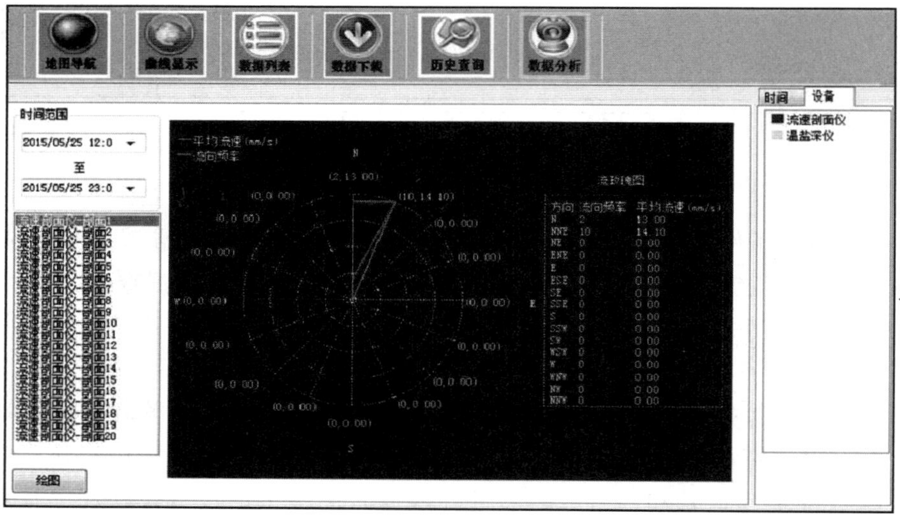

图 7-27
玫瑰图

本章小结

本章介绍了农业大棚、机房监控和海洋环境监测三种 IoT 仪器。通过这些 IoT 仪器的设计和应用案例，可对 IoT 仪器客户端软件形成更加直观的认识。这些 IoT 仪器的输入、软件界面和软件功能，很大程度上与传统智能仪表具有很大相似之处。输入方面，传统仪器输入的是各种传感器的模拟信号，IoT 仪器输入的是各种传感参数的数字量信息。传统智能仪表具有数据和曲线的显示界面，IoT 仪器实现类似的操作。传统智能仪表具有 RS-232、RS-485、GPIB 等多种标准输出接口，IoT 仪器同样需要根据应用领域制定数据输出接口。从基本框架上，IoT 仪器与传统智能仪表基本相同。

由于普通计算机在存储能力及运算能力方面高于传统智能仪表硬件，因此IoT仪器实现的功能，以及软件性能可大幅度超出智能仪表硬件实现的功能，随着云计算等计算机技术的发展，计算机的性价比会进一步降低，因此智能仪表功能向IoT仪器功能转化的趋势会更加明显。可以预见，在不远的将来，大多数智能仪表会只保留传感器的数据采集功能，其余功能完全由IoT仪器实现。随着IoT仪器标准接口的逐步规范，以IoT仪器模型为基础的超大规模互联系统将在现实中出现。

第 8 章　工业测试应用

要实现我国提出的“中国制造 2025”发展战略，其核心是通过物联网、云计算及大数据等信息化手段，提高制造水平、制造效率，生产出适合人们个性化需要的各种产品。要实现以上战略的前提和基础，首先是通过物联网技术，进行企业设计、研发、生产全局各环节的信息互联互通，实现数据汇聚。在此基础上利用云计算和大数据技术，对各种信息进行深入挖掘和智能应用，帮助企业进行更好地设计、生产和销售，提高企业的智能制造水平和在领域内的核心竞争能力。本章以家电制造业为背景，通过各种类型的电冰箱、空调和热水器测试 IoT 仪器应用案例，阐述物联网系统的建立过程，使读者对物联网系统的建立具有更加直观的了解，进一步深入理解前序各章的理论和方法。

8.1　需求概述

对于一个大型家电企业集团，部门数量多，地域分散，企业部门及生产工厂时常跨越市内多个行政区域或多个省市，甚至跨越世界多个国家。计算机技术，特别是网络技术的快速发展，为企业提供了非常便利的通信手段。

近二十年来，对于产品的测试，起初主要采用人工记录仪表数据的方式，随着信息技术的发展，计算机加智能传感设备的自动化数据采集方式，显著提高了测试工作效率和企业产品质量的管理水平。因此，这种自动化的数据采集系统在短时期内快速增加，形成了数量众多的各种自动化测试系统。随着国家“中国制造 2025”发展战略的提出，物联网技术逐渐得到企业的重视，对消除各种产品测试信息孤岛，快速建立敏捷高效的物联网系统，提出了强烈的需求。

大型家电企业生产的家电种类多，通常包括电冰箱、空调、洗衣机、热水器及各种厨房电器。同一种家电又包括多个种类的测试系统，如性能测试、可靠性测试、抽样测试和电器安全测试等。因此一个家电企业包含的测试系统有几百套，甚至上千套。这些系统采用的硬件各不相同，软件结构各异，彼此互相独立，信息难以互联互通，使得完善的网络基础设施得不到有效利用，制约了企业信息化水平的快速发展和提高。

对于各种类型的家电测试，首先需要根据检测标准进行，标准中规定了测试项目及对应的试验条件和测试方法。例如，测试电冰箱的耗电量，国家标准（GB 8059.2—1995《家用制冷器具 冷藏冻冷箱》）规定，首先需要把电冰箱放置在特定的温度和湿度环境中进行测试，电冰箱内放置一定数量的冷冻负载，并规定了具体测试方法，在此条件下获得的测试结果才能获得质量检验部门的认可。由于不同的家电种类，依据的测试标准不同，每个标准中不同的测试项目所需的试验条件和试验方法不同。下面以各种类型的电冰箱、空调和热水器测试物联网系统建设为背景，阐述物联网应用系统的构建方法。

为保证测试结果的一致性，在对电冰箱产品进行测试时，需要把试验室的环境温度和相对湿度控制在测试标准所要求的设定值误差范围内。因此，试验室有一套自动化的控制系统实现温度的自动控制。自动化的控制原理比较简单，其中有一套或几套压缩机组，根据需要制冷的温度或制冷速度，人为选择开启一套或几套制冷系统，制冷原理和家中使用的空调工作原理相同，这些制冷系统在运行时处于常开状态，因频繁的开启或关闭会造成这些制冷系统的损坏。

第二套系统由控制仪表实现试验室温度控制，其原理是该控制仪表控制加热管（里面是电阻丝，外面是不锈钢管，不锈钢钢管上面附有螺旋状的散热片，简称加热管）的通断，当加热管输出的热量大于制冷系统输出的冷量时，试验室温度升高，否则试验室温度降低或处于平衡状态。试验室环境控制系统中，还有一套与温度控制相似的湿度控制系统，湿度控制仪表利用试验室中的湿度传感器感知试验室内当前相对湿度，通过控制在水箱内的加热器产生水蒸气输送到试验室内控制相对湿度。

电冰箱测试软件对于试验室温度控制的主要任务，是把用户设定的温湿度值发送给温度和湿度控制仪表，其余全部由温度和控制仪表通过对加热管的控制，实现试验室的温湿控制。因此电冰箱测试软件系统设计者只需了解温度和湿度控制仪表的通信协议，实现由测试软件至温湿度仪表的设定值传送，不需关心控制系统实现的原理细节。

一套完整的电冰箱测试系统，通常由 1～2 个房间组成，每个房间 6 个工位，每个工位由一个木制工作台、电源插座和多个温度热电偶传感器组成。电源插座连接数字功率计传感设备，热电偶连接温度传感设备。当一台电冰箱产品放至木制工作台，电源插头连接工位插座，多个热电偶传感器放至电冰箱内不同位置后，可以开始进行测试。测试软件系统从数字功率计和温度传感设备读取电冰箱运行时的各种耗电参数及温度数据，以不同形式展现给用户。

8.2 电冰箱测试

我国目前采用的电冰箱测试国家标准为 GB/T 8059.2—1995《家用制冷器具 冷藏冻冷箱》。电冰箱产品在销往不同国家地区时，为了获得这些国家对测试结果的认可，需要采用这些国家规定的标准进行测试，因此产品所采用的测试标准不是唯一或固定不变的。在这些测试标准中，对电冰箱测试的相关术语、产品分类、技术要求、试验方法和检验规则等进行了详细的规定。在测试过程中，测试电冰箱所在试验室的环境温度、相对湿度需要满足测试标准的要求。

8.2.1 测试原理

通过对电冰箱测试环境和传感设备的描述，阐述电冰箱的测试原理。

1. 测试环境

电冰箱测试系统的测试环境如图 8-1 所示，需要测试的电冰箱被放置在一间试验室内的测试工位上。该试验室根据测试标准的要求进行建设，房间内的温度和相对湿度可根据需要进行调节。图 8-1 的中间位置放置了两个铂电阻传感器，数字温控仪和数字湿控仪通过这两个传感器获取试验室内的温度和相对湿度数据，作为房间温湿度调节的依据。

房间内的测试工位由黑色的木制工作台组成，测试工位上带有热电偶传感器和电源插座，如图 8-2（a）所示。电冰箱的电源线连接测试工位的电源插座，试验人员根据测试需要，把测试工位的热电偶传感器放置在电冰内的冷冻室及冷藏室的相应位置进行测试，如图 8-2（b）所示。

图 8-1
电冰箱测试环境

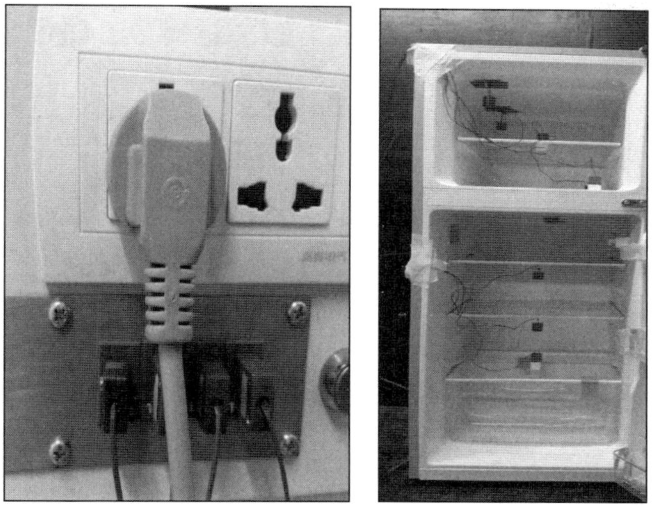

（a）　　　　（b）

图 8-2
测试传感器及放置

2．传感设备

电冰箱测试通过智能仪表传感设备获取电冰箱的测试参数数据，如图 8-3 所示。其中图 8-3 左半部分的智能仪表是数字功率计，每台数字功率计连接一个测试工位的电源插座。当被测试的电冰箱电源线插入该插座运行时，该数字功率计可以测得电冰箱运行时的电压、电流、功率和耗电量等参数。图 8-3（右中）为温度记录仪，该记录仪连接测试工位上的热电偶传感器，可以获取热电偶测得的温度数据。图 8-3（上）的四个方形智能仪表，分别为试验室 A 的数字温控仪、数字湿控仪和试验室 B 的数字温控仪和数字湿控仪，用于控制试验室 A 和试验室 B 的加热和加湿的自动控制。房间的制冷压缩机、循环风机、加热器、加湿器的开关可由图 8-3 中的触摸屏手动控制，也可通过计算机的控制界面进行控制。

计算机可通过网络接口和 RS-232 接口与温度记录仪、数字功率计、数字温控仪、数字湿控仪和 PLC 控制器相连，计算机与多个智能仪表传感设备的硬件连接结构如图 8-4 所示。数据采集层软件通过这些接口获取相应的物理传感参数数据。其中温度记录仪带有 360 个热电偶传感器，用于 12 个测试工位，每个测试工位安装 30 个热电偶传感器。每个数字功率计用于一个测试工位，可获取测试工位电冰箱的电压、电流、功率和耗电量数据，共 12 台数字功率计。数字温控仪和数字湿控仪除了分别可控制试验室的温度和相对湿度外，还可提供所控制试验室的当前温度和相对湿度数据。PLC 控制器可根据手动操作或计算机的控制命令，实现加热器、加湿器、制冷压缩机及循环风机的开启和关闭控制。另外，PLC 可实现事先编程设定的控制逻辑。例如，当循环风机因故障关闭时，自动实现加热器和加湿器的关闭控制，否则会导致局部温度过高，具有引起火灾的危险。

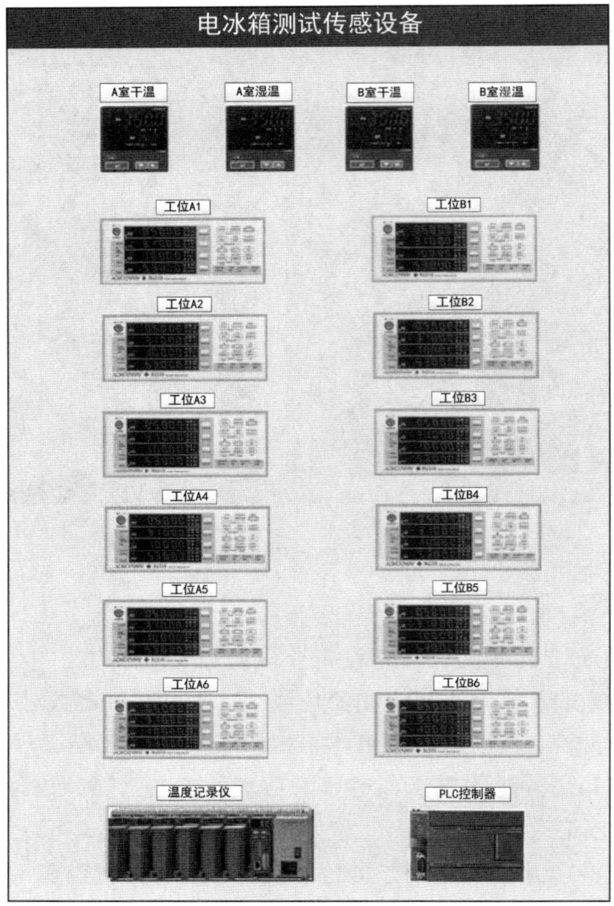

图 8-3
电冰箱测试仪表柜

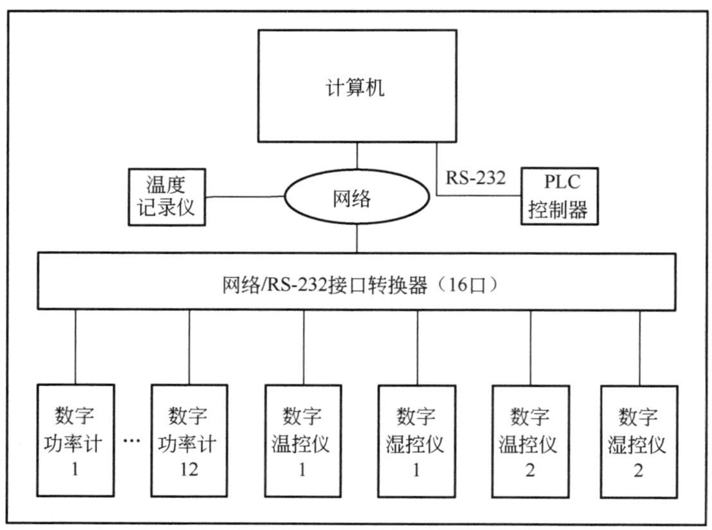

图 8-4
硬件连接结构

8.2.2　电冰箱测试 IoT 仪器

为实现电冰箱测试数据的分析处理，需要设计开发相应的测试软件。在家电制造企业中，需要进行各种测试，包括性能测试、可靠性测试、生产抽样测试等。由于大企业的地区分散性，这些测试系统分布在不同省市，甚至不同国家。同时由于生产产品的多样性，测试系统的种类和数量繁多。因此在进行这些测试软件的设计时，不仅要考虑测试软件本身需求，还要考虑测试系统及企业业务系统之间的互联，以提高管理效率和决策水平。为此电冰箱测试系统采用 IoT 仪器模型进行设计，所设计开发的计算机系统称为电冰箱测试 IoT 仪器。下面对该 IoT 仪器客户端的设计方法和软件功能界面进行阐述。

电冰箱测试仪 IoT 仪器结构如图 8-5 所示。该测试仪软件主要涉及单机应用层和互联服务层。其中控制模块和采集模块属于单机应用层，实现与数据采集层软件之间的衔接。互联服务层采用 IEEE 1851 国际标准实现。

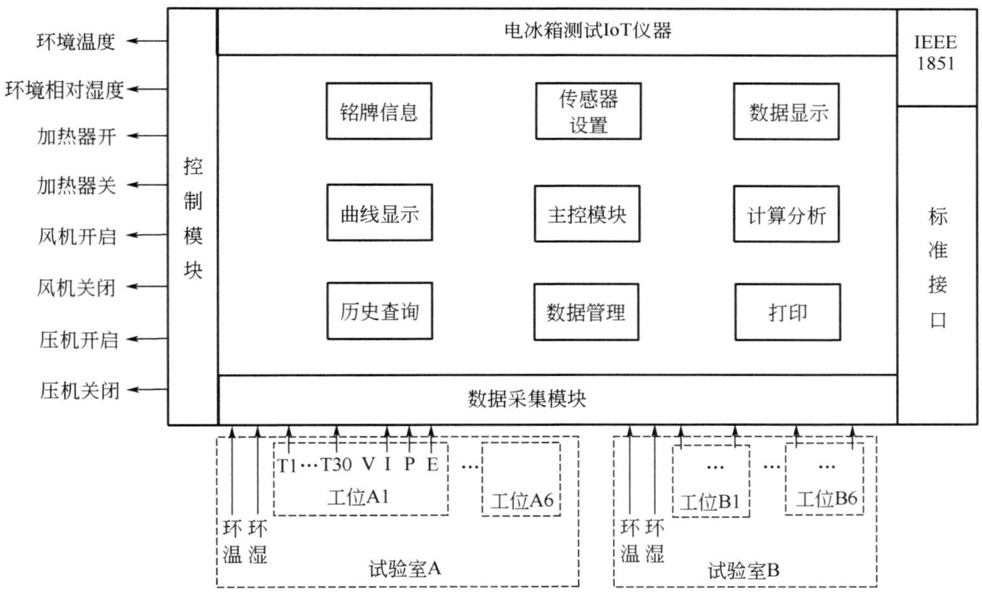

图 8-5
电冰箱测试 IoT 仪器结构

控制模块向数据采集层输出的信息包括试验室房间所需控制的环境温度，环境相对湿度，加热器、加湿器、循环风机和制冷压缩机的开关控制。其中环境温度和环境相对湿度的设定值由控制模块发送给数据采集层软件后，由数据采集层软件根据仪表约定的命令格式分别发送给数字温控仪和数字湿控仪。其他的命令信息发送给数据采集层软件后，由数据采集层软件发送给 PLC 控制器，由 PLC 控制器实现各种设备的开关控制。控制模块和数据采集层软件之间的命令协议可自行约定，所约定的命令协议与硬件设备厂商和产品型号无关。

对于该 IoT 仪器客户端，需要对被测产品根据测试工位进行管理，在测试过程中，每个测试工位对应一个被测产品。采集模块输入的传感参数来自数据采集层软件，从图 8-5 可以看出，这些输入参数根据传感器的部署位置，分为试验室 A 和试验室 B 两部分，对于每个试验室房间内的传感参数，又分为房间内的环境温度和环境相对湿度，以及各测试工位的传感参数。每个试验室内包含六个测试工位，分别是工位 A1～工位 A6，工位 B1～工位 B6。每个工位包含 T1～T30 共 30 个热电偶的温度传感参数，以及电压（V）、电流（I）、功率（P）和耗电量（E）四个与供电相关的传感参数。

电冰箱测试仪主要包括控制模块、数据采集模块、铭牌信息、传感器设置、数据显示、曲线显示、主控模块、计算分析、历史查询、数据管理和打印共 11 个软件模块。

（1）控制模块：根据用户输入操作，向数据采集层软件发送约定的控制命令信息。

（2）数据采集模块：当开始测试后，周期性地向数据采集层发送请求传感参数数据的命令信息。

（3）铭牌信息：实现测试索引信息的录入，主要包括被测电冰箱的铭牌信息，如产品型号、产品编号、额定耗电量等信息，以及测试项目和测试人员等信息。当这些信息录入完成后，若被测产品所在测试工位为第一个完成铭牌信息录入的工位，该模块将通知采集模块启动数据采集层软件开始采集数据。

（4）传感器设置：根据以上对本应用案例中电冰箱测试仪的描述可知，每个测试工位安装有 30 个热电偶温度传感器，在进行实际测试过程中，每次实际使用的热电偶数量不同，传感器放置的位置不同，因此需要使用该模块供用户选择实际使用的传感器，同时为便于用户分析数据，该模块还供用户根据传感器放置的不同位置，为传感器赋予不同的名称。

（5）数据显示：按采集时间顺序，以列表的方式显示采集数据的功能。

（6）曲线显示：显示传感参数按时间变化的曲线。

（7）主控模块：实现电冰箱测试仪软件的初始化和其他各软件模块之间的衔接。

（8）计算分析：实现根据电冰箱测试标准要求的计算和统计分析功能。

（9）历史查询：根据被测产品的铭牌信息等测试索引数据，查询已经完成测试的电冰箱测试数据和曲线。

（10）数据管理：实现电冰箱测试仪软件内部的数据管理和数据存储层之间的衔接。

（11）打印：完成电冰箱测试曲线的打印，所打印的曲线中附有被测产品的铭牌信息和测试标准要求的相关统计结果。

8.2.3　传感参数传递

对于不同的电冰箱测试应用场景，使用的传感设备类型、厂商不同。本节将阐述电冰箱测试 IoT 仪器如何适应这些变化，从而保证软件的可复用性。为使该 IoT 仪器客户端不受传感设备硬件的影响，采用如表 8-1 所示的传感参数传递方式。从表 8-1 中可以看出，采集层软件把所有传感设备的传感参数进行了统一编号（P1～P512），每一个传感参数和电冰箱测试 IoT 仪器客户端的输入参数对应。只要把这种通过人为设定的对应关系传递给电冰箱测试 IoT 仪器客户端，当采集模块获得数据采集层的带有全局编号的传感参数数据后，根据传感参数之间的对应关系，赋予电冰箱测试 IoT 仪器客户端的传感参数输入，电冰箱测试仪可在代码不变的情况下，正确实现原有的逻辑功能。

表 8-1　传感参数传递对应关系

传感设备	传感参数	数据采集层软件传感参数	IoT 仪器输入参数	IoT 仪器输入参数说明
数据采集器	S1	P1	A1-T1	A1 工位热电偶 T1 温度数据
	S2	P2	A1-T2	A1 工位热电偶 T2 温度数据
	⋮	⋮	⋮	⋮
	S30	P30	A1-T30	A1 工位热电偶 T30 温度数据
	⋮	⋮	⋮	
	S331	P331	B6-T1	B6 工位热电偶 T1 温度数据
	⋮	⋮	⋮	⋮
	S360	P360	B6-T30	B6 工位热电偶 T30 温度数据
数字功率计 1	S1	P361	A1-V	A1 工位电冰箱电压
	S2	P362	A1-I	A1 工位电冰箱电流
	S3	P363	A1-P	A1 工位电冰箱功率
	S4	P364	A1-E	A1 工位电冰箱耗电量
⋮	⋮	⋮	⋮	⋮
数字功率计 12	S1	P405	B6-V	B6 工位电冰箱电压
	S2	P406	B6-I	B6 工位电冰箱电流
	S3	P407	B6-P	B6 工位电冰箱功率
	S4	P408	B6-E	B6 工位电冰箱耗电量
数字温控仪 1	S1	P409	环温 A	A 室环境干温
数字湿控仪 1	S1	P510	环湿 A	A 室环境湿温
数字温控仪 2	S1	P511	环温 B	B 室环境干温
数字湿控仪 2	S1	P512	环湿 B	B 室环境湿温

8.2.4 软件界面

8.2.2 节中已经简要叙述了模块组成，以及每个模块的主要功能。在实际应用过程中，涉及用户操作的诸多细节，本节通过实际应用案例的软件界面，进一步阐述软件的主要功能。电冰箱测试 IoT 仪器客户端功能主界面如图 8-6 所示。

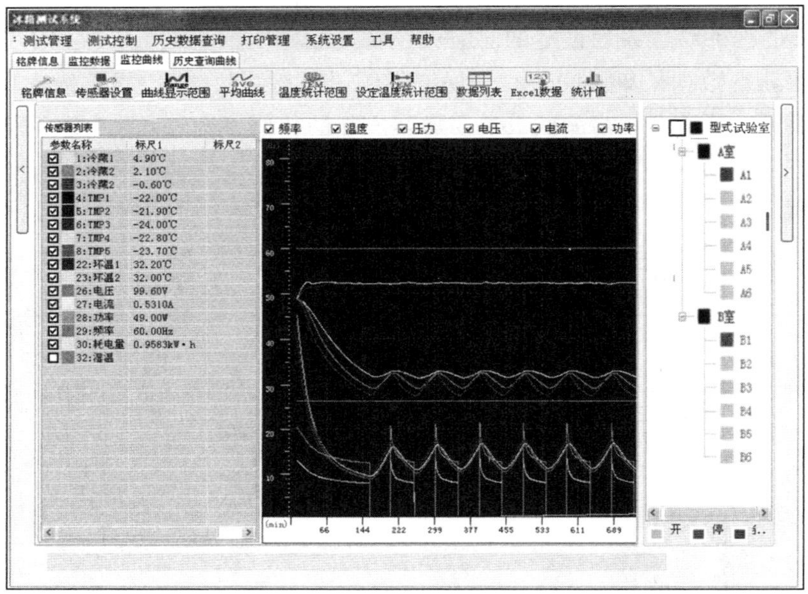

图 8-6
电冰箱测试 IoT 仪器客户端主界面

第一行是软件名称“冰箱测试系统”，第二行为主菜单，第三行为功能选项卡，第四行为快捷方式，下面为曲线界面，曲线界面左侧为曲线图例。图例自左至右，每列的含义依次为复选框，表示该传感参数是否被选用；色块，表示传感参数对应曲线的颜色；传感参数序号与传感参数名称；传感参数的最新数据。曲线界面右侧为测试工位导航树形结构界面，其中根节点为试验室名称“电冰箱测试试验室”，该试验室分为两个房间，分别是 A 室和 B 室，每个室具有六个测试工位，名称分别是 A1～A6 和 B1～B6。每个测试工位可以测试一台电冰箱产品。该导航界面中，色块颜色表示工位状态，红色表示该测试工位空闲，即未进行测试；绿色表示该工位正在进行测试；紫色表示该工位正在进行测试，且曲线当前界面所显示的是该工位的测试曲线，该工位也称为“当前工位”，下面对软件界面进行详细介绍。

1. 主界面功能

1）主菜单

软件功能菜单说明见表 8-2。

表 8-2 软件功能菜单说明

序号	主菜单	子菜单	功能说明
1	测试管理	铭牌信息	被测电冰箱等测试索引信息编辑界面
		传感器设置	设置传感器名称及分组信息。当某个工位测试索引及传感器设置数据录入完成后，通知数据采集层软件开始进行该工位的数据采集，收到采集数据后自动进行数据存储，并动态绘制曲线
		系统退出	通知数据采集层软件退出后，本客户端软件退出，返回操作系统桌面
2	测试控制	工况设置	把用户输入的试验室温度、相对湿度控制目标值发送给温度及湿度控制仪，由控制仪自动进行试验室的环境温度和相对湿度控制
		采集周期设置	设置数据采集层软件进行传感器数据采集的时间周期
3	历史数据查询	无	查询显示已经停止测试产品的参数曲线
4	打印管理	打印曲线	打印屏幕显示的曲线及相关测试铭牌信息
		打印预览	预览打印的曲线内容
		模板设置	供用户选择预先设计的几种打印模板
		Excel 报告	输出打印的 Excel 格式的测试报告
5	系统设置	系统语言	选择软件语言是中文或英文
		传感器修正	输入传感参数标准值，用于传感器实测值的校正
		录入条目管理	维护测试铭牌信息录入条目选择项中的内容
6	工具	温湿转换	实现湿温及相对湿度之间的计算转换
		计算器	与 Windows 中的计算器功能相同
		错误日志	软件运行的内部故障日志记录

2）选项卡

把用户常用的几项功能通过选项卡实现，功能说明见表 8-3。

表 8-3 软件选项卡功能

序号	菜单	功能简介
1	铭牌信息	与主菜单“测试管理”中的“铭牌信息”子菜单功能相同
2	监控数据	进入当前工位传感器数据显示界面
3	监控曲线	切换至当前工位测试曲线界面
4	历史查询曲线	切换至显示历史查询对应的曲线界面

3）曲线界面操作

整个曲线显示区域，横坐标系为时间，纵坐标系可根据曲线上面的复选框来设置。当选中某一项后，曲线界面右侧就会显示对应的纵坐标系，否则将隐藏该坐标系。曲线界面的操作功能放置在鼠标右键功能菜单中，即右击曲线显示界面，会弹出一个功能菜单，称为曲线界面右键功能菜单，如图 8-7 所示，下面对这些功能进行介绍。

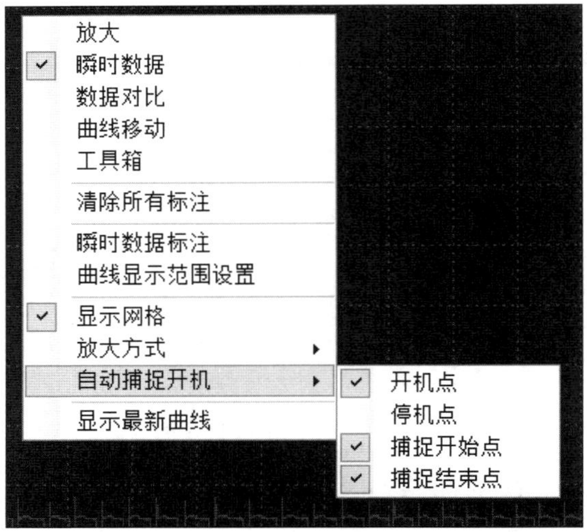

图 8-7
曲线界面右键功能菜单

（1）放大。在界面的曲线显示区域右击，在弹出的功能菜单中选择“放大”选项，使其处于选中状态，然后在放大方式中选择“局部放大”或者“横向放大”。

执行曲线放大功能后，在主控界面的曲线显示区域右击，在弹出的右键功能菜单中会增加“放大返回”子菜单，在该子菜单中会有“上个窗口”和“曲线还原”二级子菜单。选择“上个窗口”选项，可以返回放大的上个窗口；选择“曲线还原”选项，则直接返回曲线初始状态。

（2）瞬时数据。选择“瞬时数据”选项后，主界面左侧的“曲线图例栏”中的“标尺 1”列中显示的传感器值，会随着用户在曲线上移动鼠标指针而变化。其值是鼠标指针在曲线位置时间点对应的各传感参数的数值。若没有选择“瞬时数据”选项，则鼠标指针移动时，左侧传感器的值不会随之变化。

（3）数据对比。当用户选择右键功能菜单中的“数据对比”选项后，曲线界面会出现两条竖直虚线，左侧的“曲线图例栏”中传感器值，会随着用户在曲线上移动鼠标指针而变化。“标尺 1”列中的值是左侧竖直虚线与曲线相交点的值，“标尺 2”列中的值是右侧虚线与曲线相交点的值。

（4）曲线移动。选择右键功能菜单中的“曲线移动”选项后，此时主控界面曲线显示区域进入“曲线移动”状态，可按住鼠标左键，横向拖动曲线，曲线会随之移动。再次选择“曲线移动”选项，可以退出“曲线移动”状态。

（5）工具箱。选择右键功能菜单中的“工具箱”选项，会弹出“标注工具”窗口。该窗口中，具有“瞬时值”“时间差”“耗电量”“特征点”“文本标注”“标注”“删除”等按钮，下面分别对这些按钮功能进行说明。

① 瞬时值：查看瞬时数据。单击“瞬时值”按钮后，会弹出窗口，让用户选择瞬时值位置，即在显示瞬时值时，显示在白色竖直虚线的“左”侧还是“右”侧。单击“确定”按钮（此处假设选择的是“右”）后，单击曲线显示区域内任一点，

会出现一条白色竖直虚线，竖直线右侧显示竖直线对应时刻曲线的各传感参数瞬时值。在竖直线上按住鼠标左键，可以左右拖动该竖直虚线，瞬时值也会随之变化。

② 时间差：单击“时间差”按钮后，在曲线显示区域会自动出现白色竖直虚线围成的一个范围，并会标出两条白色竖直虚线之间的时间差，两条竖直虚线都是可以被拖动的，当范围改变时，时间差也会随之改变。

③ 耗电量：单击“耗电量”按钮后，在曲线显示区域会自动出现白色竖直虚线围成的一个范围，并会标出两条白色虚线之间的耗电量。两条竖直虚线都是可以被拖动的，当范围改变时，耗电量也会随之改变。

④ 特征点：单击曲线上某点，可以标注其数据值。单击“特征点”按钮后，再单击曲线上任一点，在该点就会标注其数值。

⑤ 文本标注：在指定位置标注文本。单击“文本标注”按钮后，单击曲线显示区域内任何一点，会弹出一个窗体，需要输入标注的内容。输入完成后单击“确定”按钮，就会在单击的位置出现文本标注的内容。

⑥ 标注：使标注时间差竖线等位置锁定不动。单击“标注”按钮后，已有的标注（如瞬时值、时间差、耗电量等）的虚线颜色会由白色变为红色，并且不能拖动。

⑦ 删除：单击“删除”按钮后，会弹出窗口，要求用户选择删除的标注，选择想要删除的标注后，单击“确定”按钮即可删除相应的标注。

（6）清除所有标注。在主控界面的曲线显示区域右击，在弹出的功能菜单中选择“清除所有标注”选项，此时主控界面曲线所有标注会消失。

（7）瞬时数据标注。在主控界面的曲线显示区域右击，在弹出的功能菜单中选择“瞬时数据标注”选项，此时主控界面会弹出窗口，提示选择瞬时值显示“左”或“右”位置，可根据需要选择其中之一，单击“确定”按钮后，单击曲线显示区域内任一点，会出现一条竖直虚线，虚线右侧标注着在竖直虚线时刻的曲线瞬时值。在竖直虚线上按住鼠标左键，可以左右拖动竖直虚线，瞬时值也会随之变化。

（8）曲线显示范围设置。选择“曲线显示范围设置”选项，此时主控界面会弹出“显示时间修改”对话框，为相应的台位设置时间显示范围，如图 8-8 所示。

其中左侧的复选框用来设置需要操作的工位，右侧用来设置显示时间的上、下限。时间的设置，既可以手动输入数据，也可以拖动进行设置。单击“确定”按钮后，主控界面就会只显示我们所设置的时间范围内的曲线。

（9）显示网格。在主控界面的曲线显示区域右击，在弹出的功能菜单中选择“显示网格”选项，主控界面曲线区域显示网格；反之，曲线显示区域背景不显示网格。

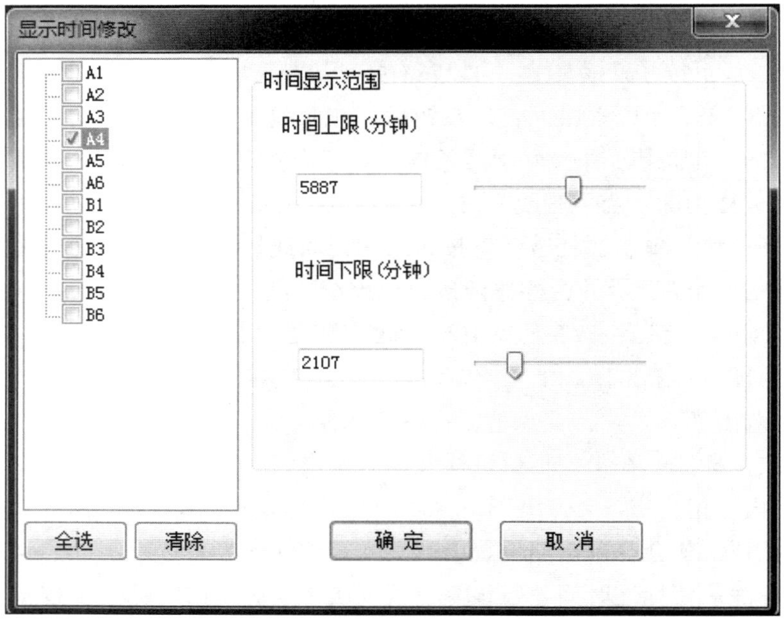

图 8-8
曲线显示范围设置

（10）放大方式。放大方式包括局部放大和横向放大两种方式。若选择“局部放大”选项，在曲线显示区域按住鼠标左键，拖动鼠标，会拖出一个矩形框，松开鼠标时，会把该矩形框体内的曲线放大至整个曲线界面。若选择“横向放大”选项，在曲线显示区域按住鼠标左键，拖动鼠标，会拖出两条竖线，松开鼠标时，会把竖线中间的曲线横向放大为整个界面。在主控界面曲线显示区域直接双击，可以局部放大曲线固定倍数。若放大没有开启，则横向放大功能不能实现。

（11）自动捕捉开机。在主控界面的曲线显示区域右击，在弹出的功能菜单中选择“自动捕捉开机”选项，软件会弹出四个选项：“开机点”“停机点”“捕捉开机点”“捕捉结束点”。其中，“捕捉开始点”与“捕捉结束点”都是可选或不选的，而“开机点”与“结束点”必须二选一。

当选择范围统计温度或统计功率时，往往需要所选范围内包含完整的开停周期，否则所得的统计值可能会出现偏差。选择“自动捕捉开机”选项，则在拖动范围时开始点或结束点自动调整位置，确保所选范围内包含完整的开停周期。

（12）显示最新曲线。选择“显示最新曲线”选项，曲线会及时进行刷新（由于曲线移动等，原曲线增加部分会滞后显示）。

4）快捷方式

在功能选项卡名称下方，具有一行带有图标的快捷方式（由于纸张篇幅限制，一部分快捷方式名称未在图中显示），这些快捷方式对应选项卡常用的功能，功能简要说明见表 8-4。

表 8-4　快捷方式功能说明

序号	菜单	功能简介
1	铭牌信息	同主菜单“测试管理”中子菜单“铭牌信息”功能相同
2	传感器设置	同主菜单“测试管理”中子菜单“传感器设置”功能相同
3	曲线显示范围	设定当前工位曲线显示界面横坐标的时间长度
4	平均曲线	通过选择当前工位的多个传感器，曲线界面中显示对应的平均曲线
5	温度统计范围	选择统计温度最大值等特征值的时间起止点
6	设定温度统计范围	选择统计温度最大值等特征值的时间跨度
7	数据列表	显示当前工位传感数据随时间变化的数据列表
8	Excel 数据	把当前工位的测试数据导出到 Excel 文件中
9	统计值	计算温度或电参数的统计特征值
10	曲线自适应	把当前工位测试的所有数据的曲线完整显示在曲线界面中
11	清除标注	清除屏幕中用户添加的标注数据

2．主要子界面

1）铭牌信息

当单击“铭牌信息”快捷方式按钮时，软件显示如图 8-9 所示的铭牌信息软件功能界面。从该界面可以看出，左侧“工位导航栏”中，工位 B1 为紫色，表示此工位为当前工位。刚进入图 8-9 界面时，该界面中只显示和编辑“当前工位”的铭牌信息，如要编辑其他“工位”铭牌信息，可通过单击该界面左侧“工位导航栏”中相应的“工位”名称进行界面内容切换。

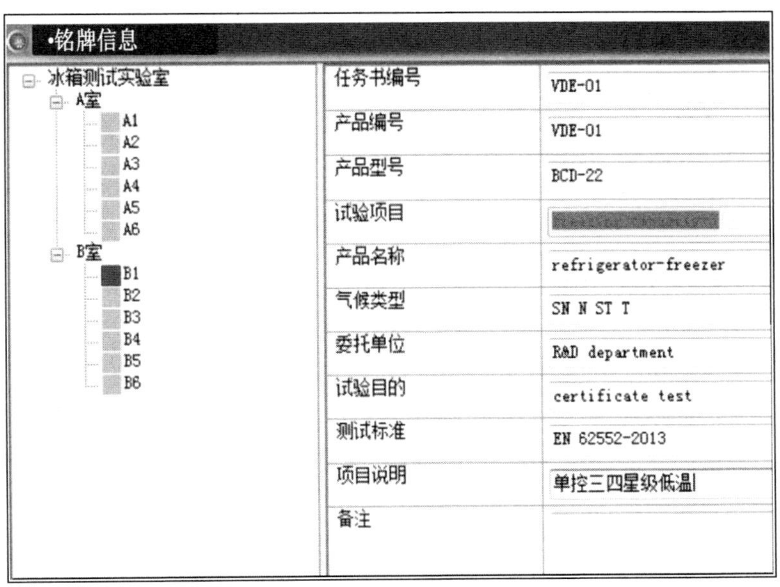

图 8-9
铭牌信息软件功能界面

2）传感器设置

选择主菜单“测试管理”中的“传感器设置”选项，软件将进入“当前工位”或“参数设置”按钮对应工位的传感器设置界面，如图 8-10 所示，在该界面中，可以实现传感器的分组管理、名称管理、借用等功能。电冰箱通常由多个部分组成，分成不同的间室，如冷藏室、冷冻室等。测试过程中，每个间室通常布置多个传感器，放在相同间室的传感器称为一组传感器，有时也称为“分组名称”，以便于软件用户理解。

（1）“序号”一列对应每个传感器在该工位的相对编号，每个传感器序号左边的复选框表示本次测试是否使用该传感器，若使用，则选中该复选框。单击“确定”按钮后，被选择的传感器将出现在“曲线图例栏”中。

（2）可以根据需要在“传感器名称”列单击相应的传感器名称，修改传感器后，以帮助试验人员记忆和区分不同的传感器。

（3）单击“增加分组”和“删除分组”按钮，可增加新的或删除已有的“分组名称”。图 8-10 中显示的“电参数”“冷藏室”“冷冻室”“压仓室”“热负荷”“冰温室”“变温室”和“环温”是已经存在的“分组”名称，这些“分组名称”是电冰箱测试时常用的分组名称。

（4）图 8-10 中右侧“传感器名称”列表中，包含常用的传感器名称，用于传感器名称的修改，单击上方的“增加”或“删除”按钮，可在“传感器名称”列表中增加或删除传感器名称列表项，以便用户在修改传感器名称时进行选择使用。

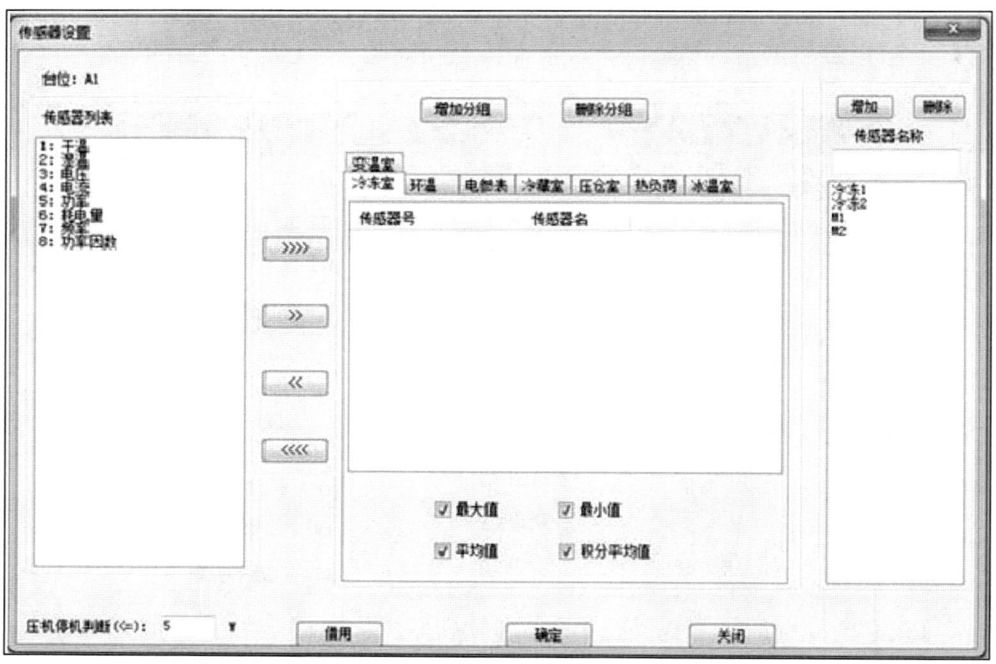

图 8-10
传感器设置界面

（5）单击“借用”按钮，可以选择其他台位上的传感器添加到本台位上，在本台位显示其他台位传感器曲线信息。

3）平均温度曲线

软件中可以设置显示某个传感器组的平均温度曲线，该传感器组简称为平均组。设置方法：单击“平均曲线”快捷方式按钮，软件将弹出“当前工位”的“平均温度曲线”对话框，如图 8-11 所示。“平均温度曲线”对话框中，工位名称为当前工位的名称，不可修改。平均组名称可在下拉列表中选择，如“冷藏平均”“冷冻平均”或“热负荷平均”等。

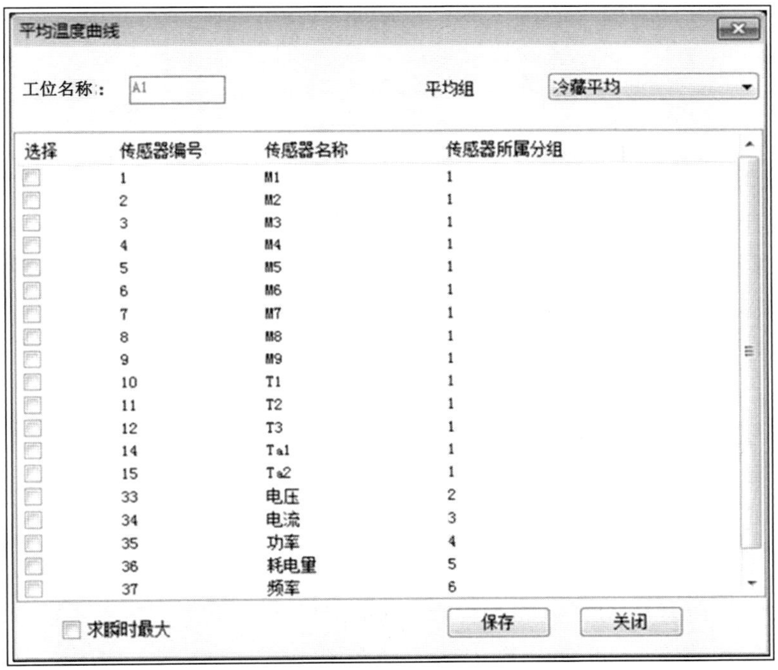

图 8-11
“平均温度曲线”对话框

若需要的“传感器组”在“平均组”下拉列表中不存在，可以在下拉列表中选择“更多”选项，软件将出现可添加“平均组”的界面，在“平均温度组名称”文本框中输入一名称，单击“确定”按钮，将在“平均组”下拉列表中添加一个“平均组”名称。单击“取消”按钮，取消添加新的平均温度组名称。当选择了平均组名称后，需要在其中选择计算平均值所包含的传感器。单击“保存”按钮后，曲线中会增添相应的曲线，曲线名称即为上一步所选择的“平均组”名称。

4）数据列表

单击“数据列表”快捷方式按钮，软件将显示“数据列表”界面，如图 8-12 所示。

数据列表

日期	时间	相对时间	M1(℃)	M2(℃)
2016-05-13	17:12:33	69:8	-19.4	-21.7
2016-05-13	17:12:41	69:8	-19.5	-21.7
2016-05-13	17:12:50	69:9	-19.5	-21.7
2016-05-13	17:13:00	69:9	-19.4	-21.7
2016-05-13	17:13:08	69:9	-19.4	-21.7
2016-05-13	17:13:17	69:9	-19.4	-21.7
2016-05-13	17:13:25	69:9	-19.5	-21.7
2016-05-13	17:13:35	69:9	-19.5	-21.7
2016-05-13	17:13:44	69:9	-19.5	-21.7
2016-05-13	17:13:52	69:10	-19.5	-21.7
2016-05-13	17:14:01	69:10	-19.4	-21.7
2016-05-13	17:14:11	69:10	-19.4	-21.7
2016-05-13	17:14:19	69:10	-19.4	-21.7
2016-05-13	17:14:28	69:10	-19.4	-21.7
2016-05-13	17:14:36	69:10	-19.4	-21.7
2016-05-13	17:14:45	69:10	-19.5	-21.7
2016-05-13	17:14:55	69:11	-19.4	-21.7
2016-05-13	17:15:03	69:11	-19.4	-21.7
2016-05-13	17:15:12	69:11	-19.4	-21.7

图 8-12
"数据列表"界面

5）统计值

单击“统计值”快捷方式按钮，弹出“计算结果”对话框。其中列出了所需计算的统计值，包括最大值、最小值、平均值、积分平均值、差值及统计的时间长度。如果没有在曲线上设置统计范围，则会默认统计所有时段（从开测到停测）的数据。若在曲线上已经设置了统计范围，如“温度统计范围”，则该功能会统计设定范围内的数据。

8.3 热水器测试

热水器生产企业在产品研发和生产之前需要进行产品性能测试，以电热水器为例，我国目前采用的测试国家标准为 GB 21519—2008《储水式电热水器能效限定值及能效等级》。在该标准中详细规定了测试方法和测试指标，其中包括测试环境和测试装置要求。热水器测试系统与电冰箱、空调测试系统的相同点在于，所在试验室同样需要控制在测试标准要求的温湿度范围内；不同点在于，热水器测试系统需要额外配置水循环系统，在试验室外配备了水箱，一方面提供热水器测试所需用水，另一方面要考虑测试结束后水的回收。整套水循环系统按照标准要求，要保证试验过程中的水流具有一定的温度、压力和流量。下面对热水器的测试原理进行介绍，如无特别说明，后文中将以电热水器为例进行介绍。

8.3.1 测试原理

1．测试环境

热水器测试系统的测试环境如图 8-13 所示，需要测试的热水器被放置在试验室内的测试工位上。该试验室根据测试标准的要求进行建设，房间内的温度和相对湿度可根据需要进行调节。与电冰箱测试系统相同，试验室同样配置了铂电阻传感器、数字温度和湿度控制仪，用于室内温湿度的数据获取及温湿度的调节。

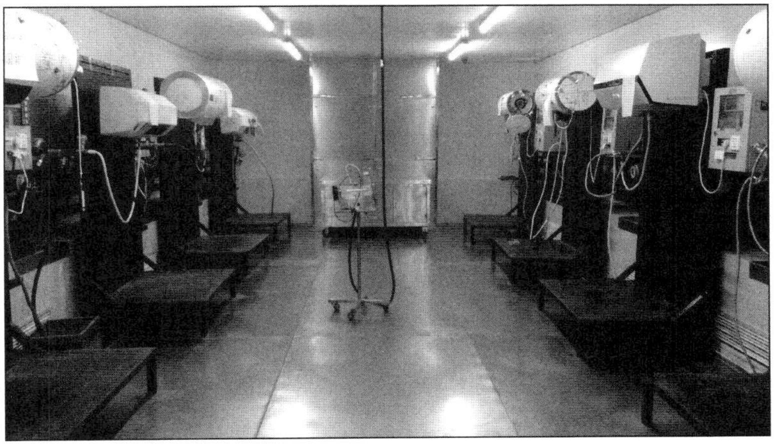

图 8-13
热水器测试整体环境

单个工位的测试环境如图 8-14 所示，测试工位由黑色金属工作台组成，热水器可垂直悬挂或水平放置，测试工位上带有温度传感器、电源插座、压力计及流量计。热水器电源线连接测试工位的电源插座，试验人员根据测试需要，把测试工位的温度传感器放置在热水器的不同位置进行测试，用水管连接热水器的进出水口，将热水器接入试验室的水循环系统。

图 8-14
热水器单个工位测试环境

2. 传感设备

热水器测试通过智能仪表传感设备获取热水器的测试参数数据。图 8-15 展示了试验室的总体设备配置情况，分为室外侧仪表柜和室内台位智能仪表传感设备。图 8-16 所示为室外测试仪表柜，上方两个设备为试验室的数字温控仪和数字湿控仪，分别用于试验室的加热加湿的自动调控；中间两个设备为试验室的数字温控仪和数字压力控制仪，分别用于控制试验室水箱的温度和压力；倒数第二个设备为温度记录仪，该记录仪连接试验室所有台位的温度传感器，可以获取试验过程中的温度数据；最下方设备为 PLC 控制器，用于控制试验室的制冷压缩机、循环加热器和加湿器的开关。

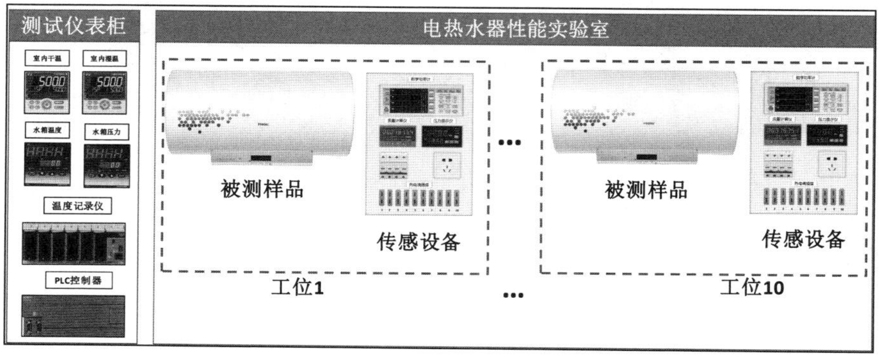

图 8-15
试验室整体传感设备配置

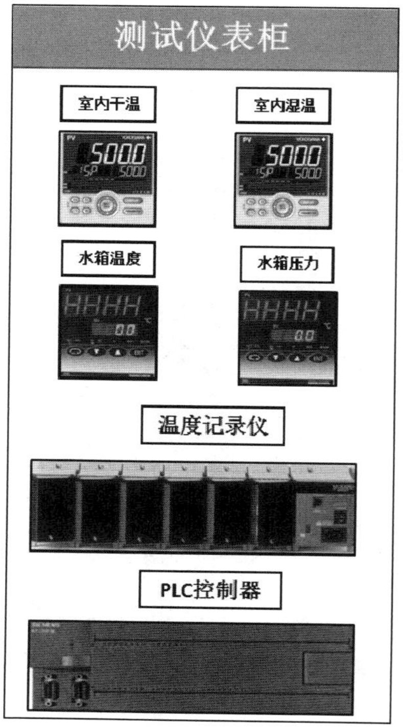

图 8-16
室外侧仪表柜

图 8-17 为每个台位的传感设备配置情况，最上方为数字功率计，连接一个测试工位的电源插座。当被测试的热水器电源线插入该插座运行时，该数字功率计可以测得热水器运行时的电压、电流、功率和耗电量等参数；中间两个设备为流量积算仪和压力显示仪，分别用于读取测试台位的水瞬时流量和累积流量，以及水流压力；最下方是热电偶传感器插座，热电偶传感器一端连接在插座上，另一端则根据测试标准要求嵌入热水器不同位置的壳体内部。

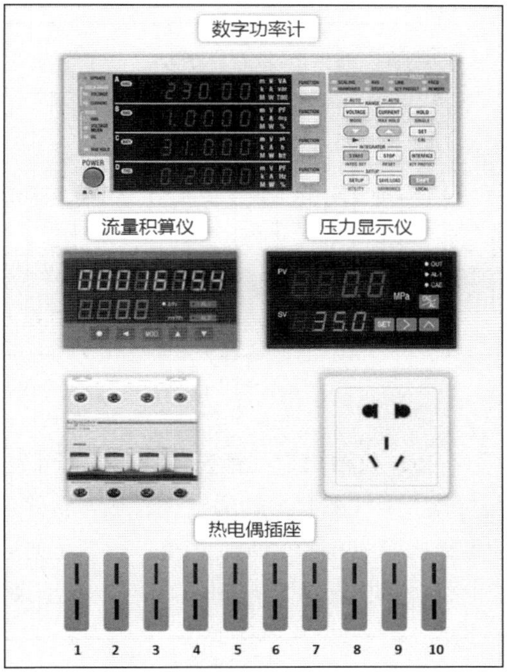

图 8-17
热水器测试工位传感设备

计算机可通过网络接口和 RS-232 接口与温度记录仪、数字功率计、数字温控仪、数字湿控仪、压力控制仪、流量积算仪、压力显示仪和 PLC 控制器相连，热水器测试硬件连接结构如图 8-18 所示。数据采集层软件通过这些接口获取相应的物理传感参数数据。本章选取的试验室为一个具有 10 个工位的电热水器性能试验室。其中温度记录仪带有 100 个热电偶传感器，用于 10 个测试工位，每个测试工位安装 10 个热电偶传感器。每个数字功率计用于一个测试工位，可获取测试工位热水器的电压、电流、功率和耗电量数据，共 10 台。数字温控仪和数字湿控仪除了分别可控制试验室的温度和相对湿度外，还可提供所控制试验室的当前温度和相对湿度数据。每个台位配备一个流量积算仪和压力显示仪，可获取测试工位热水器进出水流的流量和压力数据。PLC 控制器可根据手动操作或计算机的控制命令，实现加热器、加湿器、制冷压缩机及循环风机的开启和关闭控制。

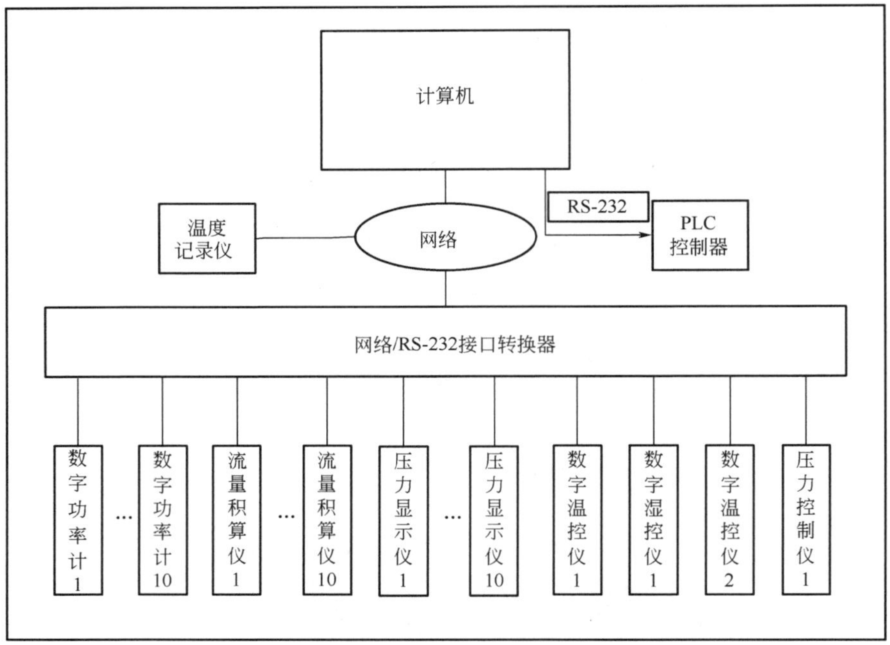

图 8-18
热水器测试硬件连接结构

8.3.2 热水器测试 IoT 仪器

热水器测试系统采用 IoT 仪器模型进行设计，所设计开发的测试系统称为热水器测试 IoT 仪器。下面对该 IoT 仪器客户端的设计方法和软件功能界面进行阐述。

热水器测试 IoT 仪器结构如图 8-19 所示。该 IoT 仪器主要涉及单机应用层和互联服务层。其中控制模块和采集模块属于单机应用层，实现与数据采集层软件之间的衔接。

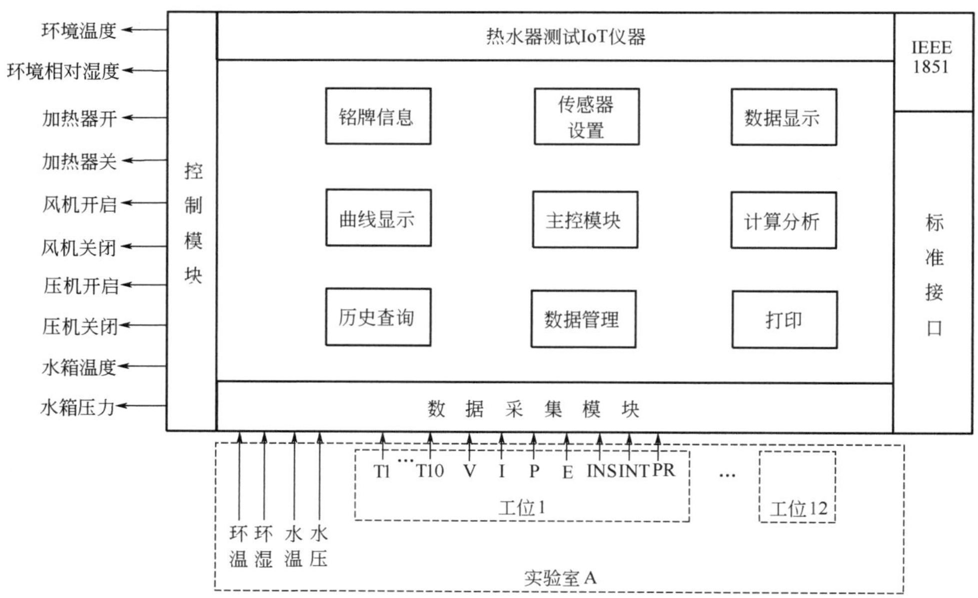

图 8-19
热水器测试 IoT 仪器结构

控制模块向数据采集层输出的信息包括试验室房间所需控制的环境温度、环境相对湿度、加热器、加湿器、循环风机、制冷压缩机、水箱温度、水箱压力的开关控制。其中环境温度、环境相对湿度、水箱温度、水箱压力的设定值由控制模块发送给数据采集层软件后，由数据采集层软件根据仪表约定的命令格式分别发送给数字温控仪、数字湿控仪、压力控制仪。其他的命令信息发送给数据采集层软件后，由数据采集层软件发送给 PLC 控制器，PLC 控制器根据收到的命令实现各种设备的开关控制。控制模块和数据采集层软件之间的命令协议可自行约定，所约定的命令协议与硬件设备厂商和产品型号无关。

对于该 IoT 仪器客户端，需要对被测产品根据测试工位进行管理，在测试过程中，每个测试工位对应一个被测产品。采集模块输入的传感参数来自数据采集层软件，图 8-20 展示了一个热水器试验室的传感参数信息。对于试验室内传感参数，又分为房间内的环境温度、环境相对湿度、水箱的温度和压力，以及各测试工位的传感参数。该试验室内包含 10 个测试工位，分别是工位 1～工位 10。每个工位包含 T1～T10 共 10 个热电偶的温度传感参数，电压（V）、电流（I）、功率（P）和耗电量（E）四个与供电相关的传感参数，以及瞬时流量（INS）、累积流量（INT）、压力（PR）三个与供水相关的传感参数。

该 IoT 仪器客户端中的软件模块主要包括控制模块、数据采集模块、铭牌信息、传感器设置、数据显示、曲线显示、主控模块、计算分析、历史查询、数据管理和打印共 11 个软件模块。

（1）控制模块：根据用户输入操作，向数据采集层软件发送约定的控制命令信息。

（2）数据采集模块：当开始测试后，周期性地向数据采集层发送请求传感参数数据的命令信息。

（3）铭牌信息：实现测试索引信息的录入，主要包括被测热水器的铭牌信息，如产品型号、产品编号、额定耗电量等信息，以及测试项目和测试人员等信息。当这些信息录入完成后，若被测产品所在测试工位为第一个完成铭牌信息录入的工位，该模块将通知采集模块启动数据采集层软件开始采集数据。

（4）传感器设置：根据以上对本应用案例中热水器测试 IoT 仪器客户端的描述可知，每个测试工位安装有多个热电偶传感器，在进行实际测试过程中，每次实际使用的热电偶数量不同，传感器放置的位置不同，因此需要使用该模块供用户选择实际使用的传感器，同时为便于用户分析数据，用户可根据传感器放置的不同位置，为传感器赋予不同的名称。

（5）数据显示：按采集时间顺序，以列表的方式显示采集数据的功能。

（6）曲线显示：显示传感参数按时间变化的曲线。

（7）主控模块：实现热水器测试 IoT 仪器客户端的初始化和其他各软件模块

之间的衔接。

（8）计算分析：根据热水器测试标准要求进行结果计算和传感数据的统计分析。

（9）历史查询：根据被测产品的铭牌信息等测试索引数据，查询已经完成测试的热水器测试数据或曲线。

（10）数据管理：实现热水器测试 IoT 仪器客户端内部的数据管理和数据存储层之间的衔接。

（11）打印：完成热水器测试曲线的打印，所打印的曲线中附有被测产品的铭牌信息和测试标准要求的相关统计结果。

8.3.3 参数传递关系

对于不同的热水器测试应用场景，使用的传感设备类型、厂商不同。本节将阐述热水器测试 IoT 仪器客户端如何适应这些变化，从而保证软件的可复用性。为使热水器测试 IoT 仪器客户端不受传感设备硬件的影响，采用表 8-5 所示的传感参数传递方式：采集层软件把所有传感设备的传感参数进行了统一编号（P1～P174），每一个传感参数与热水器测试 IoT 仪器客户端的输入参数对应。当采集模块获得数据采集层的带有全局编号的传感参数数据后，根据传感参数之间的对应关系，赋予热水器测试 IoT 仪器客户端的传感参数输入，热水器测试 IoT 仪器客户端可在代码不变的情况下，正确实现原有的逻辑功能。

表 8-5　传感参数传递对应关系

传感设备	传感参数	数据采集层软件传感参数	IoT 仪器输入参数	IoT 仪器输入参数说明
温度记录仪	S1	P1	T1	1 工位热电偶 T1 温度数据
	S2	P2	T2	1 工位热电偶 T2 温度数据
	⋮	⋮	⋮	⋮
	S30	P30	T30	3 工位热电偶 T30 温度数据
	⋮	⋮	⋮	⋮
	S71	P71	T71	7 工位热电偶 T71 温度数据
	⋮	⋮	⋮	⋮
	S100	P100	T100	10 工位热电偶 T100 温度数据
数字功率计 1	S1	P101	1-V	1 工位热水器电压
	S2	P102	1-I	1 工位热水器电流
	S3	P103	1-P	1 工位热水器功率
	S4	P104	1-E	1 工位热水器耗电量
⋮	⋮	⋮	⋮	⋮
数字功率计 10	S1	P137	10-V	10 工位热水器电压
	S2	P138	10-I	10 工位热水器电流

续表

传感设备	传感参数	数据采集层软件传感参数	IoT 仪器输入参数	IoT 仪器输入参数说明
数字功率计 10	S3	P139	10-P	10 工位热水器功率
	S4	P140	10-E	10 工位热水器耗电量
流量积算仪 1	S1	P141	1-INS	1 工位热水器瞬时流量
	S2	P142	1-INT	1 工位热水器累积流量
⋮	⋮	⋮	⋮	⋮
流量积算仪 10	S1	P159	10-INS	10 工位热水器瞬时流量
	S2	P160	10-INT	10 工位热水器累积流量
压力仪 1	S1	P161	1-PR	1 工位热水器水压力
⋮	⋮	⋮	⋮	⋮
压力仪 10	S1	P170	10-PR	10 工位热水器水压力
数字温控仪 1	S1	P171	环温	环境干温
数字湿控仪 1	S1	P172	环湿	环境湿温
水箱温控仪	S1	P173	水箱温度	水箱温度
水箱压控仪	S1	P174	水箱压力	水箱压力

8.3.4　软件界面

8.3.2 节中已经简要叙述了模块组成，以及每个模块的主要功能。在实际应用过程中，涉及用户操作的诸多细节，本节通过实际应用案例的软件界面，进一步阐述软件的主要功能。热水器测试 IoT 仪器客户端功能主界面如图 8-20 所示。

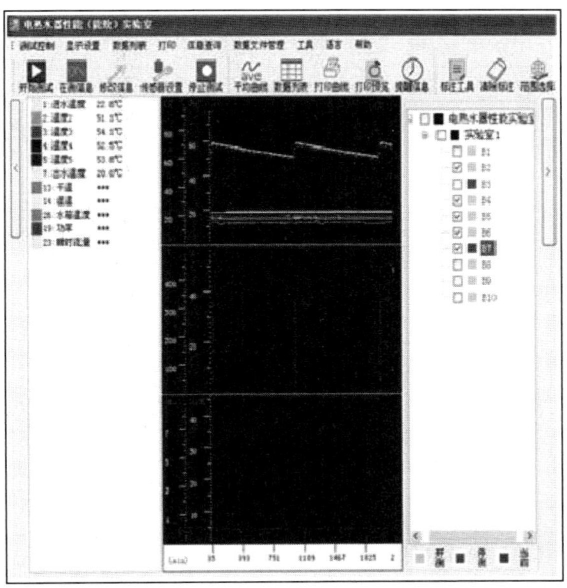

图 8-20
热水器测试 IoT 仪器客户端功能主界面

从上往下，第一行是软件名称“电热水器性能（能效）试验室”，第二行为主菜单，第三行为快捷方式，下面为曲线界面。曲线界面左侧为曲线图例，属于B7 工位，传感参数包括温度、耗电、流量及压力等参数。图例自左至右每列的含义：传感参数对应曲线的颜色、传感参数序号、传感参数名称与传感参数的最新数据。曲线界面右侧为测试工位导航树形结构界面，其中根节点为试验室名称“电热水器性能试验室”，该试验室包含一个房间，有 10 个测试工位，编号为B1～B10。每个测试工位可以测试一台热水器产品。该导航界面中，色块颜色表示工位状态，即红色表示该测试工位空闲，未进行测试；绿色表示该工位正在进行测试；紫色表示该工位正在进行测试，且曲线当前界面所显示的是该工位的测试曲线，该工位也称为当前工位。下面对软件界面进行介绍。

1. 主界面功能

1）主菜单

软件的功能菜单见表 8-6。

表 8-6 软件功能菜单

序号	主菜单	子菜单	菜单功能
1	测试控制	开始测试	测试索引数据编辑界面，并在此界面开启工位测试
		停止测试	在此界面中停止工位测试
		修改信息	修改测试索引数据
		修改项目	仅修改测试项目，其他测试索引数据保持不变
		传感器设置	设置传感器名称及分组信息。当某个工位测试索引及传感器设置数据录入完成后，通知数据采集层软件开始进行该工位的数据采集，收到采集数据后自动进行数据存储，并动态绘制曲线
		在测信息	查看当前所有工位的测试索引数据
		提醒信息	查看软件自动给出的提醒信息，如报警和超限等信息
		系统推出	通知数据采集层软件退出后，本客户端软件退出，返回操作系统桌面
2	显示设置	显示时间修改	曲线横坐标时间轴范围调整
		显示坐标修改	曲线纵坐标对应的不同坐标系的范围调整
		曲线颜色修改	改变曲线显示的颜色
		曲线显示修改	控制曲线的隐藏或者显示
		平均温度曲线	显示选中的某几个传感参数的平均值曲线
3	数据列表	—	显示当前工位传感数据随时间变化的数据列表
4	打印	打印曲线	打印屏幕显示的曲线及相关测试铭牌信息
		打印预览	预览打印的曲线内容
		模板设置	设置打印的格式模板
5	信息查询	—	查询显示已经停止测试产品的参数曲线

续表

序号	主菜单	子菜单	菜单功能
6	数据文件管理	数据文件导出	将当前的或者历史的测试数据以规定的 NDF 格式导出
		数据文件显示	将 NDF 格式文件转换为曲线，直观地显示出来
7	工具	温湿转换	实现湿温及相对湿度之间的计算转换
		计算器	与 Windows 中的计算器功能相同
		加热效率	计算热水器的加热效率
		24h 固有能耗	计算热水器的 24h 固有能耗
		热水输出率	计算热水器的热水输出率
8	语言	中文	选择软件语言为中文
		English	选择软件语言为英文
9	帮助	—	显示软件使用说明

2）快捷方式

在图 8-20 主菜单下方，具有一行带有图标的快捷方式（由于纸张篇幅限制，一部分快捷方式名称未在图中显示），这些快捷方式对应菜单的常用功能，功能简要说明见表 8-7。

表 8-7　快捷方式功能说明

序号	菜单	功能简介
1	开始测试	同主菜单“测试控制”中子菜单“开始测试”功能相同
2	在测信息	同主菜单“测试控制”中子菜单“在测信息”功能相同
3	修改信息	同主菜单“测试控制”中子菜单“修改信息”功能相同
4	传感器设置	同主菜单“测试控制”中子菜单“传感器设置”功能相同
5	停止测试	同主菜单“测试控制”中子菜单“停止测试”功能相同
6	平均曲线	同主菜单“显示设置”中子菜单“平均温度曲线”功能相同
7	数据列表	显示当前工位传感数据随时间变化的数据列表
8	打印曲线	打印当前工位曲线
9	打印预览	预览打印曲线内容
10	提醒信息	同主菜单“测试控制”中子菜单“提醒信息”功能相同
11	标注工具	调出曲线组件的标注工具箱
12	清除标注	将当前工位曲线中的所有标注信息清除
13	范围选择	显示范围选择曲线，以便下一步的数据统计
14	统计值	计算温度或电参数的统计特征值
15	数据导出	把当前工位的测试数据导出到 Excel 文件中
16	警戒线	设定曲线超限报警，并在曲线中增加阈值曲线
17	曲线还原	曲线在放大状态，通过此快捷方式，可以返回初始状态
18	放大刷新	在放大状态，保持显示最新数据
19	刷新返回	在放大刷新状态，通过此快捷方式返回曲线原始状态
20	系统退出	退出热水器测试 IoT 仪器客户端系统

2. 主要子界面

1）开始测试

单击“开始”测试快捷方式按钮时，显示如图 8-21 所示的界面，左方为工位导航栏，工位显示绿色代表在测，显示红色代表停测。对于停测工位，输入各项测试基本信息，单击“确定”按钮，该台位从停测状态变为在测状态。

图 8-21
开始测试界面

2）传感器设置

选择“测试控制”→“传感器设置”选项，进入当前工位的传感器设置界面，如图 8-22 所示，在该界面中，可以实现传感器的分组管理、名称管理、借用等功能。测试过程中，在热水器的不同位置布置多个传感器，根据传感器的用途进行分类，具有统一用途或类似用途的传感器称为一组传感器。

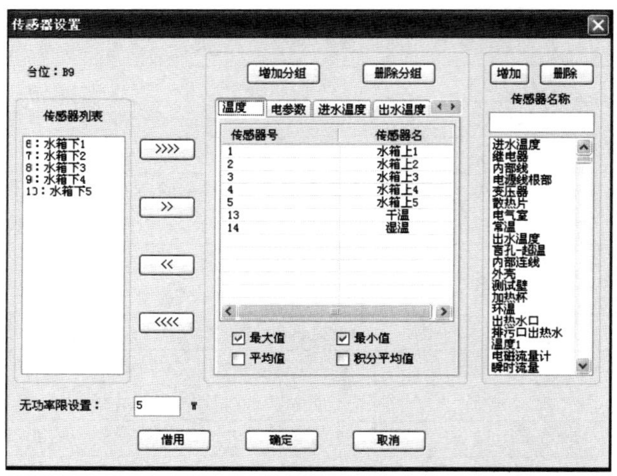

图 8-22
传感器设置界面

（1）传感器列表。图 8-22 左侧为传感器列表，该列表中显示的是测试工位所安装的传感器，每个传感器具有在该工位的相对编号及该传感器所使用的名称。

（2）传感器分组。图 8-22 中间部分为一组选项卡，每个选项卡代表一个传感器分组，这些传感器分组包括温度、电参数、进水温度和出水温度。每个选项卡下面，为该传感器分组所包含的传感器。

（3）传感器选择。若使用某个传感器，可单击“传感器列表”中的某个传感器，然后单击右侧“>>”按钮，该传感器从传感器列表中消失，移动到右侧对应的传感器分组中，代表此传感器状态变为使用；通过“<<”按钮反向操作，则将此传感器变为停用状态，把传感器分组中的某个传感器移回至“传感器列表”中。“>>>>”按钮可把“传感器列表”中显示的所有传感器移动到右侧对应的传感器分组中；反之，“<<<<”按钮可把传感器分组中显示的传感器移回至“传感器列表”中。

（4）单击“增加分组”或“删除分组”按钮，可对分组进行管理，新添加的分组将作为一个新的选项卡进行显示，选项卡的名称与新分组名称相同，添加完成，可以对该分组中的传感器进行设置。删除分组后，对应的分组选项卡也会消失。

（5）单击右上方“增加”或“删除”按钮，可以添加或删除常用传感器名称，新名称将出现在“传感器名称”下拉列表中。

（6）单击“借用”按钮，弹出“借用传感器”对话框，如图 8-23 所示，可以选择不同工位上的可借用传感器添加到本工位，在本工位显示其他台位传感器曲线信息。

图 8-23
“借用传感器”对话框

（7）无功率限设置：在此文本框中录入热水器工作功率下限，该下限将用于判断热水器是否处于工作状态。例如，设置为 5W，则代表功率测试值不大于 5W

时（该消耗功率由热水器控制电路产生），热水器处于停止加热状态。

（8）统计值计算选择：通过选中“最大值”“最小值”“平均值”“积分平均值”等复选框，对在分组中的传感参数进行统计管理。如果选中，则代表此分组将进行对应的统计值计算。

3）平均温度曲线

可以设置显示某个传感器组的平均温度曲线，该传感器组简称为平均组。设置方法：单击“平均温度曲线”快捷方式按钮，进入当前工位的平均温度曲线界面，如图 8-24 所示。该界面中，工位名称为当前工位的名称，不可修改。平均组名称可在下拉列表中选择，如“五点平均温度”“进水温度”等。

图 8-24
平均温度曲线界面

4）数据列表

单击“数据列表”快捷方式按钮，将显示不同时间点的传感参数数据列表，如图 8-25 所示。

5）统计值

单击“统计值”按钮，将显示计算结果界面，如图 8-26 所示。该界面中列出了传感参数的统计值，包括最大值、最小值、平均值、积分平均值、差值及统计的时间长度。此处的统计和“传感器设置”中的分组统计管理保持一致，只有当某项统计计算被选中，对应的统计值才会进行结果显示。

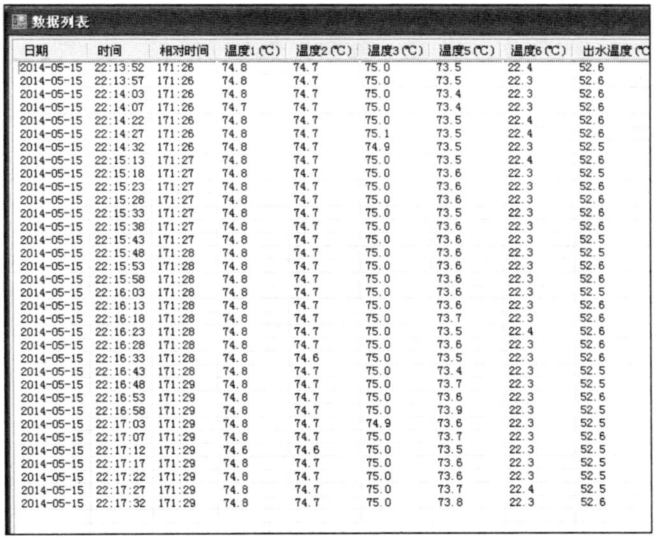

数据列表

日期	时间	相对时间	温度1(℃)	温度2(℃)	温度3(℃)	温度5(℃)	温度6(℃)	出水温度(℃
2014-05-15	22:13:52	171:26	74.8	74.7	75.0	73.5	22.4	52.6
2014-05-15	22:13:57	171:26	74.8	74.7	75.0	73.5	22.3	52.6
2014-05-15	22:14:03	171:26	74.8	74.7	75.0	73.4	22.3	52.6
2014-05-15	22:14:07	171:26	74.7	74.7	75.0	73.4	22.3	52.6
2014-05-15	22:14:22	171:26	74.8	74.7	75.0	73.5	22.4	52.6
2014-05-15	22:14:27	171:26	74.8	74.7	75.1	73.5	22.4	52.6
2014-05-15	22:14:32	171:26	74.8	74.7	74.9	73.5	22.3	52.5
2014-05-15	22:15:13	171:27	74.8	74.7	75.0	73.5	22.4	52.6
2014-05-15	22:15:18	171:27	74.8	74.7	75.0	73.6	22.3	52.5
2014-05-15	22:15:23	171:27	74.8	74.7	75.0	73.6	22.3	52.6
2014-05-15	22:15:28	171:27	74.8	74.7	75.0	73.6	22.3	52.6
2014-05-15	22:15:33	171:27	74.8	74.7	75.0	73.5	22.3	52.6
2014-05-15	22:15:38	171:27	74.8	74.7	75.0	73.6	22.3	52.6
2014-05-15	22:15:43	171:27	74.8	74.7	75.0	73.6	22.3	52.5
2014-05-15	22:15:48	171:28	74.8	74.7	75.0	73.6	22.3	52.5
2014-05-15	22:15:53	171:28	74.8	74.7	75.0	73.6	22.3	52.6
2014-05-15	22:15:58	171:28	74.8	74.7	75.0	73.6	22.3	52.6
2014-05-15	22:16:03	171:28	74.8	74.7	75.0	73.6	22.3	52.5
2014-05-15	22:16:13	171:28	74.8	74.7	75.0	73.6	22.3	52.6
2014-05-15	22:16:18	171:28	74.8	74.7	75.0	73.7	22.3	52.6
2014-05-15	22:16:23	171:28	74.8	74.7	75.0	73.5	22.4	52.6
2014-05-15	22:16:28	171:28	74.8	74.7	75.0	73.6	22.3	52.6
2014-05-15	22:16:33	171:28	74.8	74.6	75.0	73.5	22.3	52.6
2014-05-15	22:16:43	171:28	74.8	74.7	75.0	73.4	22.3	52.5
2014-05-15	22:16:48	171:29	74.8	74.7	75.0	73.7	22.3	52.5
2014-05-15	22:16:53	171:29	74.8	74.7	75.0	73.6	22.3	52.6
2014-05-15	22:16:58	171:29	74.8	74.7	75.0	73.9	22.3	52.5
2014-05-15	22:17:03	171:29	74.8	74.7	74.9	73.6	22.3	52.5
2014-05-15	22:17:07	171:29	74.8	74.7	75.0	73.7	22.3	52.6
2014-05-15	22:17:12	171:29	74.6	74.6	75.0	73.5	22.3	52.5
2014-05-15	22:17:17	171:29	74.8	74.7	75.0	73.6	22.3	52.5
2014-05-15	22:17:22	171:29	74.8	74.7	75.0	73.6	22.3	52.5
2014-05-15	22:17:27	171:29	74.8	74.7	75.0	73.7	22.4	52.5
2014-05-15	22:17:32	171:29	74.8	74.7	75.0	73.8	22.3	52.6

图 8-25

数据列表界面

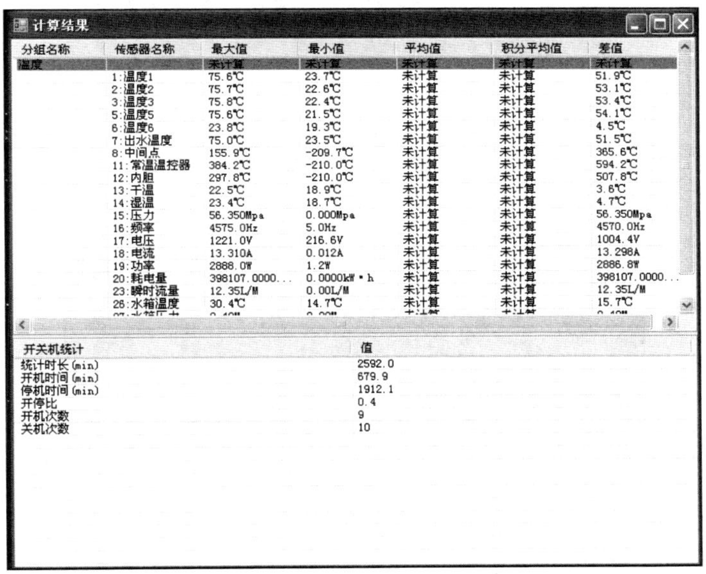

计算结果

分组名称	传感器名称	最大值	最小值	平均值	积分平均值	差值
温度		未计算	未计算	未计算	未计算	未计算
	1:温度1	75.6℃	23.7℃	未计算	未计算	51.9℃
	2:温度2	75.7℃	22.6℃	未计算	未计算	53.1℃
	3:温度3	75.8℃	22.4℃	未计算	未计算	53.4℃
	5:温度5	75.6℃	21.5℃	未计算	未计算	54.1℃
	6:温度6	23.8℃	19.3℃	未计算	未计算	4.5℃
	7:出水温度	75.0℃	23.5℃	未计算	未计算	51.5℃
	8:中间点	155.9℃	-209.7℃	未计算	未计算	365.6℃
	11:常温温控器	384.2℃	-210.0℃	未计算	未计算	594.2℃
	12:内胆	297.8℃	-210.0℃	未计算	未计算	507.8℃
	13:干温	22.5℃	18.9℃	未计算	未计算	3.6℃
	14:湿温	23.4℃	18.7℃	未计算	未计算	4.7℃
	15:压力	56.350Mpa	0.000Mpa	未计算	未计算	56.350Mpa
	16:频率	4575.0Hz	5.0Hz	未计算	未计算	4570.0Hz
	17:电压	1221.0V	216.6V	未计算	未计算	1004.4V
	18:电流	13.310A	0.012A	未计算	未计算	13.298A
	19:功率	2888.0W	1.2W	未计算	未计算	2886.8W
	20:耗电量	398107.0000...	0.0000kW·h	未计算	未计算	398107.0000...
	23:瞬时流量	12.35L/M	0.00L/M	未计算	未计算	12.35L/M
	26:水箱温度	30.4℃	14.7℃	未计算	未计算	15.7℃

开关机统计	值
统计时长(min)	2592.0
开机时间(min)	679.9
停机时间(min)	1912.1
开停比	0.4
开机次数	9
关机次数	10

图 8-26

计算结果界面

如果没有在曲线上设置统计范围，则会默认统计所有时段（从开测到停测）的数据。若在曲线上已经设置了统计范围，该功能会统计设定范围内的数据。

6）标注工具

单击“标注工具”快捷方式按钮，将显示标注工具界面。该界面中有“瞬时值”“时间差”“耗电量”“特征点”“文本标注”“标注”“删除”等按钮，下面分别对这些按钮功能进行说明。

（1）瞬时值：查看瞬时数据。单击“瞬时值”按钮，将显示瞬时值界面。用户可选择瞬时值位置，即在显示瞬时值时，显示在白色竖直虚线的左侧还是右侧。单击“确定”按钮（此处假设选择的是“右”）后，单击曲线显示区域内任一点，会出现一条白色竖直虚线，竖直虚线右侧显示着竖直线对应时刻曲线的各传感参数瞬时值。在竖直虚线上，按住鼠标左键，可以左右拖动该竖直虚线，瞬时值也会随之变化，如图 8-27 所示。

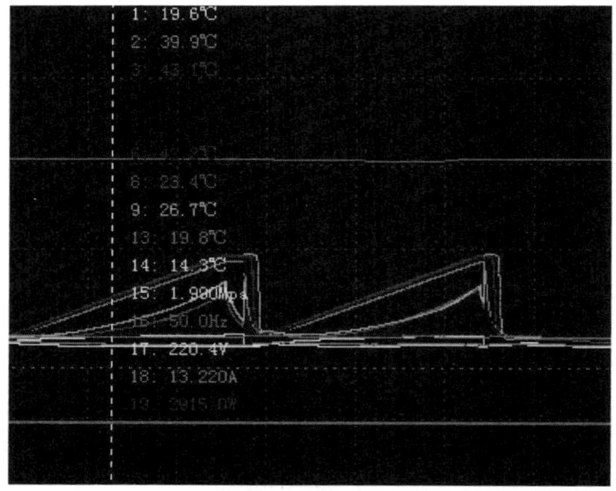

图 8-27
瞬时值界面

（2）时间差：单击“时间差”按钮后，在曲线显示区域会自动出现白色竖直虚线围成的一个范围，并会标出两条白色竖直虚线之间的时间差，两条竖直虚线可以拖动，当范围改变时，时间差也会随之改变，如图 8-28 所示。

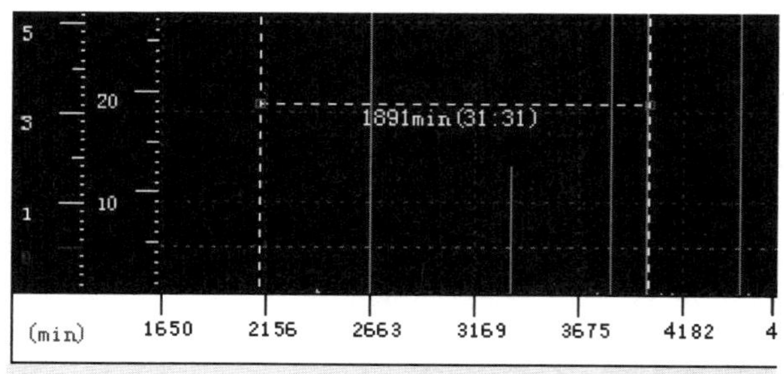

图 8-28
时间差界面

（3）耗电量：单击“耗电量”按钮，在曲线显示区域会自动出现白色竖直虚线围成的一个范围，并会标出两条白色虚线之间的耗电量。两条竖直虚线可以拖动，当范围改变时，耗电量也会随之改变，如图 8-29 所示。

（4）特征点：单击曲线上某点，可以标注其数据值。单击“特征点”按钮后，再单击曲线上任一点，在该点就会标注其数值，如图 8-30 所示。

（5）文本标注：在指定位置标注文本。单击“文本标注”按钮后，再单击曲线显示区域任何一点，在弹出的对话框中输入标注内容，单击“确定”按钮，就会在单击的位置出现文本标注的内容，如图 8-31 所示。

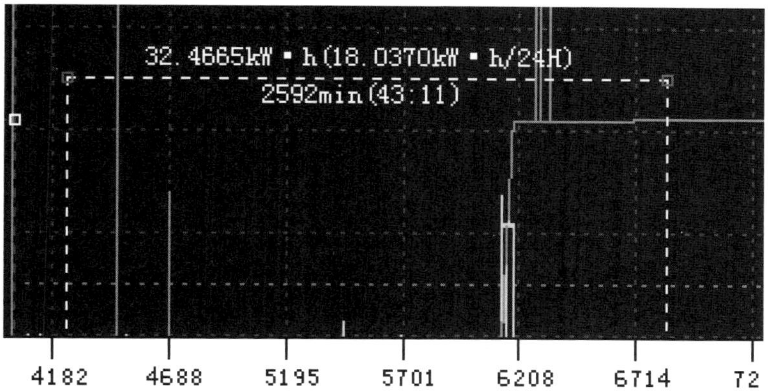

图 8-29
耗电量界面

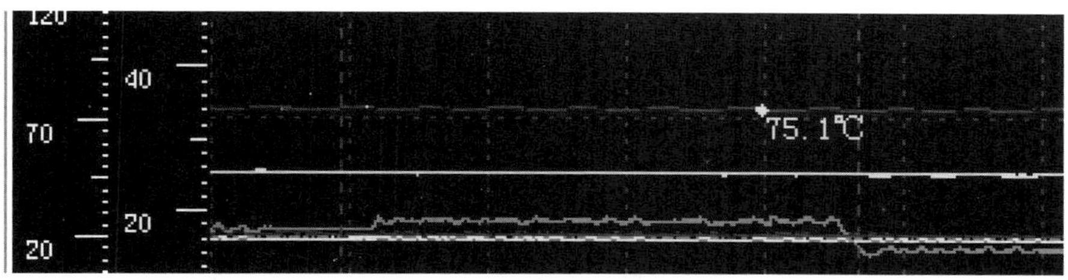

图 8-30
特征点标注

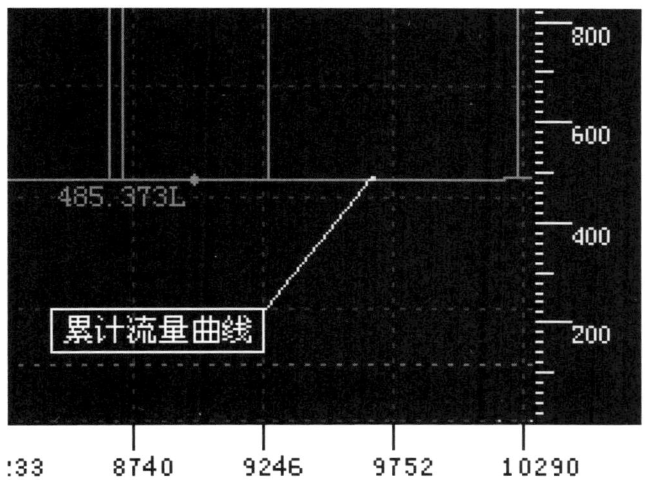

图 8-31
文本标注

（6）标注：使标注时间差竖线等位置锁定不动。单击“标注”按钮，已有的标注，如瞬时值、时间差、耗电量等，标注的虚线颜色会由白色变为红色，并且不能拖动。

（7）删除：单击“删除”按钮，将显示删除标注界面，选中想要删除的标注后，单击“确定”按钮即可删除相应的标注，如图 8-32 所示。

7）统计工具

（1）24h 固有能耗计算。用户首先在曲线中选择范围，单击“工具”菜单中的“24h 固有能耗计算”按钮，软件会自动根据标准要求，计算热水器的 24h 固有能耗，结果如图 8-33 所示。软件会计算选中范围内的曲线正负峰值点及对应时刻，同时显示选中范围内每次采集的相关传感数据。

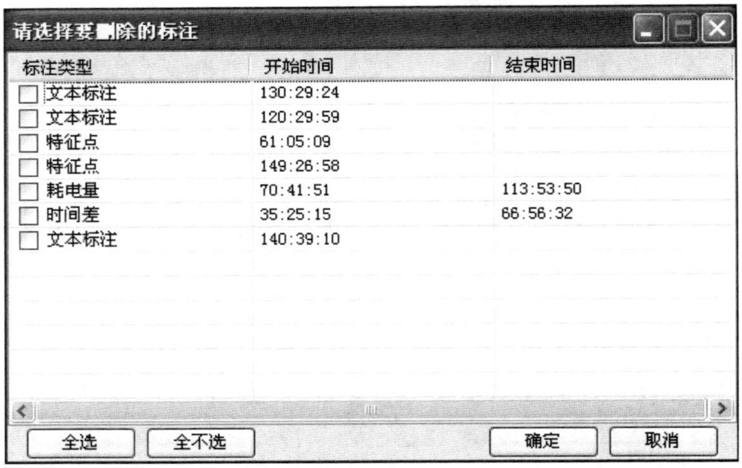

请选择要删除的标注

标注类型	开始时间	结束时间
文本标注	130:29:24	
文本标注	120:29:59	
特征点	61:05:09	
特征点	149:26:58	
耗电量	70:41:51	113:53:50
时间差	35:25:15	66:56:32
文本标注	140:39:10	

全选　全不选　确定　取消

图 8-32

删除标注

24h固有能耗统计

时间	正峰点温度值	温度1(℃)	温度2(℃)	温度3(℃)	温度4(℃)	温度5(℃)
2014.05.14 07:58:37	1	75.40	75.40	75.60	75.80	75.20
2014.05.14 12:46:27	2	74.90	75.00	75.30	75.50	74.40
2014.05.14 22:28:58	3	75.50	75.50	75.80	76.20	75.10
	平均值	75.27	75.30	75.57	75.83	74.90

时间	负峰点温度值	温度1(℃)	温度2(℃)	温度3(℃)	温度4(℃)	温度5(℃)
2014.05.14 12:38:32	1	74.60	74.50	74.70	74.80	73.10
2014.05.14 17:34:44	2	74.60	74.60	74.70	74.90	73.10
2014.05.14 22:16:13	3	74.60	74.60	74.70	74.90	73.20
	平均值	74.60	74.57	74.70	74.87	73.13

统计内容	值
正峰点温度平均值(℃)	75.37
负峰点温度平均值(℃)	74.37
正、负峰点综合平均温度值θM(℃)	74.87
全过程电能损耗E1(KW·h)	1.8256
对应E1所用时间t1(h)	14:30
24h能量损耗(KW·h)(公式：E=24*(E1/t1))	3.021682
平均环境温度θamb(℃)	19.9048
24h固有能耗(KW·h)(公式:Qpr=E*(45/(θM-θamb)))	2.473701
24h固有能耗基准值(Q)(KW·h)	1.55
24h固有能耗系数(公式: ε=Qpr/Q)	1.595936
稳定后首次断开时间	2014.05.14 07:58:37
最后一次断开时间	2014.05.14 22:28:58

时间	温度值	温度1(℃)	温度2(℃)	温度3(℃)	温度4(℃)	温度5(℃)	平均值(℃)
2014.05.11 19:44:17	1	74.60	74.60	74.60	74.50	73.00	
2014.05.11 19:55:57	2	75.40	75.30	75.50	75.40	75.30	
2014.05.12 00:19:47	3	74.50	74.50	74.60	74.50	72.90	
2014.05.12 00:33:57	4	75.50	75.50	75.70	75.60	75.00	
2014.05.12 05:26:17	5	74.60	74.60	74.60	74.60	73.00	
2014.05.12 05:38:42	6	75.40	75.40	75.60	75.50	75.00	74.83
2014.05.12 10:04:12	7	74.50	74.50	74.50	74.50	73.00	74.82
2014.05.12 10:16:47	8	75.30	75.40	75.50	75.40	75.20	74.81
2014.05.12 14:06:17	9	74.60	74.60	74.60	74.60	73.00	74.83
2014.05.12 14:13:27	10	75.40	75.50	75.60	75.60	75.50	74.84
2014.05.12 19:06:12	11	74.60	74.60	74.60	74.50	72.70	74.82
2014.05.12 19:21:27	12	75.50	75.50	75.60	75.60	75.20	74.84
2014.05.13 00:36:32	13	74.60	74.60	74.60	74.60	72.80	74.85
2014.05.13 00:49:42	14	75.40	75.50	75.60	75.50	74.90	74.85
2014.05.13 01:28:32	15	75.20	64.10	23.20	22.50	21.90	69.37
2014.05.13 01:36:32	16	41.70	23.10	22.70	22.80	22.20	61.20
2014.05.13 01:41:22	17	25.40	22.70	22.60	22.50	22.10	52.67
2014.05.13 11:20:47	18	75.50	75.30	75.50	75.40	75.10	52.65
2014.05.13 16:16:27	19	74.40	74.40	74.50	74.40	71.90	52.60

图 8-33

24h 固有能耗计算结果

（2）加热效率。用户首先在曲线中选择范围，单击“工具”菜单中的“加热效率”按钮，软件将自动根据标准要求，自动查找热水器的开机和停机时刻，计算热水器的加热效率，结果如图 8-34 所示。

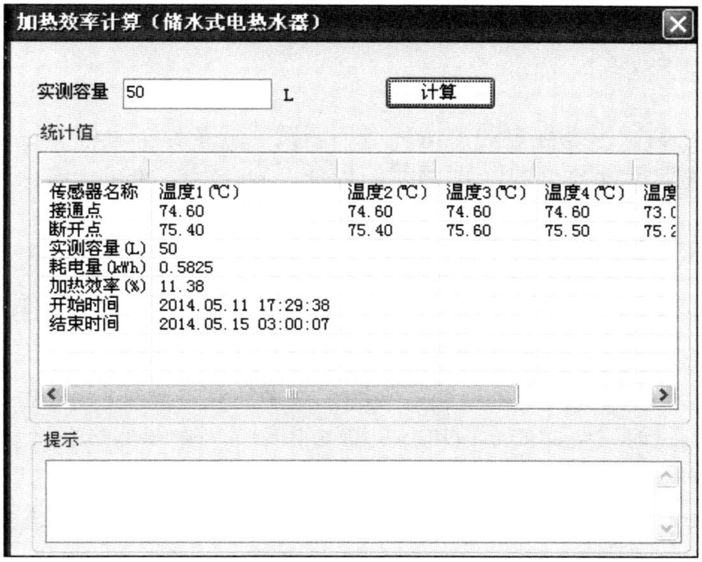

图 8-34
加热效率计算结果

（3）温湿度转换。温湿度转换工具界面如图 8-35 所示，用户可以根据干温、湿温计算当前的相对湿度，也可以根据相对湿度、干温计算当前的湿温。

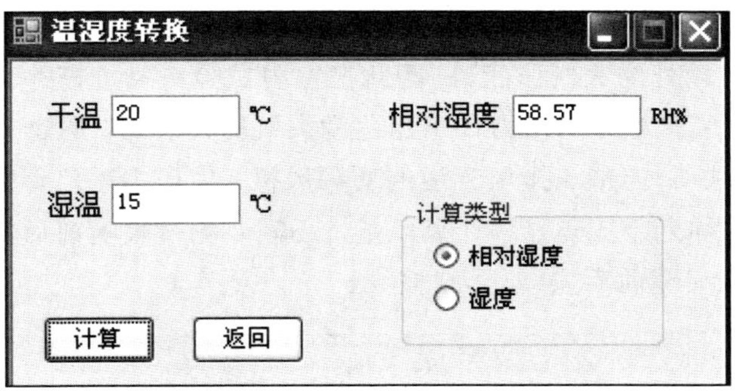

图 8-35
温湿度转换界面

8.4 空调测试

空调生产企业在产品研发和生产之前需要进行产品性能测试，我国目前采用的空调测试国家标准为 GB/T 7725—2004《房间空气调节器》。该标准详细规定了测试方法和测试指标，其中包括测试环境和测试装置要求，在测试过程中，被测空调所在环境的温湿度需要保持在标准要求的范围内。与电冰箱和热水器测试不同，空调的测试装置设计相对复杂，一般情况下，一个试验室同时只能对一台空调进行性能测试。每个试验室分为两个房间，一间称为室外试验室，模拟空调运行室外环境，用于放置空调的室外机；一间称为室内试验室，模拟空调运行的室内环境，用于放置空调的室内机。下面对空调的测试原理进行介绍。

8.4.1 测试原理

空调需在测试标准规定的测试环境和测试装置条件下进行测试，通过对空调测试环境、测试装置和测试传感设备的描述，阐述空调的测试原理。

1．测试环境和测试装置

根据测试标准要求，空调测试室外试验室和室内试验室分别模拟室外和室内温湿度环境。室内试验室相对较为复杂，房间内安装的空调测试装置如图 8-36 所示。该装置称为风量箱，为测试空调的制冷量或制热量，需先测试空调的风量。测试时，空调的室内机与风量箱相接，为避免漏风和散热，连接处用隔热材料进行封闭。风量箱中一般装有四种不同直径的通风管道，称为喷嘴。测试时，根据空调额定制冷量或制热量的大小，通过 PLC 控制器开启相应的喷嘴，没有开启的喷嘴。其阀门处于关闭状态，不能通风。原因是喷嘴前后必须保持在一定压力范围内，测试得到的风量才能符合测试精度。风量、制冷量、制热量等测试参数的计算方法在测试标准中有详细约定。空调排入风量箱中的冷风或热风，经过风量箱上面的排风管道排出，为模拟空调实际应用时的状态，风量箱内的气压应和风量箱外的大气压相等。因此在室内试验室风量箱外和风量箱内安装有压力传感器，风量箱外的压力传感器称为大气压传感器，通过感知两个压力传感器的压力差，控制连接在排风管道的变频风机，使压力差值保持在零左右，因此，该压力差也称为零压差。为计算风量，还需要测试喷嘴前后的压差，称为喷嘴压差，需要在喷嘴前后安装压力传感器。

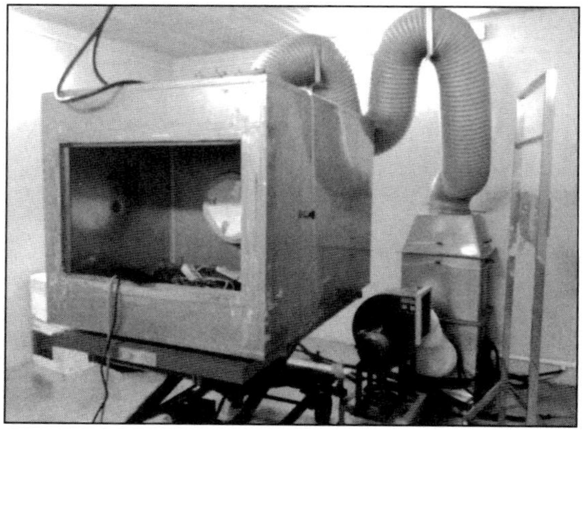

图 8-36
空调测试装置

2．传感设备

空调测试通过智能仪表及数据采集器等传感设备获取测试参数数据，如图 8-37 所示。其中第一行设备分别为室外干温、室外湿温、室内干温和室内湿温的数控仪，用于感知和控制室外试验室和室内试验室的温度和相对湿度。第二行仪表分别为零压差数控仪和压差计。零压差数控仪通过排风管道的变频风机，控制风量箱内外的压差接近于零。压差计通过喷嘴前后的压力传感器测试喷嘴前后的压差。第三行设备为数字功率计，用于测量空调的电力参数。数据采集器连接安装在室外和室内试验室的多个热电偶传感器（本应用案例中，在室外和室内试验室各安装了 30 个热电偶传感器），除此之外，还连接室内试验室的大气压传感器、风量箱中的空调出风干温和出风湿温传感器，以及喷嘴前的干温传感器。与电冰箱测试系统相同，PLC 控制器用于控制室内和室外试验室的制冷压缩机、循环风机、加热器及加湿器的开启和关闭，除此之外还负责控制风量箱内不同喷嘴的阀门开启或关闭。

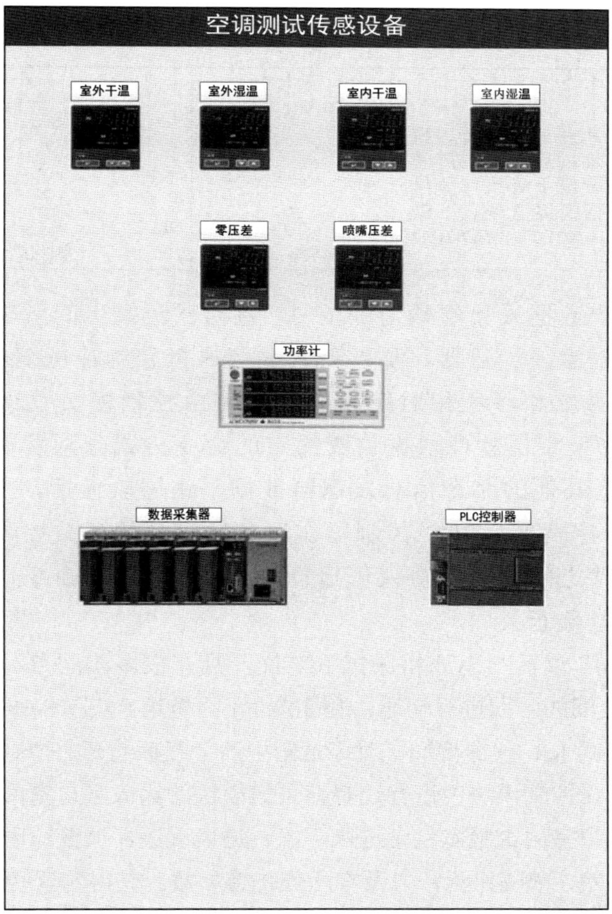

图 8-37

空调测试传感设备

8.4.2 空调测试 IoT 仪器

空调测试 IoT 仪器结构如图 8-38 所示。该 IoT 仪器主要涉及单机应用层和互联服务层。其中控制模块和采集模块属于单机应用层，实现与数据采集层软件之间的衔接。互联服务层采用 IEEE 1851 国际标准实现。

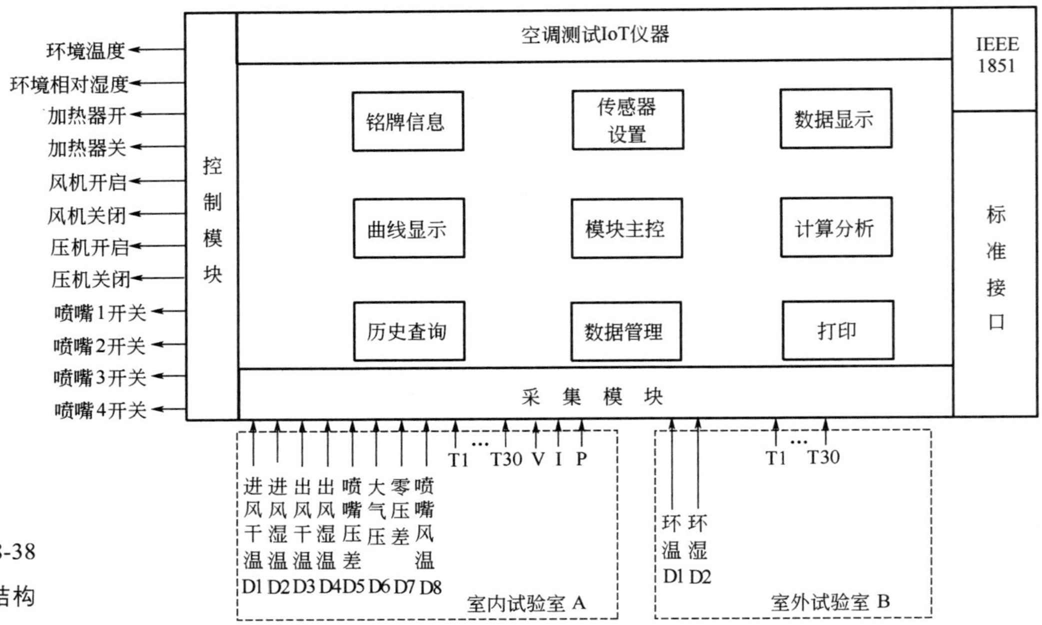

图 8-38
空调测试 IoT 仪器结构

控制模块向数据采集层输出的信息，包括试验室房间所需控制的环境温度，环境相对湿度，加热器、加湿器、循环风机和制冷压缩机的开关控制。其中环境相对温度和环境相对湿度的设定值由控制模块发送给数据采集层软件后，由数据采集层软件根据仪表约定的命令格式分别发送给数字温控仪和数字湿控仪。其他的命令信息发送给数据采集层软件后，由数据采集层软件发送给 PLC 控制器，PLC 控制器实现各种设备的开关控制。控制模块和数据采集层软件之间的命令协议可自行约定，所约定的命令协议应与硬件设备厂商和产品型号无关。

空调测试 IoT 仪器与电冰箱测试 IoT 仪器具有很多相同点，如图 8-38 所示。下面只对两者之间的区别进行阐述，相同部分不再赘述。从图 8-38 中的控制模块可以看出，空调测试 IoT 仪器增加了对风量箱中四个喷嘴的开关控制，具体开启哪几个喷嘴，由用户在控制模块中进行选择。采集模块的输入来自室内试验室和室外试验室两部分。其中室内试验室包含进风干温、进风湿温，风量箱内的出风干温、出风湿温、喷嘴压差、喷嘴风温，以及零压差传感参数。获得的这些传感参数用于计算制冷量和制热量等空调性能参数，具体计算方法在国家标准 GB/T 7725—2004 中有详细说明。其中进风干温和进风湿温实际是室内试验室的环境干温和环境湿温，测试这两个传感参数的传感器放置在空调的进风口处，因此也称为进风干温和进风湿温。室内试验室还包含数字功率计测得的电压（*V*）、电流（*I*）和功率（*P*）传感参数。功率用于计算空调制冷量的能效比等性能指标，能效比等于制冷量除以空调的电功率。热电偶传感器用于分析空调室内机不同位置的温度变化，具体部署位置由空调试验人员确定。室外试验室包含的传感参数较少，只包含热电偶和环境温湿度两部分。其中热电偶传感器用于分析空调室外内机不同位置器件的温度变化。

8.4.3 传感参数传递

对于不同的电冰箱测试应用场景，使用的传感设备类型、厂商不同。本节将阐述空调测试 IoT 仪器客户端如何适应这些变化，从而保证软件的可复用性。为使空调测试 IoT 仪器客户端不受传感设备硬件的影响，采用如表 8-8 所示的传感参数传递方式。从表 8-8 可以看出，数据采集层软件把所有传感设备的传感参数进行了统一编号（P1～P72），每一个传感参数与空调测试 IoT 仪器客户端的输入参数对应。只要把这种通过人为设定的对应关系传递给空调测试 IoT 仪器客户端，当采集模块获得数据采集层的带有全局编号的传感参数数据后，根据传感参数之间的对应关系，赋予空调测试 IoT 仪器客户端的传感参数输入，空调测试 IoT 仪器客户端可在代码不变的情况下，正确实现原有的逻辑功能。

表 8-8 传感参数传递对应关系

传感设备	传感参数	数据采集层软件传感参数	IoT 仪器输入参数	IoT 仪器输入参数说明
数据采集器	S1	P1	A-T1	A 室热电偶 T1 温度数据
	S2	P2	A-T2	A 室热电偶 T2 温度数据
	⋮	⋮	⋮	⋮
	S30	P30	A-T30	A 室热电偶 T30 温度数据
	S31	P31	B-T1	B 室热电偶 T1 温度数据
	S32	P32	B-T2	B 室热电偶 T2 温度数据
	⋮	⋮	⋮	⋮
	S60	P60	B-T30	B 室热电偶 T30 温度数据
	S61	P61	A-D3	A 室中空调出风干温
	S62	P62	A-D4	A 室中空调出风湿温
	S63	P63	A-D6	A 室大气压
	S64	P64	A-D8	A 室风量箱中喷嘴风温

续表

传感设备	传感参数	数据采集层软件传感参数	IoT 仪器输入参数	IoT 仪器输入参数说明
电参表	S1	P65	A-V	空调电压
	S2	P66	A-I	空调电流
	S3	P67	A-P	空调功率
室外干温数控仪	S1	P67	B-D1	B 室环境干温
室外湿温数控仪	S1	P68	B-D2	B 室环境湿温
室内干温数控仪	S1	P69	A-D1	A 室中空调入风干温
室内湿温数控仪	S1	P70	A-D2	A 室中空调入风湿温
压差计	S1	P71	A-D5	喷嘴压差
零压差数控仪	S1	P72	A-D7	零压差当前值

8.4.4 软件界面

空调测试软件主界面如图 8-39 所示。

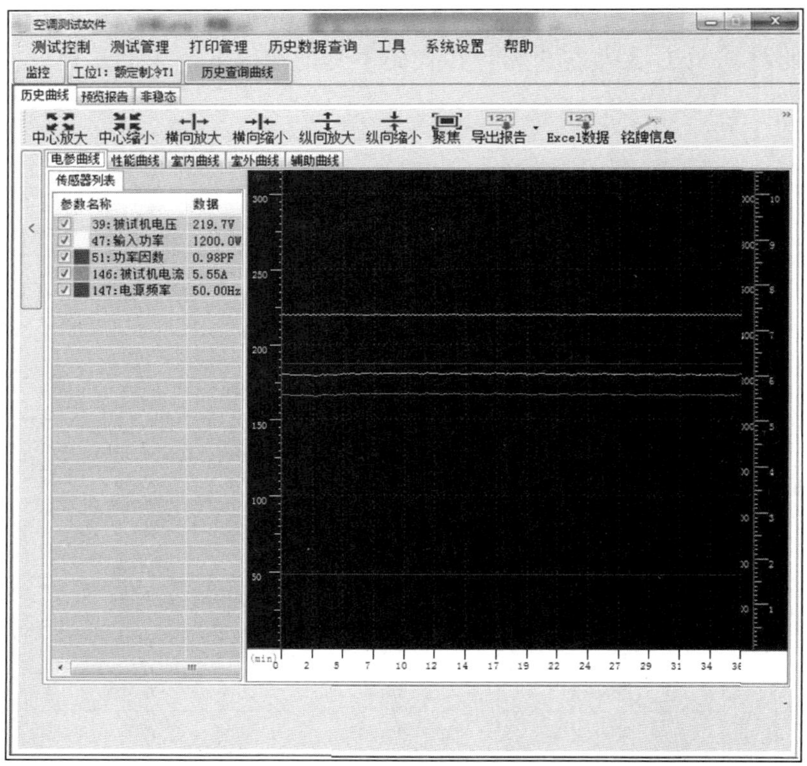

图 8-39

空调测试软件主界面

1．软件功能菜单

该软件功能菜单见表 8-9。

表 8-9　软件功能菜单说明

序号	主菜单	子菜单	功能说明
1	测试控制	喷嘴设置	控制风量箱中的喷嘴打开或关闭
		工况设置	把用户输入的试验室温度、相对湿度控制目标值发送给温度及湿度数控仪，由数控仪自动进行试验室的环境温度和相对湿度控制
		采集周期设置	设置数据采集层软件进行传感器数据采集的时间周期
2	测试管理	坐标修改	修改曲线显示上下限坐标
		曲线颜色	修改曲线显示颜色
		坐标系可见设置	设置曲线界面中是否显示各纵坐标系
3	打印管理	打印曲线	打印屏幕显示的曲线及相关测试铭牌信息
		打印预览	预览打印的曲线内容
		模板设置	设置打印的格式模板
		Excel 报告	输出打印 Excel 格式的测试报告
4	历史数据查询	查询显示历史测试曲线	查询显示已经停止测试产品的参数曲线
5	工具	温湿转换	实现湿温及相对湿度之间的计算转换
		计算器	与 Windows 中的计算器功能相同
		能力计算	根据输入参数计算制冷量或制热量
6	系统设置	系统语言	选择软件语言是中文或英文
		传感器修正	输入传感参数标准值，用于传感器实测值的校正
		工况维护	维护测试标准中要求的测试环境温度、相对湿度等信息，用于用户在工况控制时进行选择，避免每次试验重复录入

2．按钮及选项卡功能

把用户常用的几项功能通过选项卡实现，选项卡功能见表 8-10。

表 8-10　软件选项卡功能

序号	按钮或选项卡	功能简介	
1	“监控”按钮	显示试验室环境控制设备运行情况	
2	“工位 1：额定制冷 T1”按钮	单击该按钮，正在进行的测试变为下方多个选项卡的当前操作对象，左边选项卡名称变为“当前曲线”	
3	“历史查询曲线”按钮	单击该按钮，历史查询数据变为下方多个选项卡的当前操作对象，左边选项卡名称变为“历史曲线”	
4	一级选项卡	“当前曲线”或“历史曲线”	当前测试数据为当前操作对象，选项卡名称为“当前曲线”时，选择该选项卡，主界面显示当前测试数据曲线界面 所查询历史测试数据为当前操作对象，选项卡名称为“历史曲线”时，选择该选项卡，主界面显示所测试数据曲线界面

续表

序号	按钮或选项卡	功能简介	
4	一级选项卡	预览报告	针对当前操作对象，显示测试结果报告
		非稳态	显示包含空调化霜过程的测试结果报告
5	二级选项卡	针对当前操作对象，把多个传感参数曲线进行分组显示	
		电参曲线	显示电压、电流、功率等电参数曲线
		性能曲线	显示制冷、制热量等性能电参数曲线
		室内曲线	显示空调室内机相关传感参数曲线
		室外曲线	显示室外机相关传感参数曲线
		辅助曲线	显示其他类别传感参数曲线

二级选项卡“电参曲线”显示界面如图 8-39 所示。“性能曲线”、“室内曲线”、“室外曲线”及“辅助曲线”对应的曲线显示界面分别如图 8-40～图 8-43 所示。

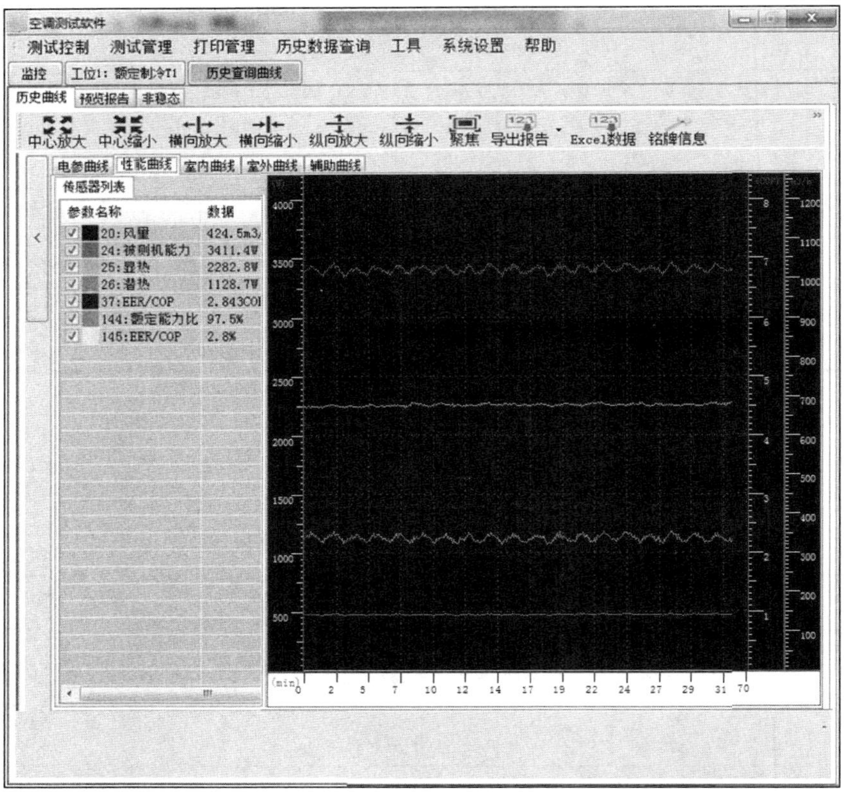

图 8-40
“性能曲线”显示界面

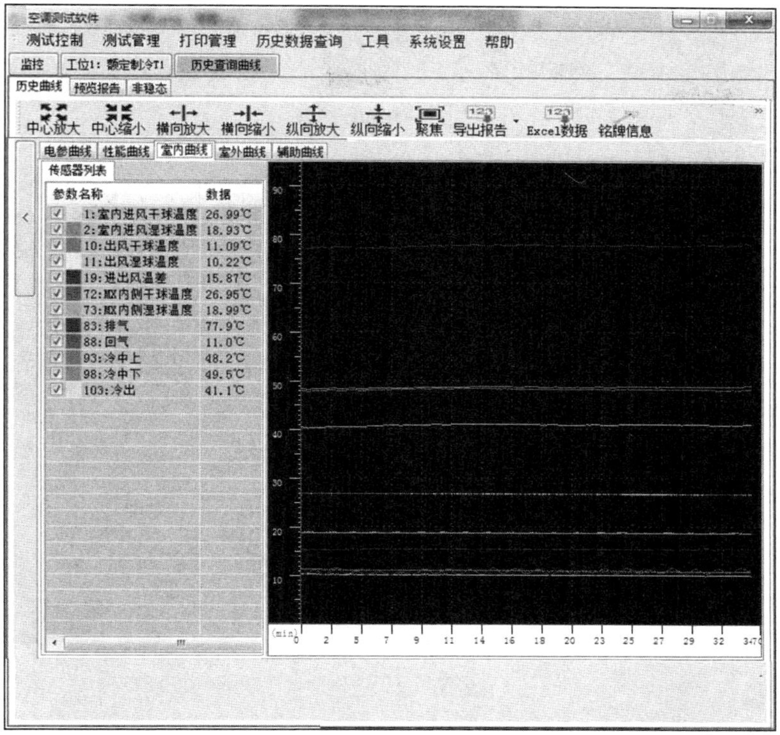

图 8-41
"室内曲线"显示界面

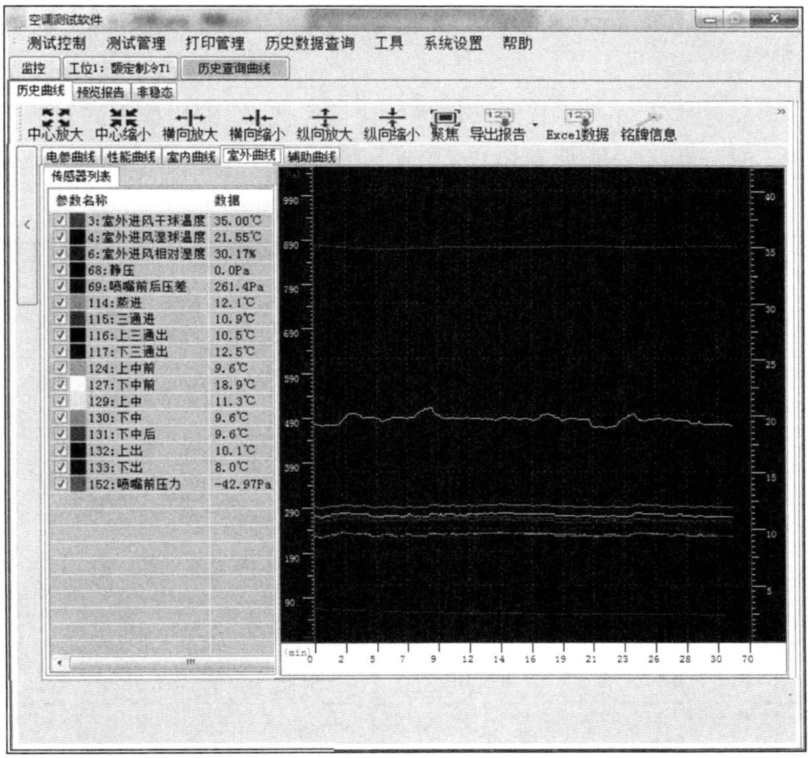

图 8-42
"室外曲线"显示界面

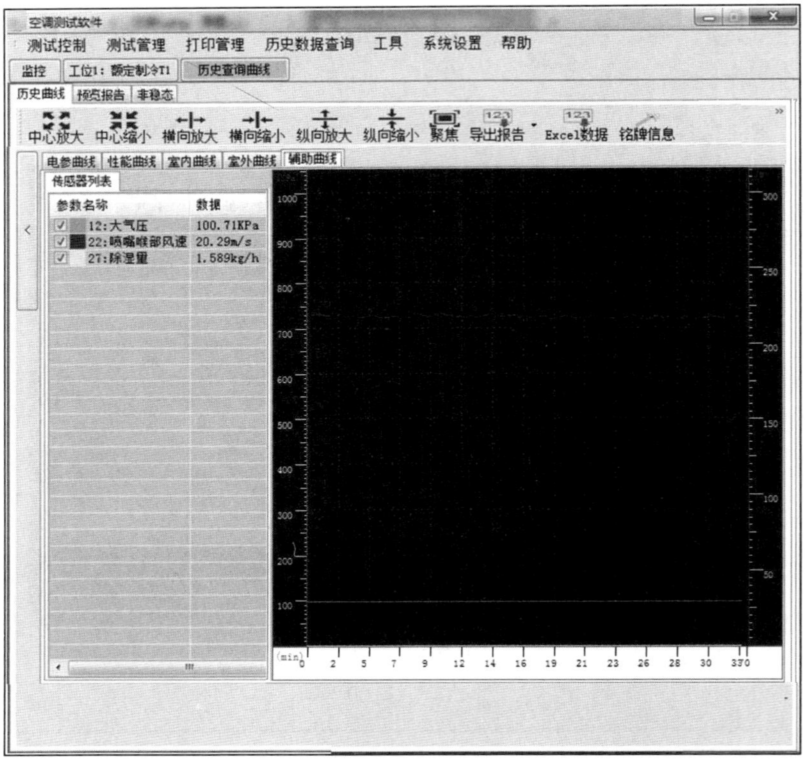

图 8-43
"辅助曲线"显示界面

3. 快捷方式

在一级选项卡下方有一行带有图标的快捷方式，这些快捷方式对应软件的常用的功能，功能简要说明见表 8-11。

表 8-11　快捷方式功能说明

序号	菜单	功能简介
1	中心放大	以曲线显示中心为坐标参照点，通过缩小横向及纵向坐标的显示范围，在纵向和横向两个方向进行曲线放大显示
2	中心缩小	以曲线显示中心为坐标参照点，通过扩大横向及纵向坐标的显示范围，在纵向和横向两个方向进行曲线缩小显示
3	横向放大	以曲线显示横向中心为坐标参照点，通过缩小横向坐标显示范围，对曲线进行横向放大显示
4	横向缩小	以曲线显示横向中心为坐标参照点，通过扩大横向坐标显示范围，对曲线进行横向缩小显示
5	聚　焦	以测试起始时间点和目前时间点为横向坐标显示范围，进行曲线的横向全范围显示
6	导出报告	导出测试结果报告
7	Excel 数据	把当前工位的测试数据导出到 Excel 文件中
8	铭牌信息	输入和编辑被测空调的标识及相关测试索引信息

本章小结

本章给出了产品制造工业领域，用于电冰箱、空调和热水器产品测试的三种 IoT 仪器。与第 7 章自动监测 IoT 仪器相比，主要区别在于在自动监测 IoT 仪器应用过程中，用户关心的是从传感设备直接获取的传感参数；而本章的 IoT 仪器应用，用户不仅关心从传感设备直接获取的传感参数，更关心根据获取的传感参数所计算的测试结果，如电冰箱测试的耗电量、空调测试计算得到的制冷或制热量，以及热水器测试得到的加热效率等指标。因此从 IoT 仪器软件结构上，本章的工业测试 IoT 仪器相比第 7 章的自动监测 IoT 仪器，功能更为复杂，主要是增加了测试指标的计算模块。不同类别的产品测试 IoT 仪器，要求的计算指标不同，因此计算模块各不相同，虽然 IoT 仪器很多模块具有很多共同点，可以复用，但对于计算模块，需要分别开发和设计。

第 9 章　系统互联应用

物联网系统的建立，涉及较大规模的软件系统设计与开发，如何通过软件复用减少软件开发工作量，降低软件开发成本，显得尤为重要。本章在 IoT 仪器模型基础上，阐述如何通过软件复用，设计和开发物联网应用软件的原理和实际应用案例。

9.1　软件复用

第 1 章中提出的 IoT 七层结构模型和 IoT 仪器模型，充分考虑了软件互联和复用。为进一步说明软件的复用原理，下面进行详细解释和说明。因在很多情况下，虽然需要实现的软件功能基本相同，但由于传感设备厂家较多，以及经常受到用户投资成本的限制，采用的传感设备差别较大。在这种情况下，IoT 仪器复用原理如图 9-1 所示，该图上半部分，IoT 仪器 M 客户端和传感设备集合 A 及数据采集层软件 A 组成了一个物联网节点 A。该图下半部分，IoT 仪器 M 客户端和传感设备集合 B 及数据采集层软件 B 组成了另一个物联网节点 B。这两种节点采用的 IoT 仪器 M 相同，因此，IoT 仪器 M 得到了复用。在两种应用系统中，虽然采用的传感设备不同，数据采集层软件也不同，但因数据采集层软件 A 和数据采集层软件 B 与 IoT 仪器 M 客户端的接口相同，所以 IoT 仪器 M 客户端在不需改变的情况下，均可以和数据采集层软件 A 和 B 进行正常衔接。

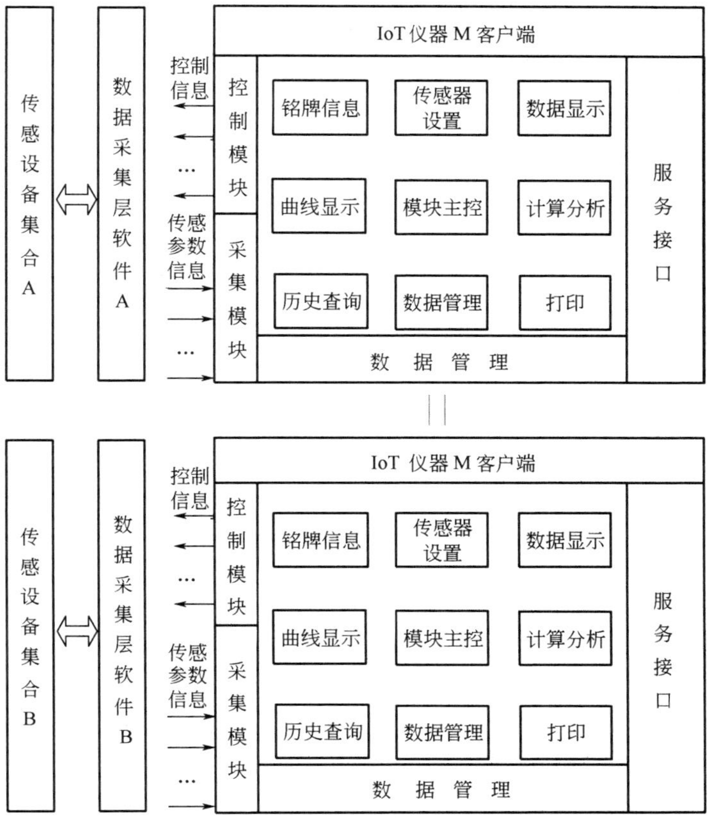

图 9-1
IoT 仪器复用原理

9.2 软件云服务

可以通过软件云服务的方式实现 IoT 仪器服务端的复用，如图 9-2 所示。假设存在 n 个物联网节点，这些物联网节点运行的 IoT 仪器客户端类型为 m 个，$m \leqslant n$。因此与 IoT 仪器客户端具有近似结构的 IoT 仪器服务端类型为 m 个。当用户选择访问物联网节点 i 时（$1 \leqslant i \leqslant n$），若该节点 IoT 仪器软件对应的具有近似结构 IoT 仪器服务端为 j（$1 \leqslant i \leqslant m$），则集成客户端调用云服务中心的软件服务，获取 IoT 仪器服务端代码 j，并运行该代码，IoT 仪器服务端代码 j 调用服务接口 j，获取物联网节点 i 的相关数据并呈现给用户。这样有效节约了代码开发数量，（$n-m$）越大，代码复用程度越高。

9.2.1 同构云互联

同构云互联架构如图 9-3 所示。其中共有 n 个物联网节点，每个节点采用相同的 IoT 仪器 M。在这种互联结构中，集成客户端采用与物联网节点具有近似结构的 IoT 仪器 M 服务端。当用户在集成客户端中选择了相应的物联网节点后，集成客户端利用 IoT 仪器 M 服务端，从 IoT 仪器 M 对应的接口中获取该物联网的节点数据，实现数据的显示、分析和应用。

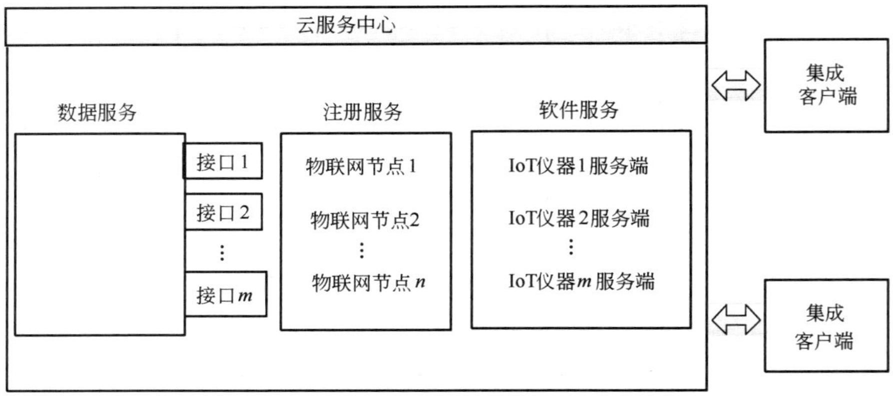

图 9-2
IoT 仪器软件云服务

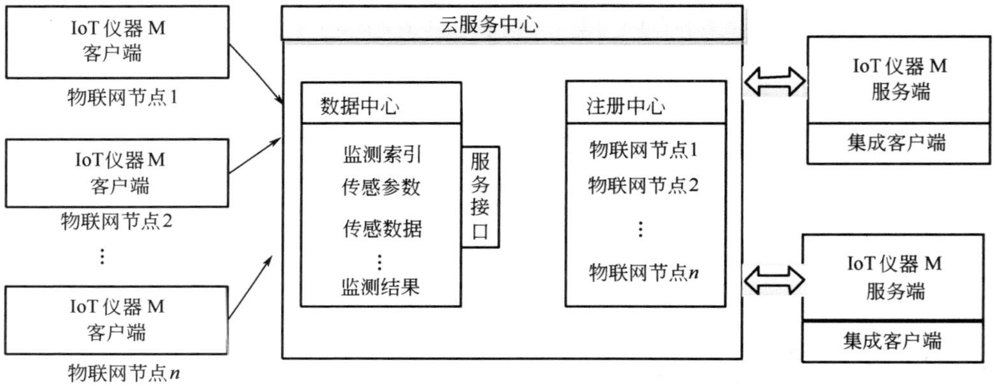

图 9-3
同构云互联架构

9.2.2 转接云互联

针对相同类型的应用，若需要互联多个节点的软件属于传统结构，即没有数据服务接口，且各节点数据存储在不同结构的数据库中，在互联过程中，为不影响原有软件的使用，通过增加转接软件，把需互联节点数据库中的数据实时导入统一数据库中，在统一数据库基础上增加数据服务接口，集成客户端利用统一的 IoT 仪器 M 服务端，通过访问数据服务接口，实现各节点的数据访问，这种互联称为转接云互联。

如图 9-4 所示，共有相同应用类型 n 个节点异构系统：异构系统 1～异构系统 n，这些节点的数据存储在不同结构的数据库 1～数据库 n 中，通过增加转接软件 1～转接软件 n，把数据库 1～数据库 n 中的数据，实时导入统一数据库中。集成客户端利用统一的 IoT 仪器 M 服务端，通过数据服务接口实现了不同节点的数据访问。转接互联，实际上是针对目前大量存在的同类应用异构设计的情况，通过转接互联实现向同构互联的一种转换方式，通过这种转换，实现了 IoT 仪器服务端的复用，降低了软件开发成本。

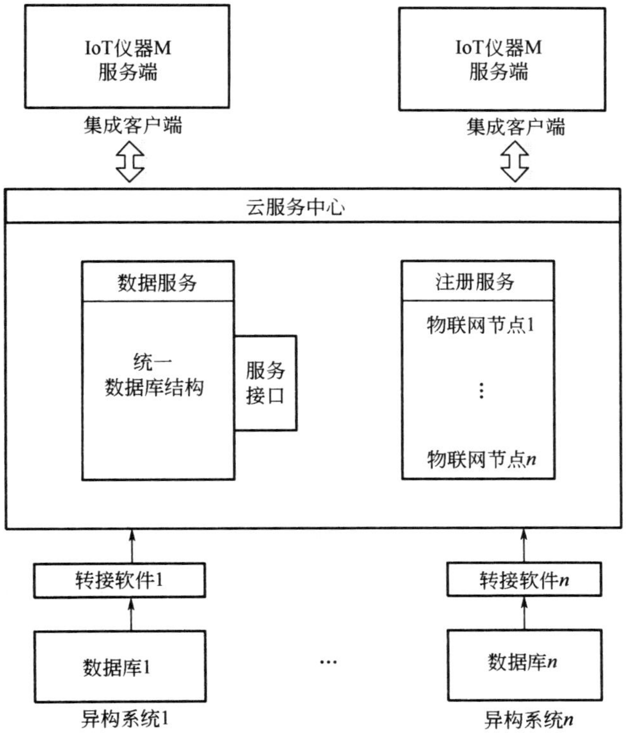

图 9-4
转接云互联

9.2.3 异构云互联

在云服务系统中，若需要互联的物联网节点属于不同应用类型，采用的 IoT 仪器各不相同，这种互联称为异构云互联。如图 9-5 所示，共有 n 个不同的物联网节点，其应用软件系统分别为 IoT 仪器 1 客户端～IoT 仪器 n 客户端。在这种互联结构中，每个 IoT 仪器 i（1，2，3，…，n）客户端的近似结构：IoT 仪器 i 服务端，存储在云服务中心。当用户在集成客户端中选择了相应的物联网节点 j（1，2，3，…，n）后，集成客户端利用云服务中心的软件服务，获取 IoT 仪器 j 服务端的代码，加载到集成客户端中执行，该 IoT 仪器代码从云服务中心的对应的接口 j 获取该物联网节点 j 的数据，实现数据的显示和分析应用。

9.2.4 综合云互联

在云服务系统中，若需要互联的不仅有异构物联网节点，还包括视频系统及相关的业务系统，则这种互联称为综合云互联。如图 9-6 所示，共有 n 个不同的物联网节点，其应用软件系统分别为 IoT 仪器 1 客户端～IoT 仪器 n 客户端。还有需互联的视频系统和相关业务系统，这种互联较为复杂。

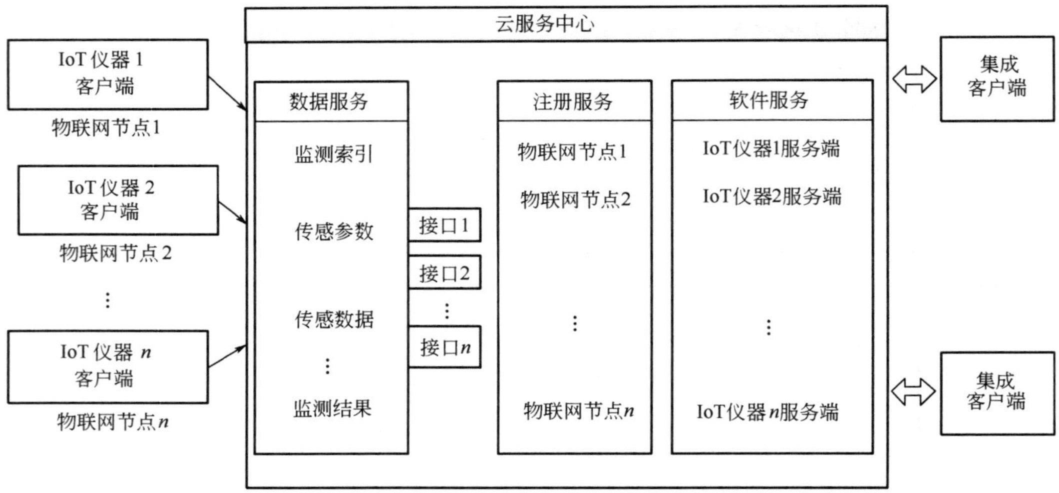

图 9-5　异构云互联架构

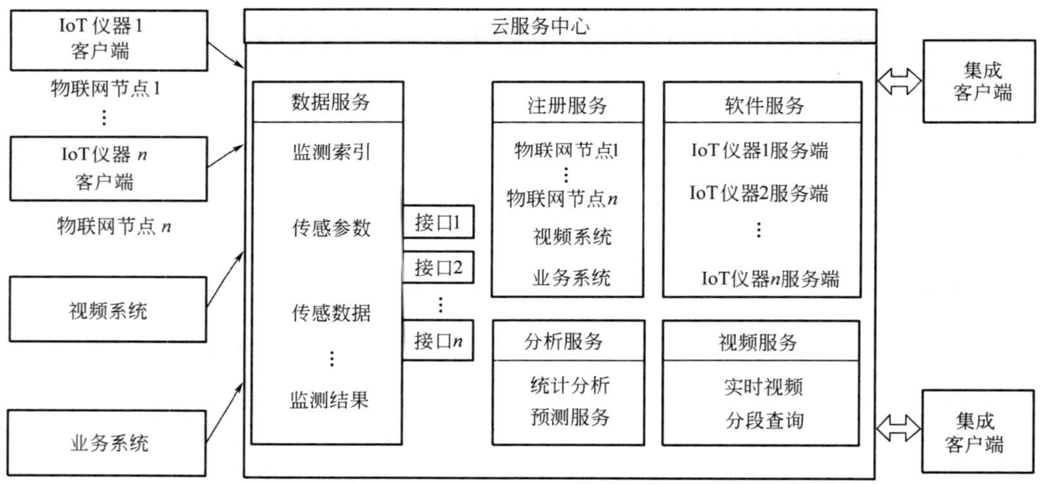

图 9-6　综合云互联架构

在这种互联结构中，每个 IoT 仪器 i（1，2，3，…，n）客户端的近似结构：IoT 仪器 i 服务端，存储在云服务中心。视频系统由一定数量的网络摄像机和视频录像机组成，目前视频图像系统的互联标准还未统一，需要针对不同的摄像机厂商分别编写代码进行图像集成互联。业务系统因不同企事业单位的业务需求而具有较大差别。从图 9-6 中还可以看出，在云服务中心中增加了分析服务和视频服务。

分析服务主要包括统计分析和预测服务，具体功能同样需要由具体的业务需求确定。物联网系统信息与业务系统信息的大规模互联集成，为大数据的积累汇聚提供了技术基础。为全局数据统计分析和相关指标的预测、决策提供了数据基础。高质量的分析服务还依赖于在大量数据基础上数学模型的研究和建立。

视频服务主要由视频服务器和相关软件完成，视频图像数据源主要来源于视频录像机，视频服务的引入为多用户的视频图像检索查询提供了有效的技术手段。

9.3 同构云互联应用

同一应用类型之间的系统互联，大多数属于同构互联。工业企业的部门，往往根据产品类别进行划分，在研发、生产和管理过程中，工业企业的某个部门只关心本部门的产品信息，需要把分布在不同地域的产品测试及生产系统构成集成化的物联网系统，这种物联网系统的建设，可采用同构互联架构完成。下面以电冰箱产品测试为例，介绍同构云互联应用。

9.3.1 案例背景

因产品研发和生产需要，甲方企业现需要建设电冰箱测试 A、B、C、D、E 五个试验室，为加快进度，试验室硬件通过招标委托五家电冰箱测试试验室制造商完成，试验室测试软件委托一家软件开发商完成，要求五个电冰箱试验室的软件统一互联。

对于各试验室的硬件，甲方只提出设计目标要求，具体实施方案由各制造商自行确定，由于成本和各制造商的技术背景及偏好不同，这五个试验室在建设过程中，采用的传感设备不完全相同。

软件研发方面，每个试验室需要提供一套测试软件，供该试验室测试人员使用，同时需要提供一套集成客户端，供企业研发人员和管理人员使用。通过集成客户端可随时查看每个试验室的测试信息。由于软件开发由一家开发商完成，为节约成本，各试验室测试软件开发采用同一套 IoT 仪器客户端，集成客户端采用其近似结构的 IoT 仪器服务端实现，通过同构互联方案完成试验室的软件设计与开发。

9.3.2 互联架构

电冰箱测试同构互联架构如图 9-7 所示。由于电冰箱测试试验室制造厂商不同，采用的传感设备硬件不同，五个电冰箱测试试验室采用的传感设备分别用传感设备集合 A～传感设备集合 E 表示。由于不同的传感设备采用的接口及通信协议不同，因此分别需要编写数据采集层软件 A 至数据采集层软件 E，实现不同试验室的数据采集。由于电冰箱测试属于同一应用类型，试验室本地用测试软件利用统一的 IoT 仪器 M 客户端实现，所有的数据采集层软件都和相同的 IoT 仪器 M 客户端衔接。

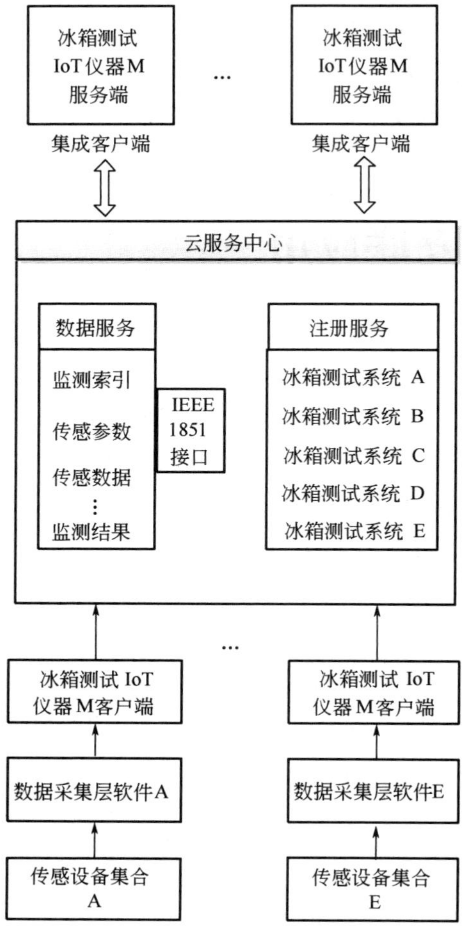

图 9-7
电冰箱测试同构互联架构

集成客户端通过 IoT 仪器 M 服务端实现各电冰箱测试试验室的数据访问。运行过程中，集成客户端利用云服务中心的注册服务，提供可供用户选择的测试系统清单。当用户选择后，采用 IoT 仪器 M 服务端，通过 IEEE 1851 服务接口，为用户提供测试数据、曲线显示和分析功能。这种软件设计方法使物联网软件设计开发时，软件代码得到较大程度的共享和复用，互联的系统越多，效果越显著。

9.3.3 集成客户端

集成客户端的软件界面如图 9-8 所示，该界面右上角有“试验室选择”下拉列表。当用户在该下拉列表中选择不同的试验室时，则进入相应试验室信息的显示界面，图 9-8 是用户选择试验室 A 的界面情况。下拉列表中的内容，由集成客户端通过云服务中心的注册服务获得。

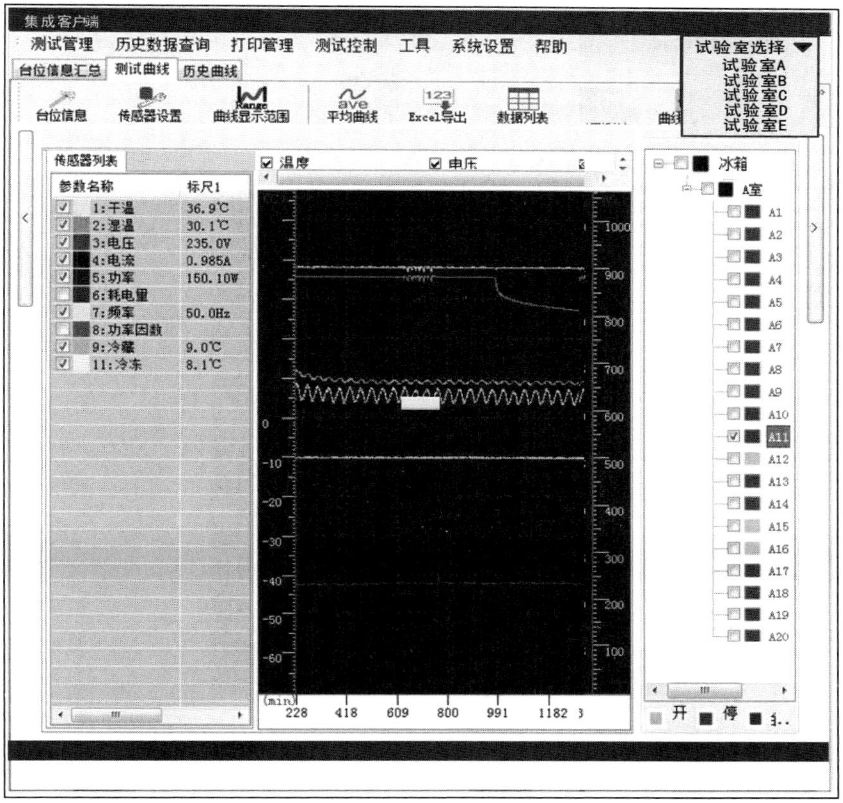

图 9-8
集成客户端软件界面 1

对于每个试验室的测试客户端，采用相同的 IoT 仪器软件 M 进行开发，其软件界面没有“试验室选择”下拉列表，各试验室软件功能完全相同，只是在树形导航栏，不同的试验室显示不同的工位情况，工位名称分别以字母 A～E 开头，后面附有工位序号，每个工位可放置一台电冰箱进行测试。图 9-8 中的试验室 A 具有 20 个测试工位，名称为 A1～A20，当单击树形结构中的某个工位名称时，左面将显示该工位被测电冰箱的测试曲线，该工位将变成用户操作的当前工位（所有的数据查询等操作默认针对该工位），工位名称旁边的色标变为紫色。色标为红色表示该工位没有被测电冰箱，色标为绿色表示该工位具有被测电冰箱，正在进行测试。

另一种集成客户端的软件界面如图 9-9 所示。与图 9-8 的区别在于，图 9-9 中的软件界面把试验室的选择全部集成在右侧的数据导航栏，而没有采用图 9-8 中的“试验室选择”下拉列表，在本质上没有区别。但从具体应用中，通常在试验室数量较多的情况下采用图 9-8 的界面，在试验室数量较少的情况下采用图 9-9 的界面。因在该类型的软件设计中，为减少用户操作的响应时间，在内存中缓存了大量测试数据。对于图 9-8 所示的界面，只需缓存用户所选择试验室的数据；而对于图 9-9 所示的界面，则需缓存所有属性导航中的试验室数据，试验室数量较多时会受到计算机内存的限制。

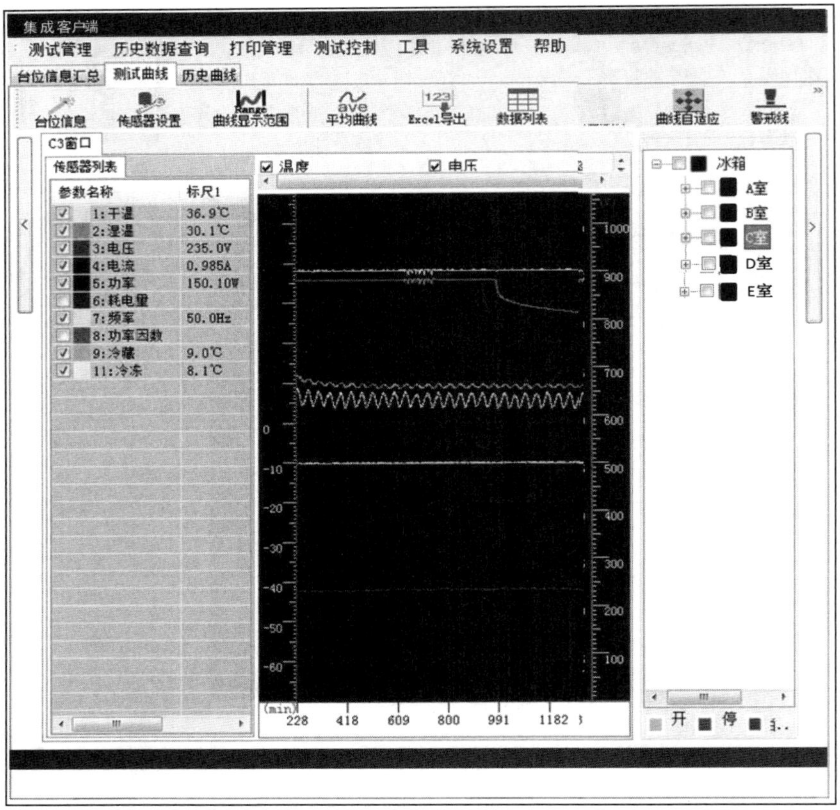

图 9-9
集成客户端软件界面 2

9.4 转接云互联应用

由于缺乏统一规划，目前在各领域存在大量同类应用异构设计的情况。例如，在交通领域，各地都有智能交通的监测管理平台，用户需求功能相同，而目前存在的软件结构各异。在海洋领域，各地沿海地区都有海洋环境监测系统，这些系统功能需求相同，软件实现方式各不相同。在制造业领域，这种情况依然大量存在，即使是在同一企业，对于同一种产品的生产和测试，由于系统建设在不同时期，由不同的开发商完成，导致相同需求不同结构的系统大量存在。由于物联网系统涉及范围广阔，建设过程中，各子系统发展不同步，这种情况在很长一个阶段内还会继续，因此转接互联是物联网发展过程中重要的互联方式之一。下面以家电制造业中的热水器测试互联为背景，介绍转接互联应用。

9.4.1 案例背景

目前有三个热水器测试系统之间需要互联，分别称为热水器测试系统 A、热水器测试系统 B 和热水器测试系统 C，每个测试系统具有 10 个测试工位。这三个测试系统采用的传感设备及软件开发商各不相同，且没有预留数据输出接口，分别采用微软公司的 SQL Server、 Access 和 Oracle 数据库进行数据存储。三种测试系统的结构分别如图 9-10～图 9-12 所示。

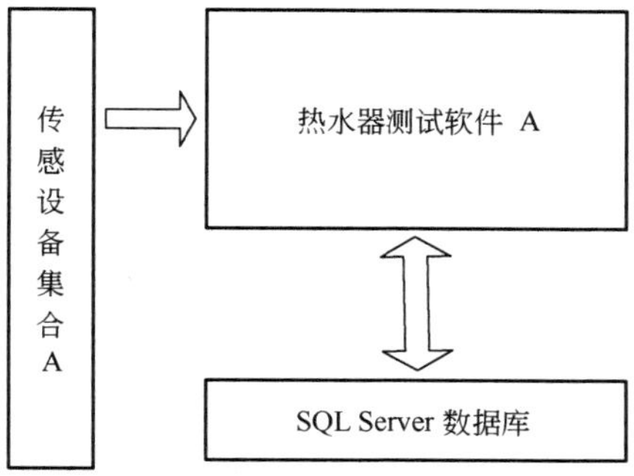

图 9-10 热水器测试系统 A 结构

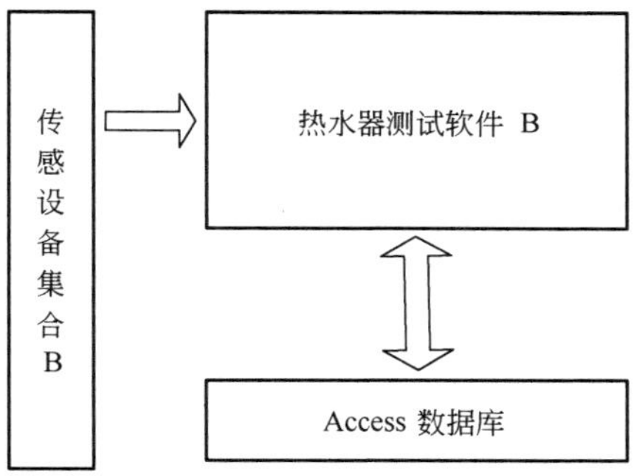

图 9-11 热水器测试系统 B 结构

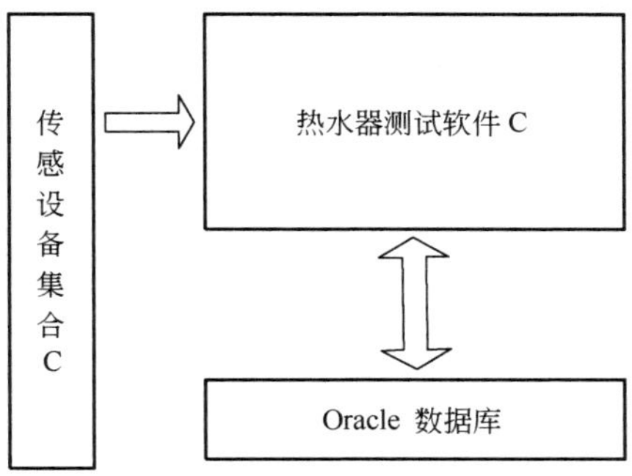

图 9-12 热水器测试系统 C 结构

从三种结构图可以看出，每种测试系统的测试软件分别从各自的传感设备集合获取传感数据，利用不同的数据库进行存储。由于三种测试系统属于同一种测试类型，因此可在保持原有测试系统不变的情况下，采用转接互联方式进行系统互联。这样既可保证企业的生产及测试不受影响，又可进行三个系统间的互联升级。

9.4.2 互联架构

对于热水器测试系统 A、B 和 C，由于是目前存在且已经运行一段时间的系统，升级互联不仅受到投资成本约束，同时受到用户操作习惯的限制，用户不希望放弃已经熟练操作的软件，如在原有系统基础上进行软件升级，还涉及原有系统软件开发商进行协调配合等问题，同时软件升级调试会在一定程度上影响企业业务的正常运行。

为以最小的综合代价实现系统的互联，热水器测试互联架构如图 9-13 所示，每种测试系统在原有系统完全不需改变的情况下，增加转接软件，分别从热水器测试系统 A 的 SQL Server 数据库、热水器测试系统 B 的 Access 数据库，以及热水器测试系统 C 的 Oracle 数据库实时读取数据、存入云服务中心的统一结构数据库，由统一的 IEEE 1851 接口对外提供数据服务。当然，转接软件 A、B 及 C 的代码编写，也需要占据一定的开发工作量，在开发前需要对原有数据库的结构进行了解和分析。

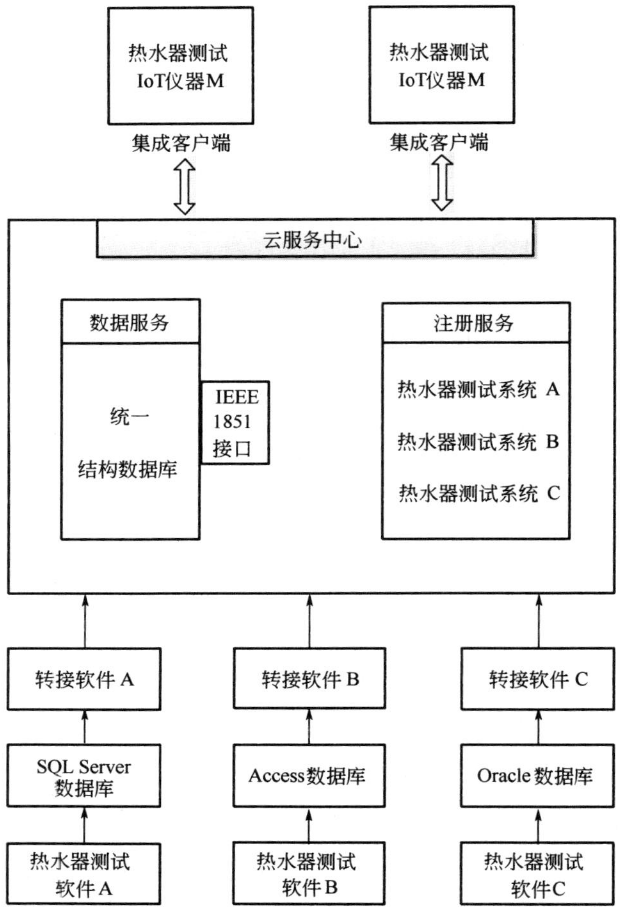

图 9-13 热水器测试互联架构

9.4.3 集成客户端

对于集成客户端，利用云服务中心的注册服务，为用户提供可供选择的测试系统清单。当用户选择后，采用互联服务层热水器测试 IoT 仪器软件 M，获取

IEEE 1851 接口中对应测试系统的数据，为用户提供数据、曲线显示和分析计算功能。这种软件设计方法使物联网软件设计开发时，软件代码得到较大程度的共享和复用，互联的系统越多，复用效果越显著。下面分别介绍集成客户端所使用的互联服务层热水器测试 IoT 仪器客户端及界面。

1．热水器测试 IoT 仪器服务端

转接互联中使用的热水器测试 IoT 仪器 M 服务端结构如图 9-14 所示，该 IoT 仪器软件输入的传感参数包括环境温度、环境相对湿度、测试系统供水水箱温度、水箱压力。支持 10 个测试工位，每个工位输入的测试参数包括 10 个测试温度，热水器运行电压、电流、频率、功率，供水压力，出水瞬时流量和出水累计流量。软件功能模块与第 8 章介绍的热水器测试 IoT 仪器基本相同，不再赘述。

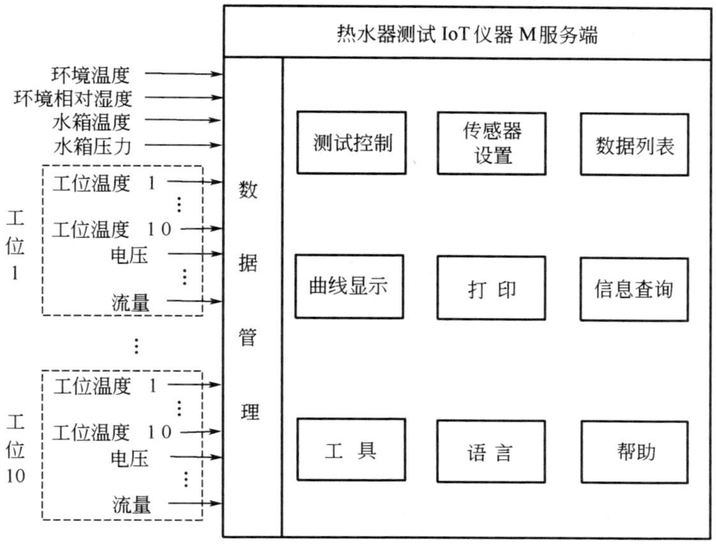

图 9-14
热水器测试 IoT 仪器 M 服务端结构

2．软件界面

集成客户端的软件界面如图 9-15 所示。该界面右上角为“试验室选择”下拉列表，集成客户端通过云服务中心的注册服务获取试验室的列表内容，填充到该下拉列表中，下拉列表中的内容为试验室 A、试验室 B 和试验室 C。用户可从该下拉列表中选择所需访问的试验室，集成客户端利用热水器测试 IoT 仪器 M 服务端结构，从数据服务 IEEE 1851 接口获取数据。图 9-15 显示的是试验室 B 的数据访问界面，该试验室具有 10 个测试工位，B1 工位空闲，其余工位都放置了热水器产品，正在进行测试，界面中显示的是 B9 测试工位热水器的测试曲线，界面左侧显示的是各传感参数的名称。为便于试验人员查看曲线，传感参数名称在软件中可以进行修改，因此，其参数和图 9-14 中的参数不一致。图 9-14 中传感参数和图 9-15 中的传感参数对应关系见表 9-1。从该表可以看出，图 9-15 中的传感参数主要对应图 9-14 中的热水器测试 IoT 仪器中工位 9 的传感参数，其中“环境干温”“环境湿温”“水箱温度”和“水箱压力”是各工位的共用参数。

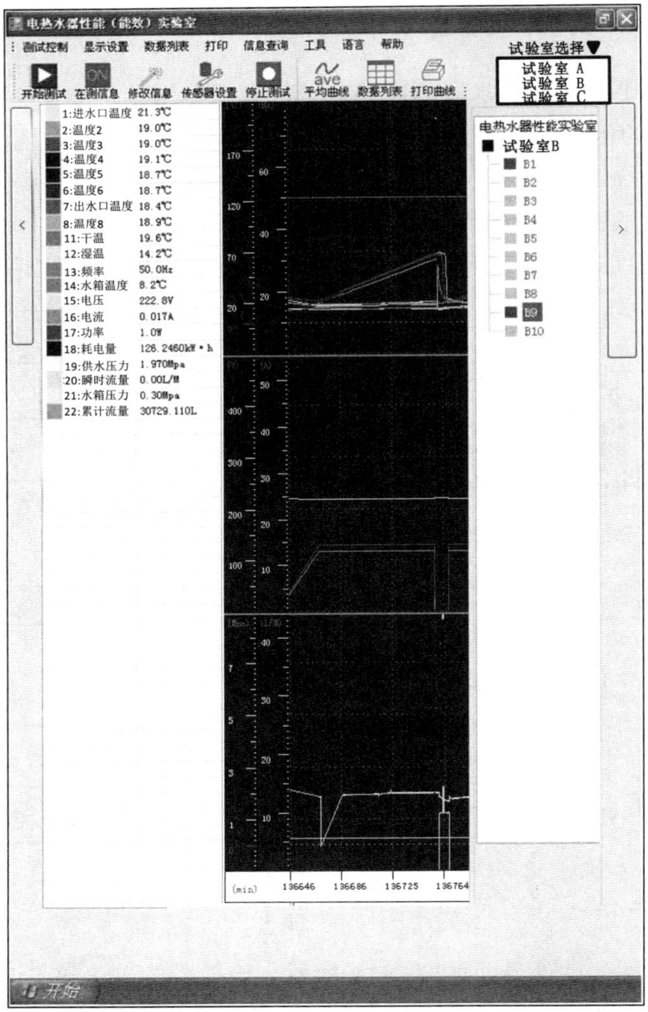

图 9-15
集成客户端软件界面

表 9-1 传感参数对应关系表

图 9-15 传感参数编号	图 9-15 传感参数名称	图 9-14 传感参数名称
1	进水口温度	工位 9 温度 1
2	温度 2	工位 9 温度 2
3	温度 3	工位 9 温度 3
4	温度 4	工位 9 温度 4
5	温度 5	工位 9 温度 5

续表

图 9-15 传感参数编号	图 9-15 传感参数名称	图 9-14 传感参数名称
6	温度 6	工位 9 温度 6
7	出水口温度	工位 9 温度 7
8	温度 8	工位 9 温度 8
11	干温	环境干温
12	湿温	环境湿温
13	频率	工位 9 频率
14	水箱温度	水箱温度
15	电压	工位 9 电压
16	电流	工位 9 电流
17	功率	工位 9 功率
18	耗电量	工位 9 耗电量
19	供水压力	工位 9 供水压力
20	瞬时流量	工位 9 瞬时流量
21	水箱压力	水箱压力
22	累计流量	工位 9 累计流量

9.5　综合云互联应用

在家电制造业中，涉及电冰箱、空调、洗衣机、热水器、厨房电器等多种产品种类，这些产品的制造工厂分布在不同省市甚至不同国家。同时，大型企业集团还通常设有多个研发部，每个研发部也配有产品的各种测试系统。因此大型企业中存在数量众多的基于传感器的自动化测试系统。伴随“工业 4.0”及“中国制造 2025”战略的实施，企业希望把原有各种分离的自动化测试系统整合为综合物联网系统，同时与各种业务系统进行互联，在此基础上对形成的大数据进行挖掘，服务企业高效智能化制造和生产，提升企业的生存、发展和竞争能力。

本节以一典型大型企业集团研发中心中，电冰箱、空调、热水器等制造工厂产品测试系统的互联应用案例为背景，介绍物联网的综合互联应用，其中也包括对视频系统及测试过程管理系统的集成互联。

9.5.1　案例背景

在此应用案例中，主要列举电冰箱、空调和热水器三种家电产品，每种家电产品包含多种类型的测试系统。同时还涉及数量较多的现场视频摄像机，以及过程较为复杂的测试过程管理系统。下面对这些需要集成的系统内容进行简要介绍。

1．多种测试系统

对于电冰箱、空调和热水器三种测试系统，前面的应用案例中已经有所介绍，其中介绍的主要是每类产品相关的性能测试。实际上，对于每类产品的测试，除了性能测试外，还需要可靠性测试和抽样测试。每一种新的产品，在设计研发后进行批量生产之前，均要进行可靠性测试。与性能测试相比，可靠性测试对温湿度环境没有精确要求，可在日常较宽的温湿度范围内进行检测，测试的主要目的是通过产品一段较长时间的运行，考察检测参数的稳定性，特点是测试时需要的传感器较少，测试的产品数量和测试的周期较长，通常情况下是几个月甚至半年。当产品经过可靠性等一系列检验后，可以进行批量生产，每天生产的产品需要抽取一定比例，在检测线进行抽样测试，抽样测试用到的传感器同样数量较少，测试时间也较短。从性能测试、可靠性测试到抽样测试，每个环节的测试信息，对于保证产品质量，提高企业管理水平均具有重要作用。

2．测试管理系统

大型企业的产品测试过程，需要一系列的管理环节和软件支撑。其中基础信息管理包括试验室管理、测试设备管理、测试人员管理和测试标准管理。当需要对产品进行测试时，首先需要在测试管理软件中填写测试任务书（也称订单）。在测试任务书中，描述测试目的、测试项目，以及需要采用的测试标准。其次在该软件中登记测试样机信息，包括测试样机的名称、型号、编号和样机数量等信息。测试负责人根据试验室目前的测试负荷，以及测试任务的排队情况，对任务书进行分配，并指定相关试验人员。随后测试人员接收样机，对测试管理系统中登记的样机信息进行确认，并在试验室开始实际测试过程。测试结束后，根据测试情况在测试管理系统中填写测试报告。若测试不合格，后续还需进行一系列的闭环整改过程。

传统的测试管理系统由独立的软件开发商进行开发，各个试验室中的测试软件系统由不同的试验室制造商开发完成，使得这些软件系统相互独立，一方面降低了信息获取效率；另一方面使得测试管理系统中的测试结果与测试过程的传感数据分离，难以进行有效的数据分析，影响了企业对数据的深入挖掘和应用。

3．视频系统

分布在不同地点的试验室中存在零散的视频监控系统，在大多数情况下，这些系统的摄像机连接视频录像机，通过网络传输到视频系统生产厂家配备的客户端软件，监控人员可通过该客户端软件查看实时或历史监控视频。这些视频系统中部分具有二次集成开发接口。

物联网系统建成后，用户通过集成客户端统一查询试验室的各种测试信息，在需要时可随时查看相应的监控视频，这种情况下需要把各摄像机的视频集成到统一的集成客户端软件中。集成方法是利用视频系统生产厂商提供的软件开发包，开发软件访问相应的摄像机视频，这种情况下，对于没有二次集成开发接口的视频系统，需要更换升级。由于不同的视频系统生产厂商提供的二次集成开发包不同，目前还没有统一的标准，因此若能选择具有质量保证的统一厂商，可减少视频集成的软件开发工作量。

9.5.2 系统互联

因在综合互联中增加了视频和测试管理等业务逻辑方面的内容，因此需对虚拟仪器、云服务中心等方面的内容进行调整，下面分别进行介绍。

1. IoT 仪器客户端

为实现系统互联，需要对原有 IoT 仪器客户端软件模块组成进行调整，如图 9-16 中带阴影部分模块所示，在原有 IoT 仪器客户端模块中增加了测试管理关联模块和视频监控模块。测试管理关联模块从测试管理外部服务接口中获取测试任务信息，试验人员从获取的测试任务列表中选择目前需要进行的实验，选择后测试管理关联模块自动从测试管理接口中获取被测样机的铭牌信息，传送给 IoT 仪器客户端中的铭牌信息软件模块，减少了用户的重复输入。试验结束后，把试验结果通过测试管理接口发送给测试管理系统。视频监控模块实现对应试验室的视频显示。

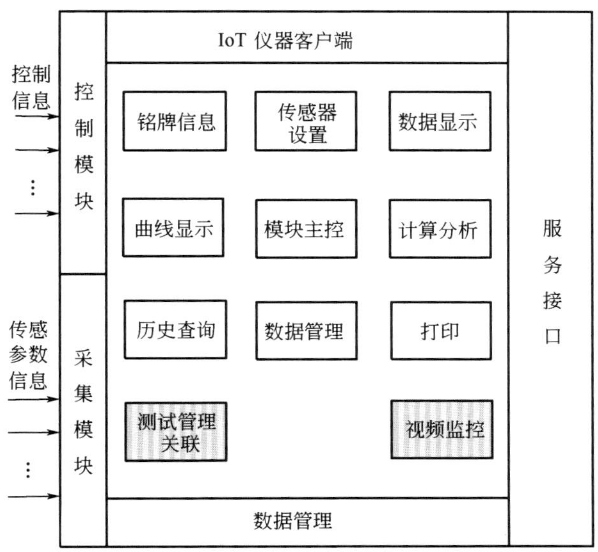

图 9-16 IoT 仪器客户端结构

2．测试管理系统

测试管理系统软件模块组成如图 9-17 所示。下面对每个模块的主要功能进行简要介绍。

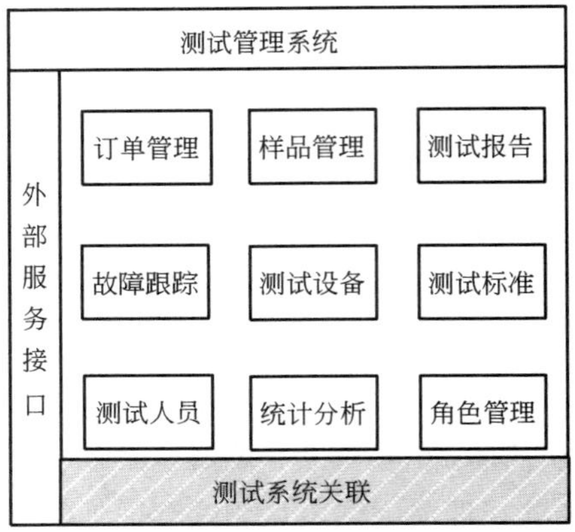

图 9-17
测试管理系统软件模块组成

1）订单管理

实现测试任务订单的下达、审批，测试任务接收和测试任务的试验室分配。

2）样品管理

实现被测产品样机的信息登记和试验人员对样机的接收，试验完成后进行试验样机退回。

3）测试报告

试验完成后，试验人员根据测试系统获取的测试结果，依据测试标准进行判定，利用该模块实现测试报告的输入、打印，以及测试报告的查询。

4）故障跟踪

通过测试发现产品样机的故障后，利用该模块进行管理，输入故障现象和解决过程，实现故障的跟踪和故障整改闭环管理。

5）测试设备

产品测试试验室中涉及大量的测试设备，这些设备需要定期校准和检验，否则将严重影响测试的准确性。该模块实现测试设备信息及校准周期的管理，对于即将校准的设备提前进行提醒。

6）测试标准

在测试过程中，试验人员经常需要查阅相关的测试标准，作为试验结论的判定依据，同时在打印测试报告时，需把测试标准中的判定依据作为附属内容进行打印，因此需要对测试标准文档进行输入、查询和存储管理。

7）测试人员

试验室测试人员需要经过专业培训并取得资质，在测试任务分配时，不仅需要考虑试验室目前的试验负荷，还需考虑试验人员承担测试任务对应的资质情况，因此，需要对测试人员的相关信息进行管理。

8）统计分析

为保证产品质量和加强试验室管理，需对测试结果进行统计分析，包括产品总体测试合格率、测试项目合格率、故障现象频次分析，以及试验室运行的平均负荷、平均故障时间、最长故障时间等因素。

9）角色管理

在测试系统中，用户分为试验委托人员、测试经理、试验人员、管理人员等不同角色，不同角色人员需要使用的软件功能不同。试验委托人员可在测试管理系统中填写测试任务订单，登记测试样机。测试经理对订单进行审核接收和测试订单分配。试验人员根据分配的订单接收试验样机和进行测试实验，填写测试报告。管理人员需要对测试过程各环节内容进行统计分析。通过角色管理，当不同角色用户登录时，测试管理系统为用户呈现不同功能的软件界面。

10）测试模块关联

利用该模块实现 IoT 仪器客户端信息的访问。当用户查阅测试报告时，可看到测试结论。若需对结论进一步了解和分析，通过该模块利用 IoT 仪器服务端，访问相应的传感数据，进行数据和曲线等信息的显示和分析。

11）外部服务接口

IoT 仪器客户端通过该接口实现与测试管理系统的互联。利用该接口为 IoT 仪器客户端提供被分配的测试订单等信息。在 IoT 仪器客户端中填写的测试报告等信息利用该接口传入测试管理系统。

3．视频系统

视频系统硬件结构如图 9-18 所示，每台视频录像机可通过局域网管理 1～64 台视频摄像机，这些摄像机的图像存储在视频录像机中，能够连续存储的图像时间依赖于摄像机数量和视频录像机中配备硬盘的容量。视频服务器通过网络连接多个视频录像机，用于处理用户图像的并发访问，一台视频服务器可以支撑的并发访问数量依赖于视频系统生产厂家的性能。

对于视频系统的集成，用户可通过编程调用视频系统生产厂商提供的视频集成开发包，访问所需的摄像机视频，既可以实现实时视频的访问，也可以实现摄像机的远程调焦或角度转动控制，以及根据时间对历史视频进行查询访问。

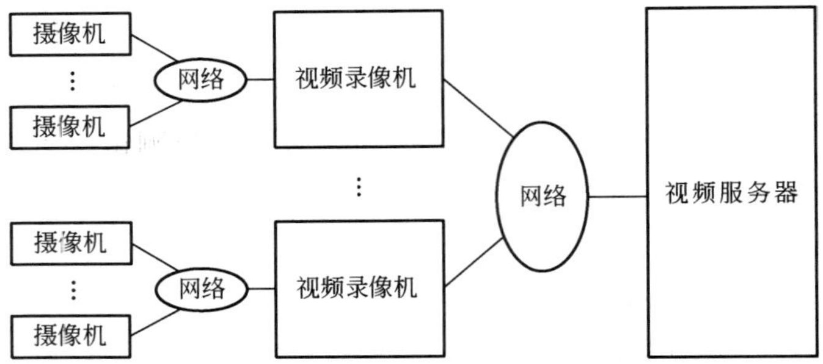

图 9-18
视频系统硬件结构

4. 互联架构

综合云互联架构如图 9-19 所示。其最下方是 IoT 仪器客户端，包括电冰箱测试、空调测试和热水器测试三种类型，对应的 IoT 仪器服务端由云服务中心进行存储。集成客户端通过调用云中心三种类型的 IoT 仪器服务端及视频服务实现各测试系统及现场视频的集成。测试管理功能通过调用云中心的测试管理服务完成。

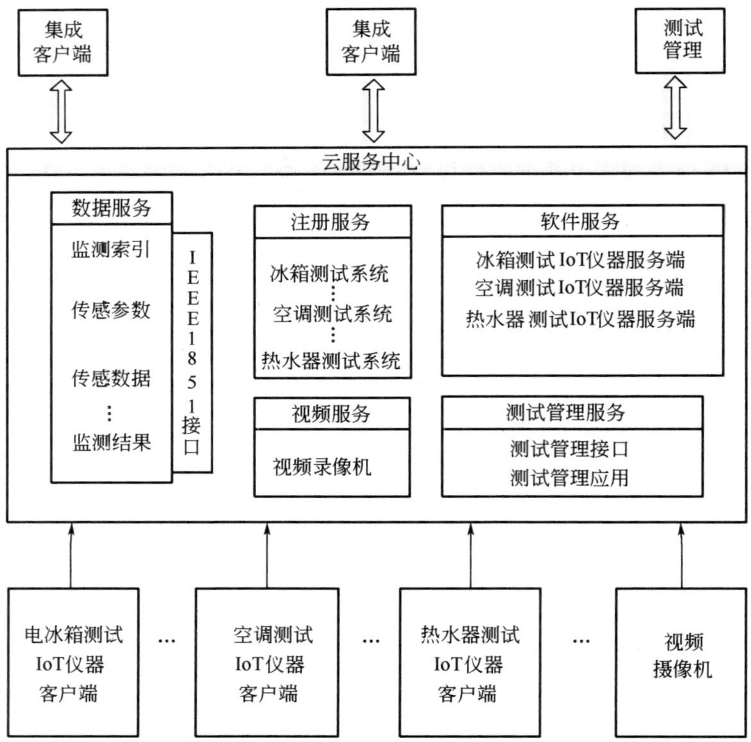

图 9-19
综合云互联架构

9.5.3 软件界面

综合互联软件组成主要分为三类：IoT 仪器客户端、测试管理系统和集成客户端，下面针对这三类软件进行简要介绍。

1. IoT 仪器客户端

电冰箱测试、空调测试及热水器测试的 IoT 仪器客户端，总体结构基本相同，只是处理的传感参数及计算分析模块存在区别，下面以空调测试 IoT 仪器客户端为例进行介绍，软件主界面如图 9-20 所示。该界面与 8.4 节空调测试 IoT 仪器界面客户端的主要区别是增加了三个模块：领取订单、在测订单和故障处理，其余模块功能完相同，不再赘述。

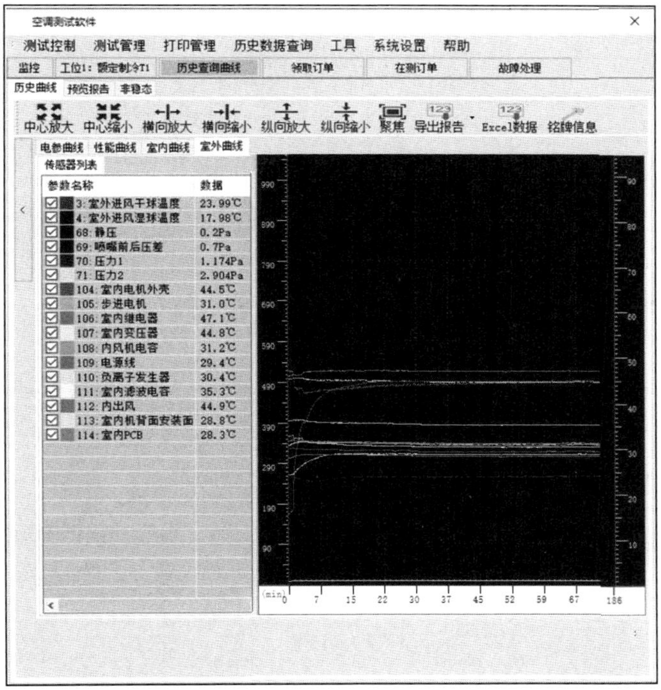

图 9-20
空调测试虚拟仪器客户端

增加这三个模块的主要目的是实现 IoT 仪器客户端与测试管理系统的互联。在测试管理系统的订单管理及样品管理模块，已经填写了测试项目及被测样机的铭牌信息，通过领取订单功能，IoT 仪器客户端可自动从测试管理系统获取这些信息，避免了在 IoT 仪器客户端中重复输入，提高了工作效率。

领取订单功能界面如图 9-21 所示，从该界面中可以看到测试管理系统试验委托人员填写的测试订单，其中主要包括订单编号、样机编号、试品型号、试品名称、委托日期等信息。单击“订单明细”链接，可以看到该订单更详细的信息。单击该图下方的“领取”按钮，该订单样机的详细信息将自动从测试管理系统中传入空调测试 IoT 仪器客户端，可以进行后续的测试过程。

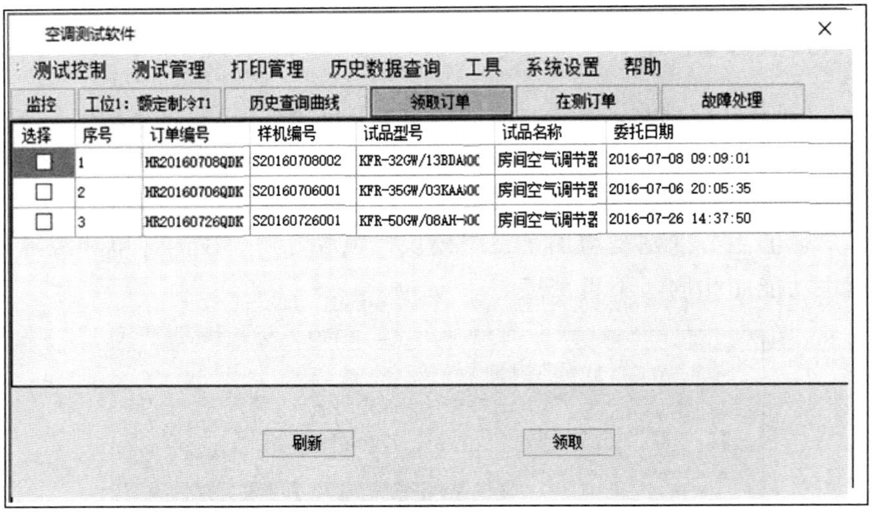

图 9-21

领取订单功能界面

在测订单功能界面如图 9-22 所示。该界面中显示的订单内容为测试管理系统所委托的测试订单中，正在该空调测试 IoT 仪器客户端对应试验室进行测试的订单。该界面实现的主要功能是填写所测试完成订单的测试结果，当结果填写完成后，自动传回测试管理系统软件中。

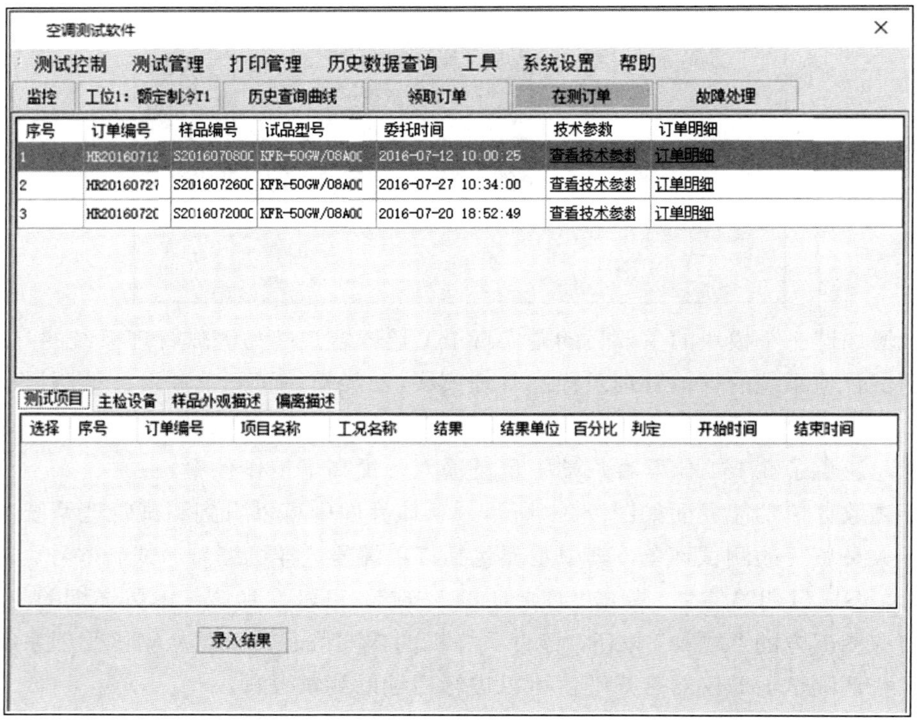

图 9-22

在测订单功能界面

故障处理功能界面如图 9-23 所示。当测试过程中发现产品存在故障时，可通过该模块填写故障现象进行提报。提报后，故障现象描述信息传入测试管理系统，委托试验相关人员从测试管理系统中获取测试故障现象后，对故障进行排除处理，处理完成后在测试管理系统中输入测试结果。当试验人员从“故障处理”模块确认故障被处理完成后，才允许该样机进行后续的测试试验。

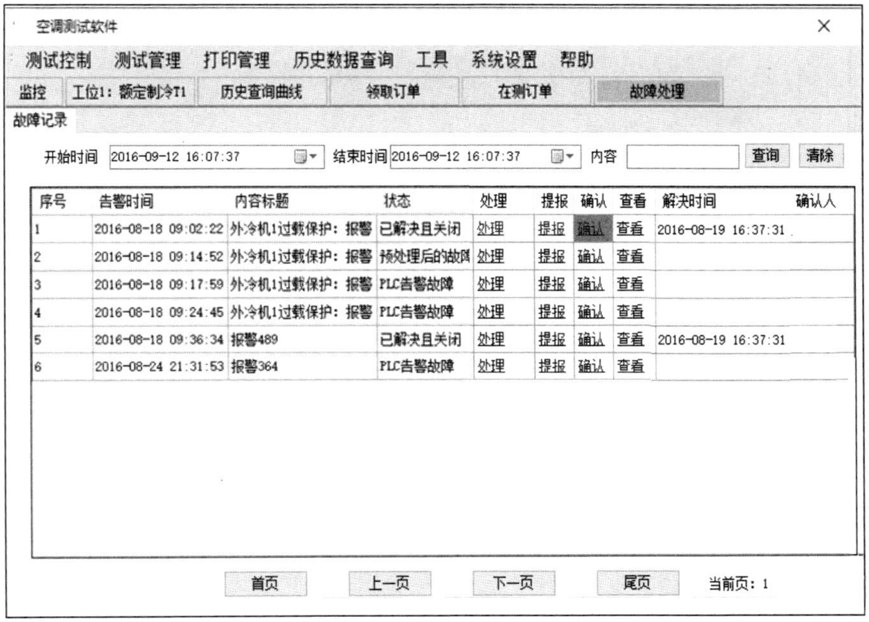

图 9-23
故障处理功能界面

从以上叙述可以看出，通过在空调测试 IoT 仪器客户端中增加领取订单、在测订单和故障处理模块，实现了空调测试 IoT 仪器客户端与测试管理系统之间信息的互联互通，改变了以往通过纸质信息进行传递的情况，不仅提高了信息获取和传递效率，而且实现了产品各种测试信息的紧密关联，为今后的大数据分析和决策奠定了基础。测试管理系统软件主界面如图 9-24 所示，界面中的功能不再详细说明。

2. 集成客户端

从集成客户端界面可以看出，系统实现了较大范围的系统互联，互联的地域包括青岛、合肥、大连、武汉和重庆。每一地域企业生产的产品包括空调、热水器和电冰箱。通过该客户端，可以实现全局试验室的实时监控和历史查询功能。

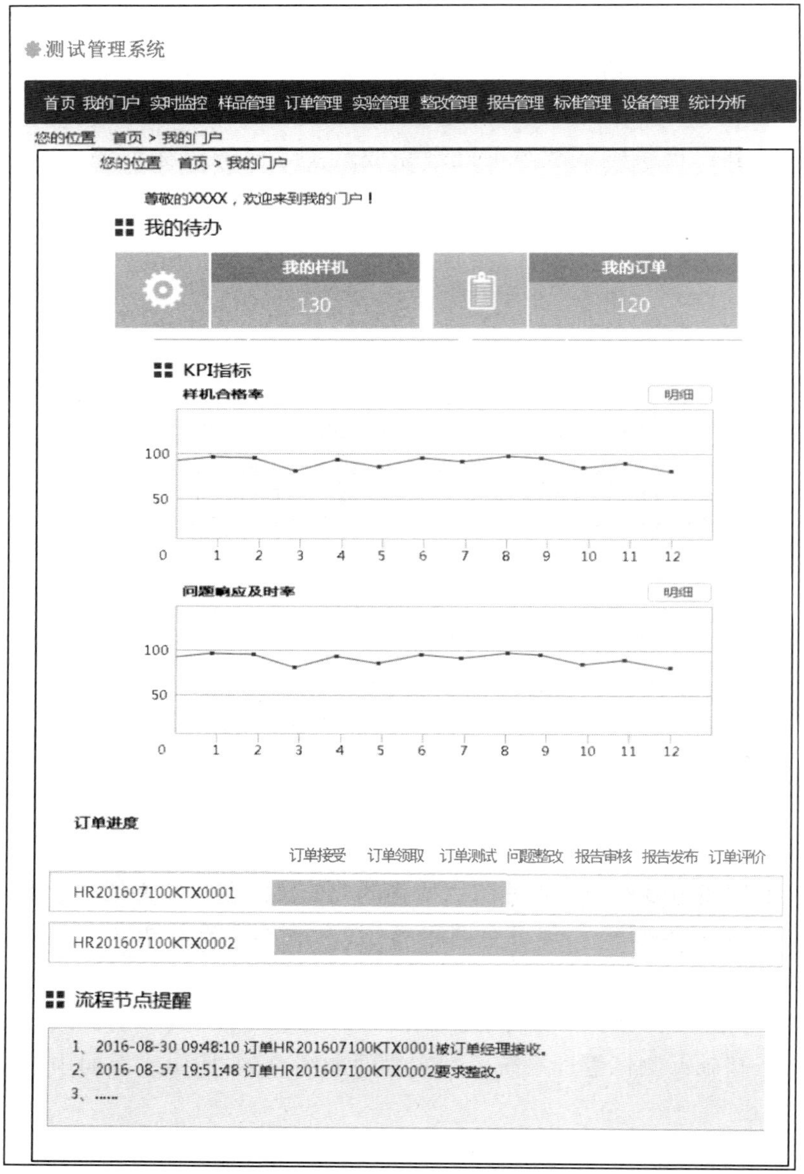

图 9-24
测试管理系统主界面

当从集成客户端导航栏进入某个地域某一种类别的试验室时，以空调为例，系统将显示如图 9-25 所示的空调试验室状态主界面。在该界面中显示了各试验室测试样机的基本信息和测试进度进展情况。若希望进一步查看该试验室测试的详细信息，可单击某一试验室右上角“详细”按钮，系统将显示该试验室的详细测试信息，如图 9-26 所示。

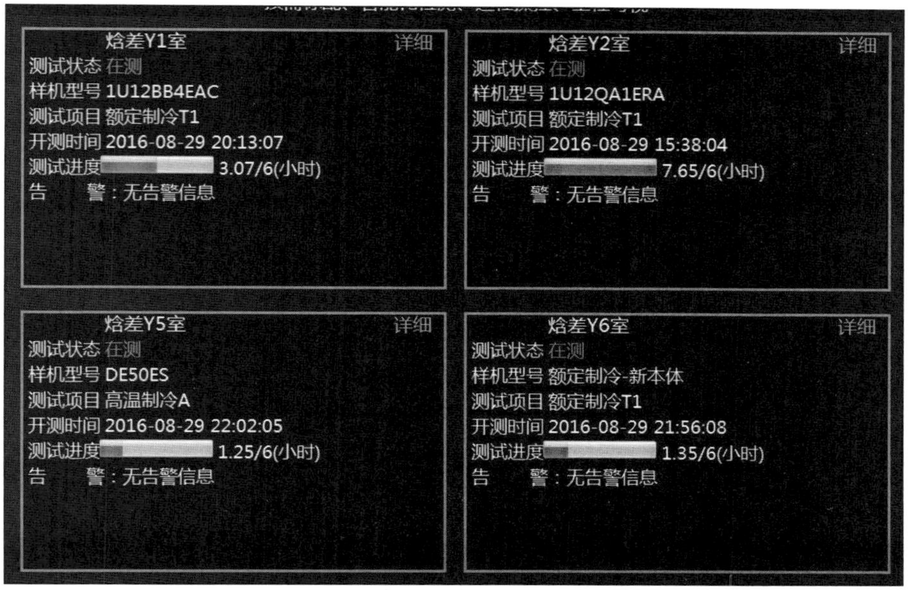

图 9-25

空调试验室状态主界面

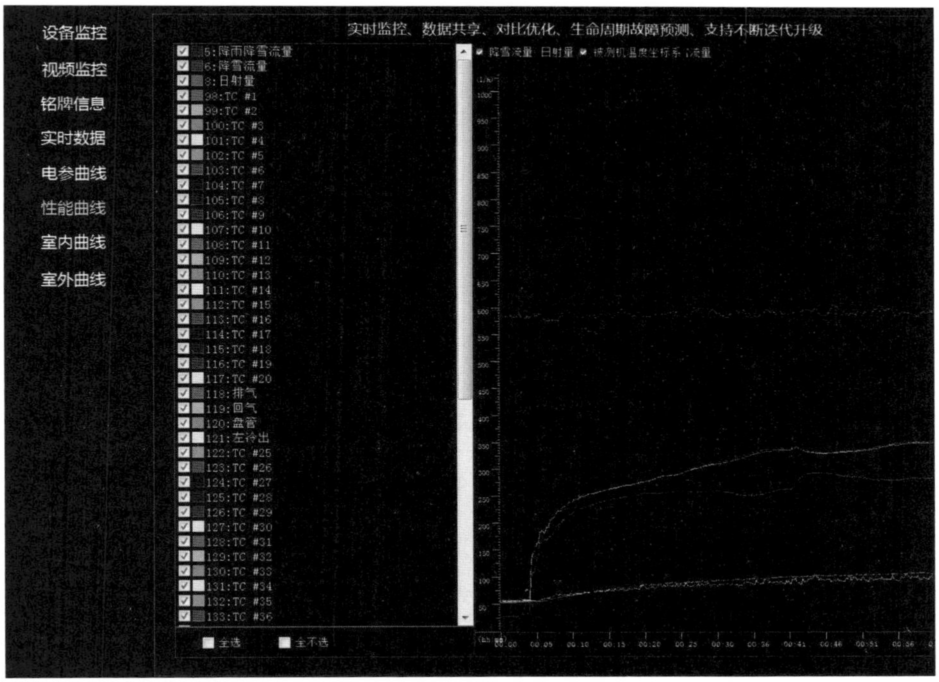

图 9-26

测试曲线显示界面

从图 9-26 左侧的一列功能菜单可以看出，利用该软件界面，可以查看该试验室的设备运行状态、现场视频情况、被测产品的铭牌信息、实时测试数据、电参数曲线、产品性能曲线、空调所在室内模拟环境参数曲线和室外模拟环境曲线。该界面当前显示的是产品性能测试曲线。

设备运行状态界面如图 9-27 所示，从该界面可以看出，其用于显示空调所在室内环境模拟及室外环境模拟控制设备的运行情况。该图左右两侧部分，实现室内侧和室外侧环境温度控制部分，上半部分实现制热，下半部分实现制冷。循环风机负责及时把产生的热量或冷量输送到室内侧和室外侧房间中去。受设备特点限制，制冷系统处于常开状态，因频繁通断极易造成制冷设备损坏。因此环境温度由温度数控仪控制加热器实现，当控制加热器产生的热量大于、小于或等于制冷量时，房间温度处于上升、下降或平衡状态。该图横向中间部分，放置室内侧和室外侧的性能测试装置，室内机或室外机产生的冷风或热风吹入该装置，该装置通过测量风量和空调入风口和出风口的温度差，计算空调的制冷量或制热量。此外为维持试验室内的环境温度，不适宜人员随时出入，试验室门上设有观察窗。由于试验室内外的环境温度差，观察窗容易结霜，影响观察视线，为此在该控制部分还设有门窗加热装置。通过集成客户端，可随时访问试验室摄像机的视频，如图 9-28 所示，该图中显示了一个测量空调机入风口温湿度的装置。

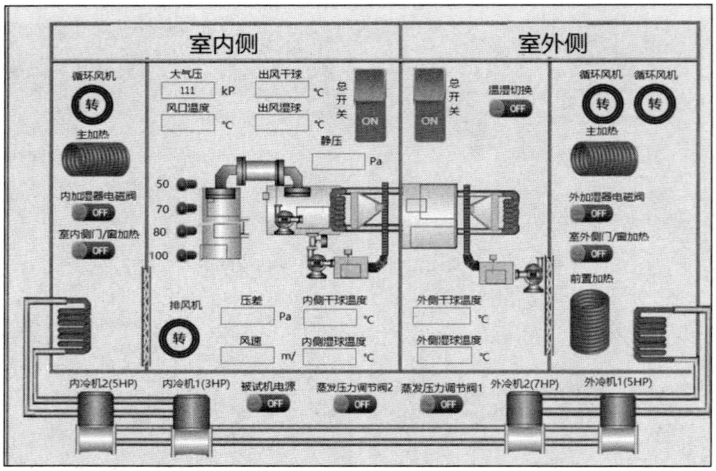

图 9-27
设备运行状态界面

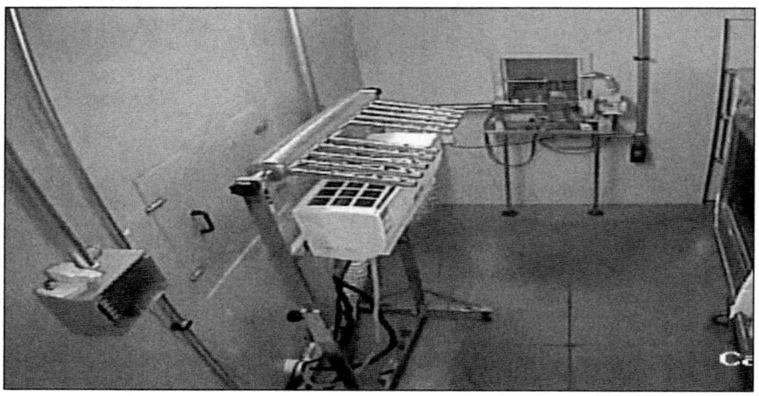

图 9-28
试验室视频界面

本章小结

本章从如何提高软件复用效率的角度讲述了物联网中各系统，以云服务中心和 IoT 仪器服务端为基础的互联方法，其中包括同构云互联、转接云互联、异构云互联和综合云互联，并针对其中的同构云互联、转接云互联和综合云互联分别给出了实际应用案例。其中同构云互联适用于同一应用类型的情况，即这种应用类型中用户具有相同的应用需求。转接云互联实际上是一种相同应用类型异构系统设计情况向同构互联的转换方法，是目前解决信息孤岛互联升级的过渡方法。综合云互联是大规模系统互联中采用的方法，这种方法相对复杂，不仅涉及物联网系统定义的内容，还涉及视频及各种业务系统，属于系统泛在互联的范畴，这也是物联网系统今后的发展方向。

参考文献

郭忠文，罗汉江，洪锋，杨猛，倪明选．2010．水下无线传感器网络的研究进展[J].计算机研究与发展 47(3):377-389.

中国国家标准化管理委员会．基于传感器的产品监测软件集成接口规范（GB/T 33137—2016）．

IEEE 1851-2012. Standard for Design Criteria of Integrated Sensor based Test Applications for Household Appliances[J]. IEEE Standard Association.

Zhijin Qiu, Zhongwen Guo, Chao Liu. 2012.Adaptive High-speed Data Acquisition Algorithm in Sensor Network Nodes[J]. Journal of Southeast University (Natural Science Edition) ,42(A02): 238-244.

Zhijin Qiu, Zhongwen Guo, Shuai Guo, et al. 2016. IoTI: Internet of Things Instruments Reconstruction Model Design[C]. In Instrumentation and Measurement Technology Conference (I2MTC):1-6.

Zhongwen Guo, Chao Liu, Xi Wang, et al. 2013.CVIS: Complex virtual instruments system architecture[C].In Instrumentation and Measurement Technology Conference (I2MTC): 566-571.

Zhongwen Guo, Keyong Hu, Yongguo Jiang, Zhaosui Sun. 2015. DPOI: Distributed software system development platform for ocean information service[J]. Journal of Ocean University of China, 14(1):65-74.

Zhongwen Guo, Pengpeng Chen, Hao Zhang, et al. 2012. IMA: An Integrated Monitoring Architecture With Sensor Networks[J]. IEEE Transactions on Instruments and Measurement, 61(5):1287-1295.

Zhongwen Guo, Pengpeng Chen, Yuan Feng,et al. 2010. ISDP:Interactive Software Development Platform for Household Appliance Testing Industry[J]. IEEE Transactions on Instruments and Measurement, 59(5):1439-1452.